Transfusión

Escrito por
Marie Betancourt

New Heaven Apostolic Ministry, Inc.

Transfusión

Producido bajo el ministerio New Heaven Apostolic Ministry, Inc.

No se permite la reproducción de este libro en ninguna forma, ni su Anexión a ningún sistema informático, ni su transmisión en cualquier Forma, ni en cualquier medio, excepto breves citas con señalamiento de la fuente o permiso escrito y notariado de la editorial.

©2014 New Heaven Apostolic Ministry, Inc. & Amazon.com

Diseño de la portada por Breakingstandards.com
Primera Edición/Editada

ISBN-13: 978-0692296448
ISBN-10: 0692296441

Marie Betancourt
Mariebetancourt7@gmail.com
16280 Addison Rd.
Addison, TX 75001

Impreso por CreateSpace, An Amazon.com Company, 2014

Todas las citas bíblicas son tomadas de las versiones bíblicas: Reina Valera 1995 (RVR); Reina Valera Antigua (RVA); Di-os habla hoy (DHH); Nueva Versión Internacional (NVI); Biblia Jubilee 2000 (JBS) (versión español); y del Código Real (CR) (versión sacada de los originales hebreos)

Contenido

Dedicatoria	5
Prefacio	7
Introducción	11

Parte I: La Familia

Preámbulo	21
Capítulo 1: El Secreto	23
Capítulo 2: Paz en medio de las tormentas	39
Capítulo 3: Un hombre cambió mi vida	47
Capítulo 4: Transiciones	71
Capítulo 5: En busca de respuestas	85
Capítulo 6: Una decisión importante	93
Capítulo 7: El Di-os que nos provee y...	107
Capítulo 8: Una promesa y un adiós	133

Parte II: Crecimiento Espiritual

Preámbulo	145
Capítulo 9: En busca de la verdad	147
Capítulo 10: Las mentes endurecidas...	157
Capítulo 11: La fidelidad de Di-os	165
Capítulo 12: El pensamiento semítico	175

Parte III: El Futuro Glorioso

Preámbulo	205
Capítulo 13: ¿Qué es salvación?	207
Capítulo 14: Los demonios, el diablo y...	235
Capítulo 15: Los tiempos del hombre	261
Capítulo 16: El sonido de trompeta	279
Capítulo 17: El Milenio	293
Bibliografía	319
Sección de fotografías de familia	320-321

Dedicatoria y Agradecimiento

Quiero dedicar este libro a mi amado Yeshua. Sin él nada tendría sentido. Ha sido él quien me ha inspirado, educado y corregido a lo largo de toda mi vida. Cada día comprendo mucho más el porqué de la familia en la que me colocó, el esposo que me dio y los hijos que hemos criado juntos.

Es por eso que también quiero dedicar este libro a mi esposo Wilfredo Rodríguez y a mis hijos, Mariely y Wihl Rodríguez. Ellos me enseñaron el amor verdadero, y especialmente mi nietecita Isabella. El amor desinteresado y sin esperar nada a cambio, sino sólo recibirlo con el corazón abierto. Mi esposo Wilfredo ha sido un gran apoyo en mi vida y en mi crecimiento espiritual. ¡Te amo!

No podría dejar pasar de largo esta oportunidad para también agradecer a todas las personas que han sido parte de mi vida y testigos de la transformación de Di-os a través de los años. Quiero agradecer en particular a las siguientes por su colaboración en la edición y corrección de este manuscrito: Myrna Flores, mi gran amiga y hermana en Cristo por corregir la parte gramatical; Analia Eva Rojas e Ivanna Ballesteros de Suarez, mis amadas hijas espirituales quienes aportaron en la parte de la comprensión y análisis del manuscrito. ¡Gracias de todo mi corazón! Les agradezco por su amistad y amor incondicional. ¡Las quiero!

Prefacio

Este libro encierra el peregrinaje de mi vida. Expongo en estas páginas la transformación de mi vida y la obra que Yeshua HaMashiaj ha continuado haciendo en mí. Es como la luz del día que va en aumento hasta que el día es perfecto.

El libro está dividido en tres partes; <u>Mi familia</u>, <u>Mi vida en Cristo</u> y <u>El futuro glorioso</u>. Dentro de estas tres partes deseo llevar al lector a experimentar conmigo mi travesía por el mundo físico, emocional y espiritual que todos transitamos, o que por lo menos es la intención de Di-os que sus hijos experimenten aquí en la tierra en su formación o transformación de siervos a hijos.

Una de las primeras cosas que toda criatura experimenta cuando nace en este mundo es hambre. El bebé ya no está unido a su madre y ahora necesita el alimento diario. Experimenta el dolor del hambre y llora para ser alimentado de leche materna. Así mismo, todo hombre o mujer que ha tenido la experiencia de nacer de nuevo, nacer del espíritu, experimenta el hambre de Di-os; de su Palabra. En estos días proféticos, donde el pan divino escasearía, vemos en todas partes confusión y hambre por la verdad de Di-os. Es mi deseo que mi vida pueda ser un reflejo de la tuya y que así como cedí mi vida y mi voluntad a mi Señor para que cumpliera su propósito en mí, que así mismo lo lleve a cabo en la tuya.

Las palabras de Yeshua son espíritu y vida. No hay otra fuente de poder que pueda entrar en las partes más ocultas de nuestro ser y sacar a la luz lo que se oculta en las tinieblas. ¡Que su propósito en tu vida se cumpla y que en estas páginas encuentres lo que tu alma ha anhelado por tanto tiempo!

Transfusión

He titulado el libro "Transfusión" porque tuve una visión de este libro. (En la introducción del libro explico un poco más en detalles sobre esto.) Al principio no comprendí el porqué de este título, pero luego fui entendiendo que esto es lo que cada uno de nosotros experimentamos cuando nacemos en este mundo. El hombre con su religión nos hace una transfusión de sangre espiritual y cambiamos la gloria de Di-os por entendimiento, razonamiento y lógica humana de las cosas espirituales y así lo seguimos pasando, o transfiriendo a las próximas generaciones. Cada generación recibe una transfusión de la anterior, sin detenerse a investigar o preguntar a Di-os si lo que ha recibido es verdadero pan del cielo. Di-os es mucho más de lo que nuestra mente finita puede pensar o imaginar. Nos dejó su Palabra como una guía o un mapa para que encontremos el camino de regreso a "casa". Pero la información está en códigos y claves que solamente por el poder del Espíritu Santo es que podemos encontrar esta verdad escondida; el maná escondido.

En una ocasión un rabino me compartió que la verdad de Di-os tiene por lo menos siete dimensiones. Cuando leemos la letra de la historia que se cuenta en ella, ésta es la primera dimensión, o primer nivel, pero el apóstol Pablo nos advierte que la letra mata, más el espíritu vivifica. En otras palabras, si nos quedamos en este primer nivel lo único que estamos consumiendo es semilla y no el fruto de la semilla. Las historias bíblicas están escritas para servirnos de ejemplo o símbolo. Si no desciframos el mensaje detrás de estos símbolos, simplemente nos llenamos de información. 2 Corintios 3:6 dice, *"el cual asimismo nos capacitó para ser ministros de un nuevo pacto, no de la letra, sino del Espíritu, porque la letra mata, pero el Espíritu da vida."* Así como he comprendido, por su eterno poder y sabiduría impartida en mi vida, que las historias de la Biblia son sombra, símbolo y/o ejemplo de las cosas espirituales, así mismo Di-os quiere llenar tu vida de su revelación. Di-os es espíritu, por tanto su mensaje es de índole

Prefacio

espiritual para *seres espirituales*. Recuerda que somos espíritu, poseemos un alma que vive en forma de un cuerpo de carne. Esta es la condición actual, hasta que nuestro cuerpo sea redimido. Yeshua proveyó para nuestro espíritu y nos encomendó a nosotros trabajar con nuestra alma. Lucas 21:19, *"Con vuestra paciencia ganaréis vuestras almas."* Una vez nuestra alma se hace una con el espíritu, este cuerpo de carne, sólido, no tiene otra alternativa sino de ser transformado a la imagen que tuvo en el principio.

El marco de este libro *no es para enseñar profundidades teológicas*, sino de experiencias vividas a través del Espíritu de Di-os en mi vida. Lo que comparto es completamente de mi corazón. No intento menospreciar la obra hermosa de la iglesia gloriosa de nuestro Señor Yeshua HaMashiaj, sino que lo que intento es mostrar al lector que hay una gran diferencia entre "congregaciones" y "la iglesia." Dentro de cada congregación existe una "iglesia", los santos del Señor que han experimentado el nuevo nacimiento. Han nacido de arriba, no por voluntad de varón, sino de Di-os. Juan 1:13, *"Estos no nacieron de sangre, ni por voluntad de carne, ni por voluntad de varón, sino de Di-os."*

Es a esta iglesia a quien dirijo mi "carta." Es mi oración que a través de estas páginas encuentres el maná escondido que tanto ha anhelado tu alma y que seas saciado. Que la luz de Yeshua HaMashiaj llegue a las partes más oscuras de tu vida y alumbre tu entendimiento espiritual para que disfrutes de tu herencia incorruptible que fue comprada para ti desde el calvario. Yeshua es el buen pastor y este pastor ya dio su vida por sus ovejas. El las llama por su nombre pues las conoce a todas.

Juan 10:7-18, 25-30
"[7] Volvió, pues, Yeshua a decirles: —De cierto, de cierto os digo: Yo soy la puerta de las ovejas. [8] Todos los que antes de mí vinieron, ladrones son y salteadores, pero no los oyeron las ovejas. [9] Yo soy

Transfusión

la puerta: el que por mí entre será salvo; entrará y saldrá, y hallará pastos. [10] El ladrón no viene sino para hurtar, matar y destruir; yo he venido para que tengan vida, y para que la tengan en abundancia."

[11] "Yo soy el buen pastor; el buen pastor su vida da por las ovejas. [12] Pero el asalariado, que no es el pastor, de quien no son propias las ovejas, ve venir al lobo y deja las ovejas y huye, y el lobo arrebata las ovejas y las dispersa. [13] Así que el asalariado huye porque es asalariado y no le importan las ovejas."

[14] "Yo soy el buen pastor y **conozco mis ovejas, y las mías me conocen**, [15] así como el Padre me conoce y yo conozco al Padre; y pongo mi vida por las ovejas. [16] Tengo, además, **otras ovejas que no son de este redil**; a ésas también debo atraer y oirán mi voz, y habrá **un rebaño y un pastor**. [17] Por eso me ama el Padre, porque yo pongo mi vida para volverla a tomar. [18] Nadie me la quita, sino que yo de mí mismo la pongo. Tengo poder para ponerla y tengo poder para volverla a tomar. Este mandamiento recibí de mi Padre."

[25] "Yeshua les respondió: —Os lo he dicho, y no creéis. Las obras que yo hago en nombre de mi Padre, ellas dan testimonio de mí; [26] **pero vosotros no creéis, porque no sois de mis ovejas**, como os he dicho. [27] Mis ovejas oyen mi voz y yo las conozco, y me siguen; [28] yo les doy vida eterna y no perecerán jamás, ni nadie las arrebatará de mi mano. [29] **Mi Padre, que me las dio, mayor que todos es, y nadie las puede arrebatar de la mano de mi Padre.** [30] El Padre y yo uno somos."

Introducción

Un domingo en la mañana, mientras todavía me encontraba entre dormida y despierta, tuve una visión espiritual. En ella vi una carátula (cobertura) de un libro con un título en inglés que leía, *"The Transfusion"*. Pude ver los colores y su diseño. Me levanté y busqué este libro en la computadora, a través de la red del internet, pues deseaba comprarlo y leerlo. Pensé que era obvio que el Señor quería que lo comprara y lo leyera.

Luego de un rato de búsqueda, sin encontrar nada bajo este título, pude escuchar la voz del Señor que me dijo, "este es el libro que tú vas a escribir." Quedé un poco impresionada pues ni siquiera supe el porqué de este título tan extraño y mucho menos cuál sería su contenido. Pasaron cinco años desde aquella visión y no fue hasta ahora, 2014, en el estado de Texas, donde pude entender el significado de su título y el mensaje que debía llevar.

Hay varias cosas que el Señor me ministró con relación a la sangre. Una transfusión de sangre puede salvar una vida, como también puede quitarla. Una transfusión de un tipo de sangre incorrecto causa una reacción tan poderosa que la persona puede morir casi instantáneamente si no es atendida con prontitud. Dos tipos de sangre diferentes, causan una reacción química tan fuerte que la sangre se coagularía y esos coágulos llegando al corazón producirían una embolia cardiaca causando la muerte. Sin embargo, un tipo de sangre correcto administrado a tiempo puede salvar una vida.

La sangre es el líquido más preciado del cuerpo humano; nos imparte oxígeno a nuestros tejidos y células, especialmente al cerebro, nos lleva el alimento a todo nuestro cuerpo y también

Transfusión

limpia las células y tejidos. La sangre saca las toxinas que se encuentran atrapadas dentro de nuestras células y tejidos, para luego eliminarlos por las diferentes vías de eliminación que tiene nuestro cuerpo; los poros de la piel a través del sudor, las axilas, el sistema urinario y el sistema excretor. Pero hay una función tan importante como las otras tres anteriores: la de protegernos. En la sangre existen unas células especializadas que se llaman anticuerpos. Sin ellos estaríamos expuestos a una muerte segura aun y por un simple resfriado. Estos anticuerpos son como los policías de nuestro cuerpo, cuando ven un objeto extraño, ya sea un virus, o bacteria, lo atacan aunque les cueste morir en la batalla. Sin este "ejército" estaríamos a merced de cualquier enfermedad o infección. Es por todas estas características tan importantes de la sangre que la Biblia nos dice que "en la sangre está la vida".

En una ocasión mientras me encontraba ministrando Su Palabra, un domingo en la mañana y en medio de la predicación, escuché al Señor que me dijo, "estoy buscando hijos que se conviertan en mi anticuerpo. *Mi cuerpo está enfermo* y necesita hijos que formen parte del antídoto o anticuerpo para que sea sanado." En medio de esto me mostró cómo la cabeza sufre y recibe todo el dolor que experimenta el cuerpo. Cada golpe que sufre el cuerpo es registrado en la cabeza. No podemos comprender la magnitud del dolor que le causamos al Señor cuando no nos amamos unos a otros. Así como los órganos del cuerpo humano si no trabajan unidos pueden causar la muerte del paciente, así mismo si los miembros del cuerpo de Cristo no se unen y no trabajan en armonía causamos dolor y muerte al cuerpo de Cristo, y siendo El la cabeza, registra todo el dolor y el sufrimiento. Romanos 12:10, "Ámense como hermanos los unos a los otros, dándose preferencia y respetándose mutuamente." Efesios 4:32, "Sean buenos y compasivos unos con otros, y perdónense mutuamente, como Di-os los perdonó a ustedes en Cristo."

Introducción

El Señor Yeshua me dejó ver cuánto dolor experimenta por causa de que sus hijos se niegan a crecer. La falta de amor es la primera señal o síntoma de inmadurez. Y la inmadurez es causada por la falta de alimento. La "leche" está contaminada y diluida al punto que nuestros huesos no se han formado correctamente y tambaleamos en nuestro caminar. Es por esto que la iglesia no ha crecido, y sus miembros no se ayudan mutuamente.

La definición para transfusión es *el acto de derramar un vaso en otro*. Las creencias se han ido derramando de un vaso a otro y nadie se detiene a preguntar y decir; "un momento, ¿por qué hacemos esto de esta manera?" o "¿por qué creemos esto de esta manera?"

Efesios 4:11-16; *"Y él mismo constituyó a unos, apóstoles; a otros, profetas; a otros, evangelistas; a otros, pastores y maestros, [12]***a fin de perfeccionar** *a los santos para la obra del ministerio, para la* **edificación del cuerpo de Cristo,** *[13] hasta que todos lleguemos a la* **unidad de la fe** *y del* **conocimiento del Hijo de Di-os**, *al hombre* **perfecto,** *a la medida de la estatura de la plenitud de Cristo.*
[14] Así ya **no seremos niños fluctuantes,** *llevados por doquiera de todo viento de doctrina, por estratagema de* **hombres que para engañar** *emplean con astucia las* **artimañas del error;** *[15] sino que,* **siguiendo la verdad en amor,** *crezcamos en todo en* **aquel que es la cabeza,** *esto es, Cristo,* [16]***de quien todo el cuerpo,*** *bien* **concertado y unido entre sí** *por todas las coyunturas que se ayudan mutuamente,* **según la actividad propia de cada miembro,** *recibe su crecimiento para ir* **edificándose en amor."**

¡Qué glorioso mensaje! Así que el tema de "transfusión" era mucho más amplio de lo que me había imaginado. Durante nuestro tiempo en Texas, el Señor fue completando el pensamiento y me mostró cómo la iglesia, Su Iglesia, Su Amada, ha sido perseguida, oprimida, abusada, manipulada, y casi a punto de desaparecer. Ha estado en manos de dictadores, hombres

Transfusión

déspotas, inmaduros y otros bajo la pancarta de la "religión" que han cambiado la gloria de Di-os por gloria de hombres terrenales que no entendiendo, ni discerniendo el plan de Di-os para la humanidad han degradado la verdad de Di-os hacia pensamientos carnales y ambiciosos y algunos hasta han enseñado "doctrinas de demonios".

Todo lo que cause una imagen distorsionada de Di-os y se encuentre lejos de Su amor y Su gracia es falso. Pronto toda esta falsedad desaparecerá cuando Su Hijo aparezca en gloria y destruya al inicuo con el resplandor de Su venida. Este inicuo no es un hombre en particular, sino que este inicuo es un "hombre corporal" que ha existido a través de toda la humanidad y ha sembrado Su semilla en el corazón, a través de una "transfusión" de errores dogmáticos y agendas escondidas.

Los siete principios de Hillel

Hillel fue un maestro y fundador de una escuela de interpretación rabínica del primer siglo. El creó unos principios de interpretación, o sea reglas para interpretar la Palabra de Di-os. En nuestros términos cristianos es lo que llamamos hermenéutica, o sea, estándares de interpretación bíblica. De esta manera se evita el que la Palabra de Di-os sea interpretada erróneamente. Si todos nos sometiéramos a estas reglas de interpretación, eso ayudaría a que no tuviéramos tanta diversidad de doctrinas y dogmas.

Veamos estos siete principios: 1. *Kal V'Chomer* – Liviana y Pesada (Light & Heavy); 2. *Gezera Shavah* – Expresión Equivalente (Equivalent Expressions); 3. *Binyan Ab Mi Katuv Echad* – Construir una "familia" de un solo texto (Building a "family" from a single text); 4. *Binyan Ab Mi Shene Ketuvim* – Construir una "familia" de dos o más textos (Building a "family from two or more texts); 5. *Kelal U'Perat Perat U'Kelal* – General y Particular 'específico' (General and Particular "specifics"); 6. *Ka-Yotze Bo Mi-Makom*

Introducción

Acher – Analogía Hecha de Otro Pasaje (Analogy Made From Another Passage); 7. *Davar Hilmad Me'Anino* – Explicación Obtenida del Contexto (Explanation Obtained From Context).

Estos principios nos ayudan a ver que la Palabra de Di-os es consistente y no debe ser de *interpretación* privada. Cada tema que escudriñamos debe estar siempre respaldado por el resto de la Escritura. Estos siete principios también nos ayudan en los niveles de *comprensión* de la misma. 2 Cor. 3:6 nos dice que el Señor "nos capacitó para ser ministros de un nuevo pacto, no de la letra, sino del Espíritu, **porque la letra mata, pero el Espíritu da vida.**" A continuación comparto los cuatro niveles de comprensión que utilizan los rabinos hebreos cuando interpretan las Escrituras, o sea los cuatro niveles de comprensión, sacado de Wikipedia.

Peshat es el primer nivel en hebreo. Esto es "La letra". Es el primer nivel de compresión. Este nivel se refiere a lo que está escrito, o sea, la historia o la información que abarca.

El segundo nivel es **Remez**, o sea "aplicar esa información o historia a mi vida personal". Este segundo nivel nos da una pequeña referencia o sugestión indirecta, o un mensaje para aplicarlo a mi vida.

El tercer nivel es **Drash**, esto es cavar más profundo en las Escrituras de forma alegórica, o sea parábolas que conectan hacia algo mucho más profundo. En otras palabras, "Aplicar esa Escritura corporalmente. Por ejemplo, Israel y el resto de las naciones.

Y el cuarto y último nivel de comprensión es **Sod**. Esto es lo sobrenatural o lo místico. Este nivel de comprensión va mucho más allá de la psiquis humana o del entendimiento humano. Es como ver la naturaleza de Di-os. Una manera de verlo es "Aplicar la escritura en forma global", o sea, la relación entre el mundo

Transfusión

creado, el hombre y Di-os; que componen y muestran parte de la naturaleza divina.

A manera de ejemplo, usaré la historia de la mujer con el flujo de sangre y su encuentro con Yeshua. Mateo 9:20-22; "[20]En esto, una **mujer *enferma*** de flujo de sangre desde hacía ***doce años*** se le acercó por detrás y tocó el *borde de su **manto**,* [21]porque se decía a sí misma: «Con sólo tocar su manto, seré salva.» [22]Pero Jesús, volviéndose y mirándola, dijo: Ten ánimo, hija; tu *fe te ha salvado*. Y la **mujer *fue salva*** desde aquella hora."

Basada en esta historia, en el **primer** nivel de comprensión, o sea "la letra", podemos captar aquí a una mujer sufriendo por largo tiempo sin esperanza alguna de recuperarse. Ella oye hablar de Yeshua y decide actuar en fe y por esa fe logró el milagro. En este nivel solo obtenemos la hermosa enseñanza de tener fe porque para Di-os no hay nada imposible.

Si aplico esta historia a mi vida personal, que es el **segundo** nivel de comprensión, puedo ver que esa mujer soy yo misma muriendo desangrada, pues se me escapaba la "vida" en pecado y lejos de Di-os. Ya que la vida está en la sangre, ese flujo de sangre puede representar mi condición antes de encontrarme con Yeshua. Cuando vine a Él, fui sanada y restaurada. Recuerda que somos salvos por su gracia. Hay muchas más preciosas enseñanzas encerradas dentro de esa historia que la podría aplicar a mi vida personal en este segundo nivel de comprensión. Pero me limitaré a esto.

En el **tercer** nivel de comprensión, esta mujer representa a Israel que para el tiempo de Yeshua, la Torá, la cual era y es la vida de Di-os para el pueblo, escaseaba en la nación y el pueblo recibía lo que los líderes decidían que debían aprender. El ***número 12*** es representativo del gobierno divino, así que el gobierno o reino de

Introducción

Di-os escaseaba. Los líderes religiosos están representados por los médicos de los cuales esta mujer había sufrido y hasta perdido todo lo que tenía. Cada una de las partes de la historia cobra vida cuando son representadas aquí. El borde del manto es significativo de las vestiduras del Sumo Sacerdote. Israel tenía en medio de ella a su verdadero Sumo Sacerdote que podía sanarla de su condición y devolverle la salud espiritual que para aquel tiempo escaseaba. Esta nación sufría de líderes no íntegros y con intereses políticos, por eso la Palabra verdadera no se le daba al pueblo. A eso se le suma la crueldad de la mano dura del imperio romano contra Israel; la "mujer" enferma.

El **cuarto** nivel de compresión de esta historia lo relacionaríamos o aplicaríamos a la situación mundial global de aquel tiempo, como también del tiempo presente. Esto es lo hermoso de la Palabra de Di-os que es eterna. Tiene vida para todas las edades. Así que esta mujer, en este nivel de comprensión, puede representar a las naciones anhelando un gobierno divino (12) ya que ha sufrido por demasiado tiempo en manos de hombres déspotas y faltos de amor. Por esto está enferma y desangrando espiritualmente. Yeshua es la solución para el mundo. Él es la respuesta para que la humanidad sea sanada de su condición y su pecado.

Vemos entonces que Su Palabra no tiene límites de comprensión, pero sí podemos sacar el mejor provecho espiritual cuando usamos estos principios básicos de interpretación y comprensión antes mencionados.

Es mi oración que este libro traiga un poco de luz a tu vida y sobre la iglesia que está débil y enferma necesitando una transfusión de vida a través de la sangre de Cristo. Como la mujer con el flujo de sangre, sea revitalizada y sanada por el toque de su manto.

Transfusión

Nota:

Estaré usando el nombre de Jesús en su original – Yeshua, excepto cuando cito directamente de la Biblia, pues pienso que los nombres se deben mantener en su forma original. Así como a María, José, o Carlos no les gustaría que los llamaran Mary, Joseph o Charlie si se tradujeran al idioma inglés, por ejemplo.

Cuando escribo el nombre Dios, lo estoy haciendo Di-os con un guión en el medio, para diferenciarlo de la manera pagana griega que se utiliza para el dios Zeus.

La Familia

Preámbulo a la primera parte

¡Di-os nos hace nacer en familias! Cada familia tiene una función específica en la vida de cada uno de nosotros. No es casualidad que hayas nacido en la familia en donde Di-os te plantó. Esa familia tiene todos los ingredientes necesarios para que el propósito de Di-os se de en tu vida. Ellos son los que le dieron forma a tu personalidad, y a tu carácter. Eres quien eres en lo emocional, por causa de tu familia.

Si naciste en una forma de estructura "tradicional" con ambos padres, o en una con un sólo padre o madre, o te criaste con tus abuelos, tus tíos, o algún padre adoptivo, todo esto contribuyó a tu formación.

Agradece al Señor por la familia que te ha dado y aunque hayas tenido una crianza difícil, ya sea por el abuso emocional o físico, está en tu mano el que sobresalgas con banderas de colores. Es tu disposición lo que te hará grande o te puede destruir. Pero, estoy convencida, que las situaciones difíciles no han venido para destruirte sino para formarte y hacerte más fuerte.

He conocido gente que ha pasado por casi las mismas circunstancias en la vida de crianza, pero en diferentes casos unos son fuertes y grandes conquistadores, mientras que otros se han quedado sumidos en las sombras.

Es mi convicción, que la diferencia está en nuestra reconciliación con nuestro amado Señor y Salvador Yeshua. Cuando nos entregamos a Él y le damos las riendas de nuestra vida o le entregamos el timón de nuestra barca, puedes estar seguro que siempre nos llevará a puerto seguro. Expongo aquí mi vida y circunstancias que me formaron. Que el Señor pueda ministrar a tu vida a través de la mía.

¡Di-os te bendiga!

Capítulo 1

El secreto

Desde muy pequeña guardaba en mi memoria las cajas que llegaban de Estados Unidos llenas de juguetes y ropa muy bonita. Me llenaba de alegría llegar de la escuela y encontrar algo que había llegado de una "tía" que vivía fuera de Puerto Rico y que me quería tanto como me decía mi mamá.

Recuerdo, específicamente, cuando tenía alrededor de seis años que esperé ansiosamente por la llegada de esta tía que llegaría en una semana de Brooklyn, NY. Mi corazón palpitaba con gran alegría esperando por ella. A todas mis amigas ya les había contado de su llegada. En una ocasión mientras estaba en el patio trasero de nuestra casa, en nuestra lavandería, le dije a mi hermana Aurora, quien tenía alrededor de catorce años, cuán contenta estaba por la llegada de mi titi y también porque por fin podría verla y conocerla personalmente.

No sé por qué, pero noté en su rostro algo así como un poco de descontento o frustración ante mi entusiasmo y alegría. De momento se volteó hacia mí y con un poco de enojo en su voz me dijo, *"estoy cansada de oírte decir que tu "titi" ya pronto llega. Déjame decirte que ella no es tu tía,* ella es tu mamá, *y a quien llamas mamá no es tu mamá sino* **la mía.**" Ante esta confesión exploté riéndome a carcajadas pues no pude creer tamaño disparate. Salí de allí corriendo y riendo para decirle a mi mamá lo que había acabado de escuchar.

Transfusión

Cuando le conté a mi madre lo que mi hermana me dijo, me quedé esperando por una reacción similar a la mía. Esperé ver el rostro de mi madre con una expresión de risa sólo de pensar que mi hermana se le ocurrió una historia tan errónea. Pero no fue así. Por el contrario, lo que vi fue un rostro endurecido. El rostro de mi madre pareció como de piedra y lo único que me preguntó fue, *"dónde está ella."* Le dije que la había dejado en la lavandería. Mi madre salió corriendo a buscarla y yo salí detrás de ella.

Cuando llegamos a la lavandería, mi hermana ya no se encontraba allí. Mi madre comenzó a buscarla por todo el patio trasero además de la lavandería. En ese mismo patio mi padre construyó una letrina y al lado de ésta me hizo una casita para jugar con mis muñecas junto a mis amigas. Ahí también guardaba mi bicicleta y algunos juguetes grandes que ocupaban demasiado espacio dentro de la casa. Fue ahí donde mi madre buscó primero, pero no la encontró. Luego abrió la puerta de la casita de la letrina y la vio tratando de esconderse y huir de ella. Estaba temblando de miedo y llorando. Mi madre cerró la puerta detrás de ella y no me permitió entrar. Recuerdo que me asomé por las rendijas que había entre las tablas, pues la casita estaba construida en tablas de madera.

No pude creer lo que vi y escuché. Mi hermana le decía a gritos, "perdón, perdón, no quise hacerlo. Por favor mami no me peques." Mi madre pareció tener oídos sordos ante los gritos de súplica de mi hermana. La tomó por la cabeza con ambas manos y la golpeó contra las paredes de madera. Pode oír el sonido fuerte de su cabeza golpeando las paredes y a mi madre gritándole y diciéndole, *"para que aprendas a respetarme y no seas tan metida en lo que no te importa."* Mi hermana continuó suplicándole que por favor la perdonara y ya no le pegara más. La oí quejarse a gritos desmedidos por el dolor de los golpes. Sentí que esto no tendría final y temí que mi madre la matara a golpes. Yo gritaba

El Secreto

desde afuera y le suplicaba que por favor ya no le pegara más. Mis lágrimas corrieron por mis mejillas y mi corazón se desbarató por dentro. *"Por favor, por favor, ya no le pegues, ya no le peques, hay Di-os mío, ya, para ya."* No sé cuánto tiempo pasó, pero sé que para mí fue una eternidad. Nunca había visto a mi madre tan violenta y con tanto rencor y mucho menos golpear a una de sus hijas como lo hizo con mi hermana favorita. La quería mucho pues ella era la que jugaba conmigo y me cuidaba cuando todos salían y me dejaban bajo su custodia.

Finalmente mi madre la dejó allí sola llorando y se fue. Traté de entrar para consolarla y decirle que me perdonara, pero ella no me dejó. Me dijo con odio en sus ojos que no me quería ver nunca más y que por mi culpa mi madre la golpeó. Salí corriendo de allí y me encerré en mi cuarto. Me metí debajo de la cama a llorar. Me sentí muy sola y confundida. Mi hermanita dejó de amarme y mi madre estaba tan agresiva que sentí pánico de acercarme a ella. No sé cuántas horas pasaron, pero recuerdo que comenzaba a oscurecer cuando salí de debajo de mi cama. Los últimos rayos de sol ya se disipaban cuando fui en busca de mi hermana. Quise saber si se sentía mejor y si mi madre la había perdonado por cualquiera que hubiese sido la razón. No lograba comprender qué era lo que había pasado.

Corrí primero a la cocina para llevarle algo de comer, pues pensé que debía tener hambre luego de tantas horas fuera de la casa. Cuando llegué al patio trasero fui primero a la lavandería y la encontré allí sentada en una esquina muy seria y triste. No me atreví acercarme, pero el deseo de aliviar su dolor era más fuerte que mi temor. Casi como un susurro le pregunté, "¿te sientes bien? ¿Te duele mucho? ¿Quieres comer? Te traje comida" Recuerdo que no me quiso mirar a la cara y no me contestó. Luego de varios intentos y haciendo las mismas preguntas una y otra vez, se volvió hacia mí y con una mirada muy dura me dijo, *"vete de mi*

Transfusión

presencia. Por culpa tuya siempre tengo problemas. Mi madre siempre te ha preferido a ti y a todas mis otras hermanas, quisiera morirme."

Sus palabras penetraron como espadas en mi corazón. Sentí que me moría de dolor. Sufrí por ella y por mí, pues sentí que la perdía. Fui donde mi madre nuevamente, pero esta vez a preguntarle por qué fue tan dura con mi hermana si ella sólo estaba bromeando. Cuando le hablé a mi madre, ella me sentó en su falda y me dijo, *"no importa lo que otros te digan, yo siempre seré tu mamá."*

Por la gracia de Di-os, fui una niña muy inteligente en la escuela, pero no se necesitaba ser muy inteligente para comprender que algo no estaba bien. Me pregunté por qué fue tan severa la reacción de mi madre. Si ella era mi verdadera madre, todo hubiese quedado como una broma, pero si reaccionó así, tan fuerte, entonces era porque había un *secreto* que yo comencé a descubrir. Quise saber toda la verdad y alguien tenía que decírmela. Esperé pacientemente a que esta "tía" llegara de Estados Unidos para preguntarle quién era ella realmente. Sentí que ella no me mentiría y aclararía todas mis dudas.

Por fin llegó el día de su llegada. Recuerdo que cuando entró por la puerta principal de la casa le grité "titi, titi." Lágrimas corrieron por su rostro y me abrazó. Como siempre llegó con muchos regalos, ropa y juguetes para mí. Para mi sorpresa descubrí que en esta ocasión llegó para quedarse. Ya no regresaría a los Estados Unidos por el momento. Luego que desempacó y saludó a todos en la casa, le pregunté que si podíamos hablar. Le pedí que fuéramos al cuarto donde ella dormiría. Me dijo que sí y hacia allá nos dirigimos. Le pregunté que quién era ella realmente, pues ocurrió algo muy triste y me dolió lo que pasó con mi hermanita Aurora.

El Secreto

Recuerdo sus ojos grandes y verdes. Ella era muy hermosa y dulce. Tenía una sonrisa muy linda y me miraba muy diferente al resto de mis otras hermanas. Me contestó que era una historia muy larga y que era muy pequeña para conocer los detalles, pero que sí, que ella era mi verdadera madre. Pero, por causa de cómo sucedieron las cosas no tuvo más remedio que irse del país y que mi supuesta "madre" era en realidad mi abuela. Aunque todavía un poco confundida pues, por mi corta edad no pude comprender a toda capacidad lo que acababa de escuchar, por alguna razón sentí mucha alegría al confirmar que ella era mi verdadera madre.

Mientras la abrazaba, llegó a mi mente el recuerdo de una conversación que tuve con mi "madre," ahora mi abuela, sobre mi nacimiento. Recuerdo que estábamos acostadas en su cama y yo tenía como unos cinco años cuando le pregunté cómo había nacido. Ella se levantó su bata de dormir y me mostró una herida en su vientre. Me dijo que el doctor le había abierto su vientre y fue por esa herida que yo había nacido. Así que mientras abrazaba a mi verdadera madre, la imagen de esta escena llegó a mi memoria y me hizo sentir que me habían engañado. Pero la alegría del momento aminoró cualquier sentimiento de engaño y pronto olvidé la escena. Le pregunté que si la podía llamar mamá ahora que sabía la verdad y ella me contestó que sí. Le dije que para evitar equivocaciones la llamaría mami Margarita y a mi abuela la seguiría llamando mami Ramona. No podría acostumbrarme a llamarla abuela después de haber crecido creyendo que era mi madre y además la seguía amando como a una mamá, pues después de todo ella siempre me quiso como si fuera su hija. Acordamos esto y comenzamos una nueva vida. Se me hizo un poco difícil al principio adaptarme a tener dos madres, pero a la misma vez fue emocionante tener dos en lugar de una.

Transfusión

Llega un nuevo amor a la vida de mi madre

No recuerdo cuánto tiempo pasó cuando mi "nueva mamá" comenzó una relación con un joven que vivía al cruzar la calle. La veía hablando con él al frente de la casa y notaba un brillo en sus ojos especialmente cuando lo miraba. Mi familia parecía estar de acuerdo con esta amistad. Este joven estaba viniendo más a menudo a nuestra casa. No recuerdo en mi mente de niña cuándo ocurrió, pero mi madre se mudó a vivir en una pequeña casita que habían construido en la parte posterior de la casa de los padres de este joven.

Me sentí un poco triste porque recién comencé a conocer a mi mamá cuando este nuevo personaje la robó de mi lado. Me conformaba con verla cuando venía a visitarnos diariamente por unas horas, o de lejos cuando salía para ir al mercado. Notaba que al principio era muy feliz, pero luego la comencé a ver un poco callada y triste. Nunca me dijeron lo que estaba pasando, pero sentí que algo no iba del todo bien. Luego de un tiempo anunciaron que mi mamá estaba esperando un nuevo bebé y que yo pronto tendría un hermanito o hermanita.

Mi nuevo hermanito

El tiempo pasó rápidamente y llegó mi hermanito. Le pusieron por nombre *Rigoberto Pérez*, pero todos lo llamábamos *Junior*. Sentí mucha alegría con su llegada, pero no podía verlo tan a menudo. Le pregunté a mami Ramona por qué mi mamá no nos visitaba con más frecuencia para yo poder ver a mi hermanito. Nunca me dieron una contestación que pudiera entender con claridad, pero me conformé con ver a mi mamá de lejos. No fue hasta ya adulta que me enteré que este joven, con quien mi madre se había casado, era extremadamente celoso, también era muy dado a la bebida y la golpeaba debido a los celos. También supe que el

El Secreto

mismo día que llegó del hospital con mi hermanito, quiso tener intimidad con ella. Acababa de tener al bebé y ante su negación la tiró contra el suelo y la golpeó a patadas.

Tuve conocimiento ya de adulta, que mi padre, que en realidad era mi abuelo, al enterarse del abuso, fue hasta su casa con machete en mano para picarlo en pedazos, pero fue detenido por un vecino que le gritó que lo pensara muy bien, pues tenía una familia que mantener y si lo mataba pararía en la cárcel. Por suerte, el joven no se encontraba en la casa y esto evitó una tragedia. Pasaron algunos meses y mi madre al no poder soportar el abuso, regresó a vivir con nosotros ante las amenazas de su esposo de matarla.

Recuerdo de pequeña al esposo de mami Margarita cuando venía a buscar a mi hermanito teniendo sólo él unos meses de nacido. Lo acostaba sobre la tapa del frente de su auto, y lo corría por las calles con el peligro que se cayera. Todo esto lo hacía para hacer sufrir a mi madre y a nuestra familia. No puedo recordar cuánto tiempo duró esta situación, pero sí recuerdo que mi madre decidió irse de regreso a los Estados Unidos. Así evitaría una tragedia y acabaría con el acoso en que se encontraba; víctima de este hombre abusivo. Nuevamente me quedo sin ella y nos quedamos mi hermanito y yo al cuidado de nuestra madre-abuela.

Tanto a mí como a mi hermano, nuestra madre-abuela nos crió como si fuéramos sus hijos. A mi hermano lo crió enseñándole que ella era su abuela pero que la podía llamar mamá y que sus hijas eran sus tías. Pero yo siempre crecí amando a mi abuela como mi madre y a mis tías como mis hermanas, aunque mi hermano creció llamándola y amándola como una madre igual que yo.

La historia de mi abuela

Nuestra familia estaba compuesta por mi mamá-abuela Ramona, mi papá-abuelo Felipe, mi mamá Margarita, quien fue la hija mayor

Transfusión

de papi Felipe. Mis hermanas-tías eran: Carmen, Juanita, Mercedes, y Aurora. Mi mamá-abuela tuvo también un hijo mayor de una relación anterior al cual llamábamos Víctor, pero su verdadero nombre era Carlos. No recuerdo quién me contó la triste historia de mi mamá-abuela pero creo que la historia es la siguiente:

Cuando mami Ramona era muy jovencita, su madre la sacó de la escuela a trabajar para que ayudara con el sostenimiento de la casa. Me contaron que se alquilaba para lavar ropa, planchar y cocinar a domicilio. Su madre también tenía un negocio de almuerzos. Para ese tiempo en Puerto Rico la gente vivía mucho de la agricultura, especialmente de la caña de azúcar. Así que su mamá obtenía un poco de ganancia vendiendo almuerzos a los trabajadores de la caña de azúcar.

Mami Ramona tenía para ese tiempo un noviecito a escondidas de su madre, al cual veía cuando salía a llevar los almuerzos a los empleados de la caña. Me contaron que siendo tan joven y llena de ilusiones quedó embarazada de este novio. Ante la noticia, no pasó mucho tiempo cuando su novio se fue, dejándola sola en estado de embarazo. Al pasar el tiempo, su embarazo comenzó a notarse. Siendo que mi papá-abuelo Felipe era uno de los empleados en la caña de azúcar que compraba almuerzos, en una ocasión le dijo que le diera la oportunidad de hacerla su esposa y criarle al niño que llevaba en su vientre. Ante tal proposición ella aceptó e inmediatamente se casaron.

Mami Ramona era una joven de tez morena muy hermosa y trabajadora. Tenía un corazón muy lindo y amigable. Era una mujer de muchas virtudes, era tierna y servicial. Creo que estas cualidades fueron las que enamoraron a papi Felipe a parte de su hermosura. Por otro lado, papi Felipe era un hombre esbelto, blanco y de ojos azules muy hermosos. Su cabello era muy terso y

El Secreto

rubio. Era un gran hombre, trabajador y responsable. Juntos levantaron nuestra familia compuesta de seis hijos y los dos nietos-hijos. Todo con lo poco que tenían.

Un día para recordar

Recuerdo que vivíamos en una casita de madera en un barrio que fue dividido en parcelas. Dichas parcelas habían sido rifadas y regaladas por el gobierno a familias de bajos ingresos. Hicieron un tipo de lotería. Me contaron que mami Ramona oró a Di-os y le pidió que nos dieran una parcela de esquina con mucho patio pues a ambos les gustaba mucho sembrar verduras y legumbres para el consumo de la familia y esto lo venían haciendo desde que vivían en uno de los campos de Gurabo, Puerto Rico llamado Santa Bárbara.

El día de la lotería llegó. Llamaron a papi Felipe para que sacara el número de la parcela que le tocaría. Cuando metió su mano dentro de una funda de tela llena de números, sacó el número 20. ¡Qué alegría! Esta parcela era una esquina cerca del parque de béisbol y la escuela elemental que se construiría allí en el barrio. El tamaño de la parcela era enorme. Así construyó nuestra pequeña casita de madera. Recuerdo que cuando yo era muy pequeña me metía debajo de la casa a jugar con mis muñecas.

Al pasar el tiempo, algunos vecinos comenzaron a construir sus casas en concreto, pues una compañía de construcción ofreció sus servicios financieros, y los que no contaban con el dinero para costear los gastos de construcción, podrían hacer un préstamo al banco y luego pagarlo en mensualidades. Ante esta oportunidad, papi Felipe decidió que él no entraría en tan grande gasto, sino que él mismo construiría la casa poco a poco. Y así fue. Comenzó construyendo desde la parte de atrás dos cuartos dormitorios en

Transfusión

concreto, pegados a la parte del frente de la casa que era en madera.

Un día llegó papi Felipe con su mano vendada y muchas manchas de sangre en su ropa de trabajo. Supe que mientras trabajaba había metido su mano por accidente cuando estaba talando con su machete y se había herido cortándose en la parte de adentro de su mano; desde una esquina hasta la otra. Todos en casa lloraron por el terrible accidente. Ahora los planes de construcción se atrasarían pues no podría trabajar por un tiempo. Fue entonces cuando fue aconsejado a que reclamara sus derechos como empleado, pues el accidente había ocurrido en horas laborables. Recuerdo que por casi perder su mano en el trabajo, le concedieron alrededor de mil dólares. Para ese tiempo (los sesentas) esa era una gran suma de dinero.

Un vecino que sabía de construcción le ayudó a comprar los materiales y también con la construcción de la casa. Todos juntos cooperamos para construir la casa en concreto. Recuerdo que hubo noches de lluvia en que las goteras de agua nos caían en la cara mientras dormíamos, pues el techo no estaba todavía construido en concreto. Pero al final de la construcción la satisfacción en el rostro de papi Felipe fue muy grande. Tuvimos nuestro palacio en concreto y no le quedamos a deber ni un solo centavo al banco. La casa tenía su balcón (portal), sala, comedor, cocina, tres cuartos dormitorios, un baño y una pequeña lavandería en la parte de atrás.

Mis hermanas se comprometen

Siempre fuimos una familia muy unida y compartíamos todo unos con otros. Mis hermanas-tías se intercambiaban la ropa y así parecía como si cada una de ellas tuviera mucha ropa. Recuerdo

El Secreto

que Aurora y Mercedes entraban en grandes peleas porque a Mercedes no le gustaba que le usaran su ropa.

Cuando estaban en la adolescencia, comenzaron a traer sus novios a la casa para ser aprobados en su relación. Una de las primeras en traer su novio fue Juanita que se enamoró del hijo del vecino que nos ayudó a construir la casa. Se llamaba Rubén y era muy bien parecido. Aurora terminó enamorada del hermano menor de Rubén, a quien su familia llamaba Johnny pero su verdadero nombre era Juan.

Recuerdo que por las tardes, cuando era la hora de las visitas de los "novios," el primero que llegara a nuestra casa le tocaba sentarse en el balcón (algunas personas le llaman portal) y el que llegaba segundo le tocaba sentarse en la sala con el resto de la familia a ver televisión. Pueden imaginarse la competencia de estos dos hermanos para ver quién salía primero de su casa, pues vivían en la misma calle de nosotros a solo unas cuantas casas de distancia. A veces se veían corriendo desde su casa hasta la nuestra para ver quién llegaba primero.

Casi siempre Johnny llegaba último y le tocaba la sala con toda la familia; cosa que detestaba. Debido a esto, hacía planes de encontrarse con Aurora cerca del parque para tener un tiempo con ella y demostrarse su cariño. Siempre que Aurora salía de la casa, mami Ramona me enviaba con ella de chaperona. Recuerdo que Johnny también llegaba con un amigo suyo el cual, ahora de adulta comprendo, me mantenía entretenida. Recuerdo que me hacía mirar hacia el parque de beisbol, que estaba completamente obscuro, y me decía que tratara de encontrar o de ver pastando dentro del parque unas "supuestas vacas que estaban comiendo allí." Si intentaba quitar mi mirada del parque, me decía; no, no, mira, mira para el parque para que veas que sí hay unas vacas ahí

Transfusión

adentro. Pero en realidad, este era el momento en que Dora y Johnny aprovechaban para darse unos encendidos besos de amor.

Junior, Papi Felipe y yo

Así crecimos mi hermano y yo bajo el amparo de nuestros padres-abuelos. A veces percibía un poco de resentimiento de parte de sus hijas, pues mami Ramona y papi Felipe nos consentían mucho. El papá de mi hermano también se fue para Estados Unidos tratando de encontrar a nuestra madre, pero al no encontrarla, terminó yéndose para la ciudad de Chicago. Así que mi hermano creció como yo, sin su verdadero padre y madre, pero debo añadir que en medio de todas las circunstancias fuimos muy felices y el amor y el cariño nunca nos faltaron.

Mi primer viaje a Estado Unidos y un rescate divino

Para finales de la década de los sesenta, mi tío Víctor ya llevaba muchos años viviendo en Brooklyn. Mi mamá Ramona lo había enviado a los Estados Unidos cuando era apenas un adolescente, pues tenía problemas de conducta y vicios de alcohol. Al principio se había ido a vivir con su tío, el hermano de mami Ramona que se llamaba Tazo Estrella. Cuando ya estaba más mayorcito se enamoró de una señora, que era un poco mayor que él, que se llamaba Braulia.

Mi tío Víctor medía como unos cinco pies y medio de estatura. Era esbelto y muy bien parecido, lo que le causaba tener mucha suerte con las mujeres. Le gustaba enamorarlas y a veces se comportaba como un Don Juan. Para ese tiempo se había casado con Braulia y habían rentado un apartamento, que fue donde mi madre vino a vivir luego de haberse separado del padre de mi hermano. Fue en ese apartamento que me quedé con mami Ramona cuando visité

El Secreto

la ciudad de Brooklyn, NY por primera vez. Nunca tuve una relación de hermano con Víctor, sino que siempre lo llamaba tío, como mami Ramona me había enseñado.

Me sentí muy feliz pues tuve la oportunidad de visitar a mami Margarita en ese apartamento en Brooklyn. Fue muy emocionante subirme a un tren de pasajeros por primera vez; el "subway". Los edificios eran muy altos y por lo general se veía mucha gente caminando por las calles. Era muy diferente a Puerto Rico. Cuando estaba muy caluroso, alguien abría la toma de agua para incendios y todos los niños salíamos a la calle a jugar con el agua. Era una vida muy diferente a la que estaba acostumbrada, especialmente cuando veía las caricaturas en la televisión. Eran en inglés y no podía entender lo que hablaban.

No recuerdo por qué mi hermanito no nos acompañó en este viaje, pero recuerdo que disfruté mucho de mi madre Margarita todo el tiempo que estuve con ella. Luego de adulta descubrí la verdadera razón por la cual habíamos ido a Nueva York. Mami Ramona había hecho este viaje para visitar a tío Víctor en una cárcel que se llamaba *"Sing Sing Correctional Facility"*. Nunca supe por qué estaba preso, pero sí recuerdo que mi mamá Ramona lloraba mucho. Cuando ya estábamos empacando para regresarnos, le rogué a mami Ramona que me dejara quedarme con mami Margarita, pero mami Ramona tenía dos razones muy poderosas para que se me negara la petición. Una era que mami Margarita no gozaba de una estabilidad financiera como para mantenerme a su lado, además de que temía por mi seguridad en una ciudad tan grande. La otra razón era que mami Ramona ya estaba muy encariñada conmigo y no dejaría que me quedara tan fácilmente. ¿Cuál de las dos razones era más fuerte? No lo sé, pero yo he escogido creer que fue la segunda.

Transfusión

El día de nuestro regreso a Puerto Rico estábamos un poco retrasadas y cuando llegamos al aeropuerto nuestro vuelo ya había salido y nos quedamos "stand by" en espera por otro vuelo que tuviera cupo para nosotras dos. Lo más que preocupó a mami Ramona era que ese mismo fin de semana sería la boda de mi hermana-tía Carmen, a quien llamábamos en casa cariñosamente Carmín. Se había comprometido con un joven que estaba enlistado en el ejército y luego de su boda viajaría para quedarse con él en una de las bases de los Estados Unidos.

Pasamos un largo día en el aeropuerto de Nueva York y recuerdo que me dio mucha hambre. Siendo que mami Margarita no contaba con mucho dinero, lo único que me compró fueron "perros calientes" o sea "hotdogs". Luego de todo un día de espera en el aeropuerto, finalmente conseguimos un vuelo y nos despedimos. Sentí mucho dolor separarme otra vez de mami Margarita, pero no podía tomar decisiones propias pues sólo tenía alrededor de unos once años de edad para ese tiempo.

Finalmente conseguimos un vuelo que llegaría a San Juan, Puerto Rico ya entrada la noche. Recuerdo que ya estábamos llegando a la Isla de Puerto Rico cuando de repente el avión hizo un ruido muy feo y comenzó a bajar en picada hacia el océano Atlántico. Como no llevaba puesto el cinturón de seguridad, salí como volando por encima de los asientos y pude ver las cabezas de la gente mientras volaba sobre ellas y escuché detrás de mí los gritos desesperados de mami Ramona pidiendo ayuda, pues pensaba que me perdía para siempre. Cuando finalmente caí contra el suelo del avión, ya casi en la parte del frente donde se encontraba la entrada para el área de los pilotos, pude observar a una ancianita de rodillas agarrada a su asiento con un rosario en la mano. Estaba temblando de miedo y rezando a Di-os que por favor que la dejara salir de esto con vida.

El Secreto

Como era tan pequeña no entendí el peligro que atravesaba. Escuchaba gritos de angustia y dolor provenientes de todas partes. Vi a una de las aeromozas quejarse. Estaba cerca de mí y parecía tener su brazo o su hombro dislocado. También observé personas con sangre saliendo de sus oídos y su nariz y gritando en angustia y desesperación. No sé cómo, de pronto el avión comenzó a enderezarse poco a poco. Pero, si cuando iba de picada fue doloroso para nuestros oídos que parecía que reventaban, peor fue cuando los pilotos trataron de enderezarlo, creando una presión doble dentro del avión. Ahora comprendo que fue por causa de la intensa presión que experimentamos en el avión tratando de recuperar altura, que la gente vomitaba sin parar casi unos encima de los otros. ¡Era un caos horrible! Continuaba escuchando los gritos de mami Ramona llamándome a la distancia y diciendo, *"hay Di-os mío mi nieta. Alguien por favor ayúdenme a encontrar a mi nieta."* No pude contestarle pues estaba paralizada por el impacto tan grande de lo que escuchaba y observaba.

Finalmente el avión logró estabilizarse por completo y los que estaban en mejor condición comenzaron a ayudar a los menos afortunados. Pude ver mujeres y hombres sangrando y con extremidades dislocadas. Traté de gritarle a mami Ramona que estaba bien, pero era casi imposible que me escuchara con mi débil voz de niña. Caminé como pude hasta llegar donde se encontraba ella y nos abrazamos.

Cuando llegamos al aeropuerto internacional en San Juan, Puerto Rico, había líneas y líneas de ambulancias, camillas, camilleros, enfermeros y médicos esperando por nosotros. Recuerdo que nos examinaron a todos uno por uno y no nos dejaron ir hasta que verificaron que no teníamos derrames internos o extremidades dislocadas o huesos rotos. Nos preguntaban incesantemente si sentíamos algún dolor. Finalmente, convencidos de que mi mamá y yo nos encontrábamos bien por la gracia de Di-os, nos dejaron ir.

Transfusión

Cuando nos encontramos con los familiares que vinieron a buscarnos al aeropuerto, nos abrazaron fuertemente pues pensaron que nunca más nos volverían a ver. Según las noticias, había sido un milagro que el avión no hubiese caído en el agua, pues no se explicaron cómo había reganado altura a tan poca distancia de un posible impacto contra el agua.

Este acontecimiento nunca lo he podido olvidar, pero gracias a Di-os tampoco he sentido temor de viajar en avión. Estoy totalmente convencida que fue su mano la que hizo que este avión recobrara altura cuando ya toda esperanza se veía perdida. Por lo menos esto era lo que veía en el rostro de terror de los que participaron conmigo de esta experiencia. A veces me pregunto por qué Di-os permitió que esto sucediera, pero el solo hecho de haber experimentado su protección y su gracia sobre mi vida y la de mi madre me llenaron de gran satisfacción sabiendo que le servimos a un Di-os muy, muy grande.

Ya en la casa, mi tía-hermana Carmín nos contó que la noche anterior tuvo una terrible pesadilla y había estado muy preocupada con nuestro viaje. Desde que le habían notificado que perdimos el avión original en New York, había estado pidiéndole a Di-os por nosotras, pues tuvo un presagio muy feo. Su boda fue ese mismo fin de semana y hubiese sido una verdadera calamidad que algo nos hubiera sucedido a nosotras.

Capítulo 2

Paz en medio de las tormentas

Cuando mis hermanas-tías estaban jóvenes adultas comenzaron a disfrutar de ciertos privilegios como el ir a la playa en grupos. Aunque yo estaba aún pequeña, como en mis trece años de edad, pude también disfrutar de dichos privilegios siempre y cuando una de ellas se responsabilizara por mí. En una de estas ocasiones hicieron un grupo para ir al balneario de Humacao. Fue un verano muy caliente y las playas estaban preciosas para ese tiempo. Las playas en el Caribe gozan de grandes palmeras de coco y la arena es muy blanca y suave. El agua es muy cristalina y los balnearios son muy cómodos y convenientes para pasar el día con toda la familia.

Un día que no olvidaré

Recuerdo que cuando llegaron a casa en una camioneta grande para llevarnos a la playa, mi hermana-tía Mercedes no se encontraba muy motivada para ir. Siendo que ella era muy vivaracha y le gustaba mucho bailar y era el alma de la fiesta, todos le insistieron mucho para convencerla de que fuera. Luego de un buen rato, accedió, pero fue como si un presagio invadiera su corazón. Pasamos el día muy divertido jugando voleibol con música y mucha comida. Luego de jugar un rato Mercedes decidió entrar un rato en el agua a nadar y yo la seguí. Nadábamos juntas, una al lado de la otra, cuando de repente Mercedes gritó, se

Transfusión

enderezó y comenzó a quejarse de que algo la había picado en la pierna, mientras brincaba en una sola pierna todavía dentro del agua.

Alguien vino en su rescate y la sentaron a la orilla de la playa en la arena. Después de ella buscar por toda su pierna, encontró que entre uno de los dedos de los pies había dos rotitos paralelos rojos y estaban sangrando un poquito. Le trajeron algo para que se secara y la sangre paró. Todos le aconsejaron que fuera a la estación de enfermería para que verificara si era algo peligroso o que pudiera traerle consecuencias. Ante los consejos, ella insistió que se sentía bien y que no iba a caminar hasta la estación, pues quedaba un poco retirada del área donde nos encontrábamos.

Continuamos las actividades en la playa, pero todos la observaban de vez en cuando para ver si daba muestras de inflamación, o algo no natural o diferente. Al finalizar el día todavía se veía bien y reía y jugaba como si nada hubiese sucedido.

Recuerdo el rostro de Mercedes. Era muy hermosa. Tenía unos ojos azules como papi Felipe y era muy esbelta. Tenía un cuerpo muy lindo. Siempre me demostraba cuánto me quería y cuando llegaba de su trabajo me traía dulces y alguna que otra blusa bonita que pudiera ver en las tiendas. Le gustaba mucho bailar y era muy alegre. Recuerdo que salía tanto a bailar con sus amigas que papi Felipe a veces le decía bromeando, *"como único dejarías de bailar es que te cortaran las piernas."* Ante esto siempre se reía y se despedía para irse a la "pachanga" como se decía en la buena jerga puertorriqueña.

El día del accidente en la playa llegamos a la casa y ella se veía como siempre. Esa misma noche, siendo ya de madrugada, recuerdo que todos despertamos sobrecogidos por un grito de angustia. Me levanté un poco desorientada y no podía discernir de

Paz en medio de las tormentas

donde venía el grito ni los quejidos angustiosos. De momento pude percibir que venían dela cama que estaba a mi lado donde dormía Mercedes. Mami Ramona vino corriendo a su lado y descubrió que estaba hirviendo en fiebre. Le preguntó que si le dolía algo y si le había ocurrido algo en la playa. En medio de su dolor le contestó que era el pie. Nunca olvidaré el rostro de sorpresa de mami Ramona cuando levantó la sábana y vio el pie de Mercedes inflamado hasta la rodilla como si llevara puesta una bota de invierno roja. La vistieron tan de prisa como pudieron y la llevaron a la sala de emergencia del hospital del pueblo.

Para ese mismo tiempo había mucha fama en Puerto Rico acerca de un animalito que vivía en las aguas saladas y que había estado picando a los playeros, pero sin mayores consecuencias. Así que cuando el médico la examinó, automáticamente asumió que este animalito, al cual llamaban *"pichu-pichu"* era el responsable de esta picadura y que la razón por la cual tenía fiebre e inflamación era debido a que no se atendió a tiempo en la estación de enfermería de la playa. Supuestamente, en las playas tenían un tipo de antídoto contra la picada de este animalito que evitaba reacciones severas como ésta, y que posiblemente estaba peleando una infección como consecuencia de la picada. El médico le informó a mami Ramona que no había peligro y que le pondrían una inyección anti-tetánica, le recetó un medicamento para la fiebre y un antibiótico para evitar que la infección continuara creciendo. Se regresaron a la casa satisfechos y pensando que no había gran peligro.

Pasaron unos días, pero la infección no cedía. La fiebre continuó y había bajado mucho de peso. Alguien le aconsejó a mami Ramona que la llevara a otro médico para una segunda opinión, pues no se veía muy bien su pierna. Mi tía Mercedes no había podido ir a trabajar y el color de su pierna estaba cambiando a un tono no saludable. Así que la llevaron a un hospital regional en la ciudad de

Transfusión

Caguas, Puerto Rico. Cuando entraron en la sala de emergencia, la cara que puso el personal que la atendió no era muy buena. Con gran tristeza le preguntaron a mami Ramona que por qué habían esperado tanto para llevarla. Su pierna ya había contraído gangrena y el veneno había entrado en casi todos sus órganos. ¡Le quedaba poco tiempo de vida! Recomendaron cortar su pierna inmediatamente para tratar de detener la gangrena e investigar si podían localizar el tipo de veneno que corría por su cuerpo y así tratar de salvarla aplicándole el anti-veneno. Definitivamente lo que la había picado no era el famoso *pichu-pichu*, pero no sabían con seguridad qué fue.

Cuando Mercedes despertó de la cirugía lo primero que hizo fue levantar la sábana para ver qué le habían hecho. Con un grito de dolor exclamó, "*Nooo, Di-os mío que me han hecho. Ya no seré la misma, ni podré bailar con mis amigas. Esto no lo podré soportar.*" Todos lloramos ante su cama y papi Felipe, que no quiso venir a verla durante esta dolorosa experiencia, lloraba solo en la casa pensando que, lo que le había dicho tantas veces en broma, se convirtió en una realidad.

Durante su estadía en el hospital también descubrieron que debido a la contaminación de su sangre, ahora estaba dando muestras de tener cáncer en la sangre, o sea, leucemia. Ya para este tiempo mami Margarita había regresado de Estados Unidos y siendo la hermana mayor, era la que pasaba las noches cuidándola en el hospital. Mami Ramona todavía trabajaba para ayudar con el sostenimiento de la familia y no tenía horas ni días disponibles para pasar más tiempo con ella de lo que podía y quería. Fue entonces cuando una mañana Mercedes pidió que le trajeran al sacerdote de nuestro pueblo. Recuerdo su nombre; Padre Tomás. Mercedes quería confesar sus pecados ante Di-os y pedirle a Yeshua que la acogiera en su seno, pues sentía que la vida se le escapaba.

Paz en medio de las tormentas

Así se hizo y ese mismo día Mercedes le pidió a mami Margarita que por favor no la dejara sola en ningún momento pues sentía que la hora se acercaba. Mi mamá le prometió que nunca la dejaría partir sola. Habían pasado sólo dos semanas desde el día de la picada en la playa. Si mal no recuerdo, Mercedes tenía 21 años de edad cuando todo esto le aconteció.

Una promesa no cumplida

Pasaron una noche muy larga y triste allí las dos solitas, ya que sólo una persona podía quedarse con el paciente. Ya de madrugada, mami Margarita la tocó y todavía ardía en fiebre como siempre. Decidió ir en busca de algo para comer y de hielo para refrescarle un poco el rostro. Cuando regresó la encontró con los ojos abiertos y su mirada perdida. Corrió hacia ella, pero ya se había ido. Lágrimas muy amargas comenzaron a correr por su rostro pues sintió que había fracasado en su promesa. Su hermanita querida se había ido mientras estaba sola y sin la compañía de ella, ni de su familia.

Cuando llegó a la casa con la triste noticia todos lloraron desconsoladamente, pero nunca olvidaré los gritos de angustia de mami Ramona. Pareció como si le hubiesen sacado un pedacito de su corazón a sangre fría. Mi tío Víctor también había llegado de Nueva York y se encontraba a su lado tratando de darle consuelo pero todo era en vano. Nuestra casa se llenó de mucho dolor y gran tristeza. Los gritos y sollozos de angustia llenaron la calle y los vecinos venían en grupos a tratar de consolarnos.

Recuerdo que para su velorio y luego también durante su entierro, vinieron personas de todo el pueblo y los campos adyacentes, pues ella fue entonces conocida por *"la joven a la que le había picado el pichu-pichu y había causado la muerte."*

Transfusión

Su muerte salió publicada en los periódicos del país. Recuerdo que para ese tiempo había un grupo musical muy famoso que se llamaban *"Los Alegres Tres."* Cantaban música muy alegre y movida, mayormente merengue. Como el tema del pichu-pichu estaba muy caliente para ese tiempo, escribieron una canción que la letra decía; *"cuidao' que te pica el pichu-pichu"* y la gente bailaba y reía pues tenía un ritmo muy pegajoso.

La visita de una dama a nuestra casa

Mami Ramona no bien se había recuperado de la pérdida de su hija cuando escuchó esta canción por primera vez en la radio y una gran tristeza invadió su corazón. Sintió como si a cuesta de la tragedia de su hija, otros festejaban y celebraban. Decidió pedirle ayuda a una vecina que era más versada en el arte del lenguaje español para que le escribiera una carta a la señora Sylvia, quien era la principal cantante integrante del grupo, expresándole sus sentimientos con relación a su canción, la cual en ese tiempo estaba número uno en la radio del país.

Pronto recibió respuesta de su carta. La cantante Sylvia le ofreció su más sentido pésame y le informa que para demostrarle cuánto se lamentaba por su pérdida le haría una visita personalmente. Recuerdo el día en que esta cantante, quien gozaba de mucha fama en toda la Isla de Puerto Rico, por su famoso show de televisión, llegó a nuestra casa. La calle y el barrio completo estuvo lleno de gente que llegó de diferentes partes del pueblo. Vi también personas con cámaras de televisión y reporteros que querían cubrir la noticia. Fue así como frente a las cámaras y ante los reporteros, le pidió públicamente perdón a mami Ramona. Le dijo que sintió mucho el no haber considerado el dolor que los familiares sufrían por la muerte de Mercedes y cuán insensible había sido al no pensar en el sufrimiento que enfrentaban las propias víctimas por la picada de este famoso animalito.

Paz en medio de las tormentas

También le hizo una promesa pública de no cantar esa canción nunca más, ni en vivo ni por la radio, para demostrarle a ella y a todos aquellos que estuvieran sufriendo por esta misma razón, que ella valorizaba mucho a sus admiradores y prefería sacar la canción de los medios antes que perder el amor y solidaridad de ellos. Recuerdo que abrazó a mami Ramona y juntas lloraron. Esta dama de la canción cumplió su promesa y la canción nunca más se escuchó para esa época. Han transcurrido alrededor de cuarenta y tantos años desde la muerte de Mercedes y hasta el día de hoy no se ha vuelto a escuchar.

Capítulo 3

Un hombre cambió mi vida

Cuando tenía diez y seis años era muy rebelde, pues siendo ya más madura, recién comencé a pensar en mi vida y en el engaño de mis padres-abuelos con relación a mi origen. Quise saber todos los detalles de mi concepción y del paradero de mi verdadero padre. Siempre le rogaba a mami Ramona que me declarara el nombre de mi padre verdadero y de su paradero, pero ella siempre me contestaba que no me diría nada sobre el asunto y que mejor me acostumbrara a reconocer a mi abuelo como mi verdadero y único padre.

Para ese tiempo ya mami Margarita llevaba muchos años sola y pensaba que no se casaría nunca más debido a las malas experiencias que había tenido en el pasado. Pero cerca de nuestra casa, al cruzar de la calle, acababa de llegar del ejército un hijo de una familia vecina, el cual prontamente fijó sus ojos en ella. Mi madre comenzó una relación amistosa con este joven, la cual un tiempo más tarde culminó en matrimonio.

Mi rebeldía iba en aumento al punto de que había hecho planes de terminar la escuela superior y luego mudarme al área de San Juan y alejarme completamente de todo lo que me recordara mi pasado y mi condición emocional con relación a mis verdaderos padres. Como era muy joven todavía no sabía realmente lo que quería y mi mente avivaba mi rebeldía y descontento con el tipo de vida que

Transfusión

hasta ese momento había tenido. Pero bien adentro en mi corazón sentí que me desquitaría con aquellos que habían hecho tan infeliz a mi madre y que nunca me habían dado la oportunidad de conocer a mi verdadero padre. Era algo así como una venganza. La Biblia dice que *hay caminos que al hombre le parecen rectos pero su final es camino de muerte.*

Mi encuentro con lo desconocido

¡Mientras planificaba ese "próspero" futuro para mí, fui sorprendida por Di-os! Había una jovencita que vivía en la misma calle que yo, y que en algunas ocasiones había tratado de buscar mi amistad, pero yo siempre, y sin saberlo, la ignoraba. Un día nos encontramos en el camino hacia la escuela y sin darme cuenta nos hicimos grandes amigas. Como me gustaba mucho bailar salsa y merengue, ella sabía que yo podría enseñarle a bailar, como lo había hecho con mis otras amigas. Ella me pidió que le enseñara a bailar salsa ya provechábamos para practicar en su casa, durante las noches en que su mamá asistía a su iglesia, pues era cristiana. Sabíamos que su mamá no estaba de acuerdo con esto. La mamá de ella, no estaba contenta con nuestra amistad, pues pensaba que estaba cambiando a su hija y que era una mala influencia para ella. Así que decidió comenzar a orar por mí para que conociera a Yeshua.

Cuando llegó el verano, mi amiga me invitó para que la acompañara a un campamento de verano de los jóvenes Bautistas de la isla. Mi primer pensamiento fue que esta sería una buena oportunidad para conocer jóvenes. Así que le dije que la acompañaría y me preparé para salir hacia el campamento de verano con ella.

Recuerdo que cuando recién llegamos y luego que nos presentamos unos a otros, nos llevaron a unas casitas que

Un hombre cambió mi vida

acomodaban por lo menos diez féminas en cada una de ellas. Cuando estuvimos todas ya en nuestras casitas, nos volvimos a presentar, pero ahora con un poco más de confianza puesto que compartiríamos la misma cabaña por tres días. Observé a una chica muy callada, con un rostro muy lindo. Cuando la vi pensé que era muy atractiva y que iba a ser mi competencia con los chicos que había visto y que se hospedaban un poco más abajo de donde estábamos nosotras.

La primera noche que pasamos allí nunca la olvidaré. Era ya bastante entrada la noche cuando de repente se escuchó un grito macabro en el cuarto de al lado. Quedé sentada de una vez y le pregunté a mi amiga si había escuchado algo. Me dijo que ese grito también la había despertado. Inmediatamente comenzamos a escuchar conversaciones en alta voz y oraciones con voces de autoridad, pero no pudimos descifrar lo que decían. Salí corriendo de mi cuarto y cuando llegué a la puerta, ya otras chicas se me habían adelantado. Pude mirar hacia adentro del cuarto sólo dando brincos. Vi muy poco, pero lo que vi no lo creí.

Pude observar cómo aquella linda muchacha que había recién conocido, su rostro ahora parecía algo descomunal. Era algo que nunca antes había visto. Su rostro tenía una tez verdosa y su lengua se alargaba como una serpiente saliendo por su boca y decía cosas muy feas como si tuviera voz masculina y no femenina. Me viré para preguntarle a mi amiga qué era esto que estábamos presenciando, pero en medio de la conmoción no pudimos. Había personas orando, mientras que otras estaban llorando y muy asustadas. De pronto se escuchó a alguien en la puerta. Una de las muchachas salió a ver quién era. Era el líder del campamento que había venido al sonido de los gritos que llegaban hasta sus habitaciones. Algunos otros jóvenes varones vinieron con él también, pero él les ordenó que se quedaran afuera en oración, pues había féminas en pijamas.

Transfusión

Nunca olvidaré lo que vi y lo que pasó ante la voz de autoridad de este joven líder. Se acercó al cuarto y desde la puerta dijo, "*Satán, te ordeno en el nombre de Yeshua que la dejes libre. Te vas de este lugar y de su vida. No tienes parte ni suerte con los hijos de Di-os.*" No recuerdo con todo detalle, pero creo que fue algo así lo que escuché. Para sorpresa mía, la joven que anteriormente gritaba y se revolcaba, una vez que escuchó esas palabras, lo que se estaba manifestando salió de ella con un fuerte grito escalofriante. El rostro de la joven volvió inmediatamente a su normalidad. Se veía bella como antes y comenzó a llorar profundamente. Las otras compañeras de cuarto se tiraron sobre ella a consolarla y a abrazarla.

Como no me atreví a acercarme a ella, decidí regresarme a mi cuarto. No pude dormir pensando en lo que acababa de experimentar. ¡Descubrí que existía un mundo que yo no conocía! Por lo menos nunca había tenido una experiencia tan viva y tan real con este mundo invisible. Al otro día, en lugar de comenzar mi plan de conquista, lo que sucedió fue totalmente opuesto. Comencé a escuchar la palabra de Di-os por primera vez y por primera vez pude entender de lo que se trataba. Todo me hacía más sentido y pude sentir algo muy hermoso en el ambiente. Lloré mucho en algunos momentos cuando ministraban a las personas visitantes como yo.

Terminó el tercer día del campamento, pues era sólo por el fin de semana y regresamos a nuestro pueblo cerca del mediodía del domingo. Mi amiga me preguntó si quería visitar su iglesia esa misma noche para el servicio nocturno y le contesté que sí, que me pasara a recoger.

Escuché toda la predicación del pastor y mi vida fue tocada en forma muy profunda. El pastor preguntó si había alguna vida que quisiera entregarle su corazón a Cristo, que por favor levantara su

Un hombre cambió mi vida

mano. Recuerdo que el pastor dijo, *"Di-os bendiga esta joven que levanta su mano. Por favor pasa adelante para orar por ti."* Mientras tanto, me pregunté a mí misma si tendría el mismo valor para hacer lo mismo que esa otra joven que ya había levantado su mano. Alguien me tocó en el hombro y me dijo que pasara hacia adelante pues el pastor esperaba por mí. Me pregunté cómo esta persona sabía de mi decisión interna si yo no había sido la joven que había levantado la mano, pero para mi sorpresa cuando abrí mis ojos, esa joven era yo. Mi mano se había levantado sola y yo ni siquiera me había dado cuenta.

Pasé adelante y el pastor puso sus manos sobre mi cabeza. Inmediatamente comencé a sentir como si un río de sangre caliente cayera desde mi cabeza hasta la planta de mis pies cubriéndome toda y quemando todo mi cuerpo y mi piel. Era tan caliente lo que sentía bajando por mi cuerpo que comencé a gritar y a llorar. El pastor, siendo un ministro Bautista, me dijo suavemente al oído, *"cálmate, no llores tan fuerte. Es normal que sientas deseos de llorar."* Pero él no entendió lo que me estaba pasando. Traté de calmarme pero continuaba llorando. ¡Lo que estaba sintiendo era algo sobrenatural! De regreso a la casa también continué llorando. Casi toda la noche la pasé llorando y pidiéndole al Señor que fuera para mí como el padre que nunca tuve.

Papi Felipe fue un buen padre, pero estaba ya mayor cuando yo estaba pequeña y no era muy afectuoso. Así que aunque sabía que él me amaba mucho y yo también a él, siempre sentí un vacío paternal dentro de mí. Por esto, durante mi crecimiento y adolescencia, pasé muchas noches largas en llanto sin saber porque siempre me sentía tan triste. Antes de conocer a Yeshua mi vida era muy vacía. Cuando estaba en una fiesta era la bromista y la que hacía reír a todos, pero ya cuando estaba a solas en mi cuarto, me sentía el ser más miserable del mundo.

Transfusión

Por eso cuando conocí a Yeshua le pedí que me mostrara el amor de padre que tanto necesitaba. Una noche cuando terminé de orar, recuerdo que me acosté y recién recostaba mi cabeza en la almohada cuando sentí que algo se desprendió de mi cuerpo. Era yo misma. Veía mi cuerpo en la cama, pero yo estaba fuera. De repente me encontré sobre la falda de un ser bien grande que, sentado en una gran silla, me acariciaba el rostro y el cabello. Mientras pasaba su mano sobre mi rostro y mi cabello me decía, *"Yo soy tu verdadero Padre. Siempre que necesites algo, ven a mí y pídemelo. Yo soy tu Padre. ¡No lo olvides!"* Ante estas palabras lo único que yo hacía era mover mi cabeza en señal de aceptación, pero no articulaba palabra, pues estaba admirada del amor tan grande que este ser emanaba de sí mismo hacia mi persona. No podía ver su rostro pues la luz era muy brillante, pero recuerdo que sus vestiduras eran blancas, resplandecientes.

Así pasé toda la noche con esta misma escena repitiéndose una y otra vez. Ya casi amaneció cuando sentí que entré nuevamente en mi cuerpo y abrí los ojos. Trataba de comprender cómo era posible que hubiera estado despierta toda la noche y no sentía sueño ni cansancio. Estaba lista para vestirme y prepararme para ir a la escuela.

Mi vida había cambiado para siempre. Esa misma mañana cuando iba de camino a la escuela, ya tenía diez y siete años de edad, pude observar cosas en la naturaleza que antes no vi. Escuché el canto de un pajarito sobre los alambres de la calle y casi lloro ante tanta belleza. Era como si una nueva vida hubiese comenzado en mí y la persona que era antes murió.

Pude amar y perdonar a todos, especialmente a mi abuela, pues en cierta forma le guardaba un poco de rencor. Pensaba que me había separado de mi verdadera mamá y me dolía cuando pensaba que ayudó a mi madre en varias ocasiones para que me abortara. En su

Un hombre cambió mi vida

ignorancia, creo que lo hizo para evitar la vergüenza de lo que significa tener una hija bastarda. Aunque todavía no conocía la historia verdadera de mi concepción, sí sabía que mi madre había sido violada cuando tenía 13 años y por esto habían intentado que terminara con el embarazo, por lo menos en tres ocasiones. Mi rebeldía había crecido también debido a que pensaba que me habían criado porque no quedaba otro remedio, que era una niña no deseada, y que por las condiciones en que nací, habían tenido que aprender a amarme. Era como si pensaran de mí... ¡Qué remedio! Ya nació, ahora hay que criarla. Por lo menos esto era lo que comenzaba a aflorar en mi mente inmadura y rebelde.

Pero, ya eso dejó de tener importancia. Ahora el centro de mi vida y mi atención era Yeshua. ¡Qué bello era mi amado! Me amaba con tanta intensidad, que yo lloraba por todo lo que veía que me recordara de su amor. Estaba en una nube todo el día. Aun en la escuela mis amigas me dijeron que había algo diferente en mí. Estaba más callada y decían que había un brillo en mi rostro. ¡El primer amor!

Durante mi tiempo en la iglesia Bautista aprendí a conocer a Di-os de una manera muy linda y pasiva. Aprendí sobre su amor y su sacrificio al venir a este mundo a mostrarnos el camino al Padre. Las enseñanzas y doctrinas bautistas eran bien fundamentales y estaban basadas en el amor de Di-os por la humanidad; sus hijos. Fue muy importante para mi crecimiento espiritual el tiempo que visité esa iglesia, aunque me concentré tanto en las actividades eclesiásticas que sin darme cuenta comencé a descuidar mi relación personal con Yeshua. Pienso que aunque las iglesias cristianas son para los recién convertidos como una madre espiritual, y es aquí donde aprendemos a ver la iglesia como una familia, sin embargo cuando no sabemos canalizar nuestra vida de

Transfusión

familia eclesiástica con nuestra vida de **intimidad** con Yeshua podemos sin proponérnoslo caer en la trampa de la religión. Comenzamos a cambiar la doctrina básica de Yeshua por dogmas de hombres y nuestros sentimientos comienzan a tomar control y ascendencia intercambiando **conducta** por fe, amor y gracia divina. Sin darme cuenta, comencé a sentir que para que el Señor **me aceptara** debía vivir una vida santa basada en **mis esfuerzos** personales y no en la obra de Yeshua HaMashiaj en mi vida por medio del Espíritu Santo y su Palabra. No sé cuándo ni cómo fui perdiendo mi "amistad" con mi Señor, pero ya casi no escuchaba su voz como antes. Recuerdo que cuando oraba al principio era una conversación completa en donde yo hablaba y él me respondía o viceversa. Luego mis oraciones parecieron un monólogo, pero no me daba cuenta que ya no estaba escuchando su voz dulce y clara como al principio.

Fue aquí donde aprendí sobre la obra redentora de Yeshua en la cruz; reconciliación, justificación y santificación. Di-os se concilió con nosotros por medio de Yeshua y nosotros nos re-conciliamos con El por esa misma obra de su Hijo. Aprendí sobre la santidad, la adoración a Di-os y la importancia de evangelizar al mundo con las buenas nuevas del evangelio.

También comencé a descubrir los beneficios de la adoración a Di-os y sobre su presencia manifestada en la iglesia a través de la alabanza y la adoración. Como anhelaba tanto adorar a mi Señor, me inscribí para cantar en el coro de la iglesia. Fue un reto al principio, pues tenía la voz para cantar soprano, pero no dominaba todavía el talento y con frecuencia me salía del tono. Luego de muchas noches de ensayo, por fin me dejaron cantar con el coro y

Un hombre cambió mi vida

me entregan mi cota de corista. Fue uno de esos domingos en la noche cuando, luego que cantamos el último himno y que el director nos ordenó a sentarnos, que me sorprendió el Señor con una experiencia sobrenatural.

Una nueva experiencia fuera del cuerpo

El pastor inició su predicación y de repente comencé a tener esta experiencia inolvidable. Mientras estaba allí sentada, comencé a sentir como si mi espíritu dentro de mí se achicara y mis ojos fueran como dos inmensas ventanas por las cuales podía ver el mundo de afuera. Tenía que moverme de un lado para el otro para ver primero por una "ventana" y luego por la otra, pero en realidad eran mis dos ojos. Inmediatamente después de esto, fui tomada de aquel lugar y me encontré en uno muy obscuro. Frente a mí vi una gran pantalla como las que hay en los cines.

Comencé a ver mi vida y mi tiempo en la tierra como si fuera una película. En cada escena que vi, percibí el mismo sentimiento que ya había experimentado cuando viví en la tierra. Unas veces lloré, otras reí, otras sentí compasión, angustia, desesperación, enojo, etc. La mayor parte del tiempo me moví entre risas y llantos. De momento sentí la voz de este personaje detrás de mí que me preguntó, "*¿Disfrutas lo que ves?*" Sin voltearme para ver el rostro del que me hablaba, le contesté; "*¡Hay sí Señor, cómo disfruté mi tiempo en la tierra!*" Ante mi respuesta volvió el mismo personaje a decirme, "*Yo también, porque yo estaba contigo.*" No necesité voltearme. Supe perfectamente que era mi Señor. Conocí su voz, su perfume, su aliento, sus palabras, todo su ser. ¡Él era uno conmigo!

Inmediatamente, luego de sus últimas palabras, me encontré nuevamente dentro de mi cuerpo. Estaba otra vez mirando como

Transfusión

por dos gigantescas ventanas. Me moví de un lado hacia el otro tratando de ver hacia afuera. Comencé a sentir cómo mi espíritu se fue agrandando hasta hacerse del mismo tamaño que mi cuerpo y entré nuevamente en la realidad de este mundo físico existente. Inmediatamente, comencé a preguntarme si había estado soñando o que posiblemente me quedé dormida durante la predicación. Sentí vergüenza al pensar que me había dormido ante la vista de todos los demás, pues el coro se sentaba de frente a la congregación.

Me volteé hacia mi amiga, ya que ella también había ingresado en el coro y le pregunté, *"Oye, ¿qué estaba haciendo yo ahora mismo?"* Con ojos desorbitados por el tipo de pregunta me dijo, *"¿de qué tú hablas? ¿A qué te refieres?"* Todo esto lo conversábamos en un susurro, como si fuéramos ventrílocuas, hablando entre dientes, pues a los miembros del coro se nos prohibía hablar durante el servicio, ya que todos podían vernos y era impropio e irreverente hablar mientras el pastor estaba predicando.

Volví y le dije, *"por favor, dime si me dormí durante la predicación."* Me dijo, *"no, no te dormiste. ¿Qué rayos es lo que te pasa?"* Pero, otra vez le pregunté, *"¡dime qué estaba haciendo hace unos minutos, por favor!"* Me contestó nuevamente como hablando entre dientes: *"tú estás loca, tenías los ojos abiertos mirando al pastor todo este tiempo. Y déjame ya y no me preguntes nada más. Nos vamos a meter en problemas con el director."*

¡Eso era todo lo que yo quería saber! Ya no pude escuchar al pastor predicar. Lo que quería era llegar a mi casa y preguntarle al Señor qué era lo que acababa de acontecerme. Pero tuve que esperar hasta que el servicio culminara pues la familia de mi amiga me daba transportación a la iglesia, ya que no poseía un auto

Un hombre cambió mi vida

propio para ese tiempo. Nunca pude comprender en toda capacidad la razón, o el mensaje detrás de esa experiencia, pero lo atesoré en mi corazón.

Mi tío Víctor

Los miembros del coro ensayábamos los sábados en la noche. Ahí aprendíamos canciones nuevas o practicábamos para las cantatas de navidad, viernes santo, etc. Un sábado se me hizo un poco tarde para prepararme para el ensayo y cuando llegó mi amiga a recogerme con su mamá, pues ella también cantaba en el coro, tuve que decirles que no me esperaran. Apenas me estaba metiendo en el baño a darme una ducha y no quería que llegaran tarde por mi culpa.

Se marcharon y mientras me duchaba le dije al Espíritu Santo, *"Espíritu Santo, aparéjame a alguien que me lleve o de lo contrario, si me voy caminando llegaré demasiado tarde."* Si no ensayaba el sábado, no podía cantar el domingo, así que trataba de no faltar nunca a los ensayos. Estaba terminando en el baño cuando escuché a mi tío Víctor silbar una de sus canciones favoritas en el cuarto. Salí inmediatamente y le dije, *"oye tío, pensé que ya te habías ido. ¿Qué pasó?"* Me dijo que había olvidado algo en la casa y como no estaba tan lejos decidió regresar a buscarlo. Le pedí que por favor me dejara frente a la iglesia, pues no quería llegar demasiado tarde al ensayo. Era muy raro que me dijera que no. Era su única sobrina y me quería, aunque un tanto a su manera.

Tío Víctor era muy guapo y siempre andaba bien perfumado. Tenía el cabello negro y un poco ondulado. Su aliento siempre olía a menta para disimular el olor a nicotina. Su acento era neoyorkino pues se había criado la mayor parte de su juventud en Nueva York con el hermano de mami Ramona. Había regresado de Nueva York

Transfusión

y se había separado de su esposa. Tenía unos treinta y cinco años para ese tiempo y disfrutaba mucho su vida de soltero. Era muy alegre y le gustaba enamorar a todas las chicas que veía. Papi Felipe decía que si veía un palo de escoba vestida con una falda la enamoraría también.

Me habían contado que cuando pequeño padecía de asma y los médicos recomendaban un clima menos húmedo que el de Puerto Rico para ayudarle con su condición. No sé si ésta fue la razón principal de su partida del hogar hacia tierras extrañas, pero sí sé que mami Ramona sufría mucho por él. Recuerdo que cuando regresó a Puerto Rico, luego del tiempo que estuvo en la cárcel, (nunca me enteré por qué razón), cuando la gente preguntaba el porqué de su ausencia, decía que había estado en la universidad. Yo me reía por dentro pues sabía que se refería a la cárcel.

Creo que como fue un joven rechazado por su padre biológico, muy adentro de su alma buscaba respuestas a sus interrogantes o simplemente quería llenar un vacío interno. Por eso se daba mucho a la bebida y a salir con mujeres. Tenía novias en casi todos los barrios de Gurabo y fuera del pueblo también. Esto era lo que decían todos en la casa refiriéndose a sus amores pasajeros. Nunca llevó el apellido de papi Felipe sino el de mami Ramona – "Estrella."

Me vestí tan rápido como pude pues me dijo que tenía prisa. Pareció que tuviera una cita con alguien en la ciudad de Caguas, la cual estaba a unos 20- 30 minutos del pueblo de Gurabo. Por todo el camino casi no hablamos. Pude oler el perfume que llevaba puesto mezclado con el olor a menta de la goma de mascar que tenía en la boca. Íbamos en silencio pues llevaba una de sus caseteras favoritas "El gallito de Manatí" con su canción "Yo soy el gallo".

Un hombre cambió mi vida

Nunca pude entender cómo mami Ramona y tío Víctor eran tan apegados a la música de mariachi mejicana siendo puertorriqueños. Parecía como si en otra vida hubieran sido mejicanos. A tío Víctor le encantaba cantar estas rancheras y tirarse el gritito mejicano de vez en cuando durante la parte más emocionante de la canción. Por eso cuando el gallito de Manatí decía…. yo soy el galloooooo… él decía ajijiijiiii. Me reía por dentro, pero por fuera le decía que por favor apagara esa música. Le decía que estaba pasada de moda y hasta sentía vergüenza que mis amigos escucharan sus viejas canciones cuando iba con él en su auto.

Ya estábamos llegando a la plaza pública del pueblo de Gurabo, cuando al doblar la esquina escuché la voz de mi Señor que me dijo, "*abrázalo y bésalo pues esta noche será la última que lo verás con vida.*" Casi me desgarro en un grito cuando escuché estas palabras y me tiré sobre su hombro y le rogué que por favor no se fuera. "*Por favor tío quédate conmigo. No vayas para ninguna parte esta noche. Vente conmigo para la iglesia*", le rogaba. Pero el insistió en que me bajara pues estaba tarde y me prometió que algún día, cuando menos yo lo esperara me acompañaría. No sé cuántas veces le rogué y me agarré de su brazo, pero él me dijo una y otra vez, "*mamita, bájate que estoy tarde.*" Ya no pude retenerlo por más tiempo.

Cuando me bajé del auto me quedé parada en la esquina de la plaza, al cruzar de la iglesia, mirando como su auto se hacía más y más pequeño según se alejaba cada vez más y más de mí. Supe que no lo volvería a ver con vida, pues conocía la voz del que me había hablado. Tampoco pude decirle lo que Di-os me había dicho. Las palabras se me confiaron para no declararlas a nadie. Esa noche casi no pude cantar. Lo único que sentía eran deseos de llorar y rogarle a Di-os que por favor le preservara la vida. Pero aprendí, en mi largo caminar, que hay momentos que no podemos cambiar la

Transfusión

voluntad de Di-os, no importa cuánta fe tengamos o cuánto oremos o supliquemos.

Era bien temprano en la madrugada cuando escuchamos a alguien tocando a la puerta de la cocina. Desperté inmediatamente y corrí detrás de mami Ramona. Allí estaba parado un policía con un papelito en la mano. Preguntó, *"¿aquí vive la familia de Carlos Estrella?"* Mami Ramona contestó que sí y preguntó, *"¿qué le pasó a mi hijo? ¿Está preso otra vez?"* Mi corazón se derrumbó. Deseé que estuviera preso, me dije para mis adentros. El policía contestó, *"no señora. Su hijo tuvo un accidente y está un poco delicado de salud en el hospital. He venido a darles la noticia y la información del lugar donde se encuentra."* Mami Ramona quedó impactada ante tal noticia y llamó a papi Felipe con voz angustiada.

Llegamos al Hospital Regional de Caguas enseguida. Papi Felipe no quiso ir al hospital con nosotras. En casos como estos siempre se quedaba solo en la casa. Pienso que no le gustaba que lo viéramos llorar. Mis hermanas también fueron llegando una a una al hospital. Ya todas estaban casadas para ese tiempo. También mami Margarita llegó junto con las demás. Estábamos todas afuera esperando por el médico que nos daría un informe sobre la condición de Víctor. Para ese tiempo mami Margarita había dado su vida a Cristo y Carmín también. Recuerdo que Aurora por su parte se había hecho miembro de los Testigos de Jehová. Tratamos de orar afuera por unos minutos, pero la angustia fue tanta que no pudimos orar como queríamos. Yo sabía bien adentro de mí que no saldría con vida, así que era muy difícil para mí orar o saber cómo debía orar.

Sólo pensé en mami Ramona y el dolor que sentiría. Este hijo era muy querido por ella. Pienso que lo quería doblemente pues a su amor también se le añadía la compasión o pena que sentía por este ser a quien la vida le había negado tanto.

Un hombre cambió mi vida

Finalmente llegó el médico a nuestro encuentro con unas noticias no muy buenas. Nos informó su versión de lo acontecido esa noche antes que lo trajeran al hospital. Creo que la historia es como sigue: Había una mujer testigo que esa noche lo acompañaba cuando tuvieron el accidente. Nos dijo que el accidente se había dado cuando Víctor viajaba de camino a la capital, San Juan. Estaba muy intoxicado con alcohol y era una noche muy lluviosa. Sus limpiaparabrisas (wipers) no trabajaron muy bien, lo que causó poca visibilidad. A esto se añadió la ya difícil situación con las lluvias torrenciales de esa noche. Fue entonces cuando le dio el volante a su acompañante. Ella perdió el control del volante y chocó contra uno de los postes eléctricos del expreso. Rebotaron hacia la carretera y un camión de carga los impactó por el lado donde estaba tío Víctor dormido, saliendo éste expulsado por la ventana. Encontraron su cráneo abierto y parte de su cerebro al descubierto. Esta fue la información obtenida del reporte policiaco. La acompañante quedó viva con ciertos huesos rotos, pero pudo reportar sin dificultad los sucesos del accidente.

En cuanto al informe médico se nos informó que su cerebro estaba prácticamente muerto y que lo que lo mantenía vivo era la máquina, a la cual estaba conectado. Se nos permitió ir de dos en dos a su cuarto en la sala de intensivo. Recuerdo que me tocó ir a verlo con mi tía Carmín y juntas desde la puerta, pues esta era la distancia permitida para los miembros de la familia, hicimos una oración por él. Mi hermana-tía Carmín oró y grandes lágrimas bajaron por sus mejillas rogando a Di-os por su alma y le habló diciéndole, *"Víctor, si me escuchas, abre tu corazón a Yeshua, él es tu Salvador."*

Juntas oramos y lloramos por él. Lo más asombroso fue que su cuerpo estaba como si nada le hubiese ocurrido, ni siquiera un rasguño. Pero la vida se le escapaba. De pronto vimos cómo una lágrima bajó por una de las mejillas de Víctor. Nos asombramos,

Transfusión

pero la enfermera nos dijo, *"oh, no le den mucha importancia a esto. Es normal que su sistema lagrimal, al estar alterado, tenga reacciones como estas."* Pero nosotras entendimos que eso fue la respuesta que esperábamos. Supimos que él estaba allí en ese cuarto con nosotras. Fuera que estaba dentro de su cuerpo o fuera de él, sentimos que él nos escuchó.

A Mami Ramona le pidieron autorización para desconectarlo de la máquina, ya que esto era lo único que lo mantenía vivo y respirando. Pero, mami Ramona decía que no, que todavía estaba vivo porque veía como respiraba. Intentaron explicarle que no era él respirando naturalmente, que era la máquina, pues su cerebro ya estaba muerto, pero ella insistía que no daría su consentimiento mientras lo viera respirando. Pasaron unas semanas y comenzó a inflamarse y un olor un poco fuerte y desagradable emanaba de su cuerpo. Fue muy difícil convencer a nuestra madre para que lo desconectaran, y dejarlo ir. ¡Qué difícil es dejar ir a los hijos!

Finalmente luego que toda la familia había tenido la oportunidad de ver a tío Víctor por última vez y despedirse de él, se le dio consentimiento al personal del hospital que lo atendía, a que lo desconectaran de la máquina. No fue fácil ver a nuestra madre perder a un segundo hijo, y especialmente el único hijo varón. Pero vimos cómo Di-os la fortaleció durante todo el proceso.

Por mi parte puedo expresar que no se me hizo fácil comprender que ya nuestro tío Víctor no estaría con nosotros. Había aprendido a amarlo y lo respetaba mucho. Luego de su sepelio, tuve muchos sueños con él apareciéndose en nuestra casa como si todavía estuviera vivo. Cuando despertaba del sueño me encontraba nuevamente con la realidad. Recuerdo que aún después de varios meses lloraba mucho por él y creo que, a parte de nuestra madre, fui una de las que más lo lloró; posiblemente porque de alguna forma me sentía unida a su muerte por la palabra que Di-os me

Un hombre cambió mi vida

había dado aquella noche. Pude comprender que cada persona tiene su tiempo para partir de este mundo. Fue triste que no vivió largo tiempo para conocer a mi Señor y disfrutar de Su gran amor.

Mi primera experiencia con los carismas del Espíritu Santo

Estas experiencias de pérdidas de los seres queridos nos hacen un poco más susceptibles al dolor propio y ajeno, pero también nos hacen más sensibles al mundo espiritual que nos rodea. Recuerdo que un lunes en la noche, durante un servicio de oración en la iglesia Bautista, sentí un inmenso deseo de irme a orar en la parte de atrás del bautisterio, o sea detrás del altar de la iglesia. La voz del Señor me invitaba a que me fuera a solas con El. Esta área del templo era como una especie de pasillo largo que el coro también utilizaba para colgar las batas de los coristas. Me deslicé por la puerta de al lado del pulpito y llegué hasta este cuarto y me tiré de rodillas a orar mientras oía las oraciones de la congregación en el templo al frente. Comencé a sentir como una especie de fuego que entró por mi cabeza y tomó control de todo mi ser. Mi boca se abrió y comencé a hablar en un idioma desconocido para mí. Lloré y reí de la alegría y sentí un gozo y una paz inolvidable. Así estuve por un tiempo disfrutando de esta presencia maravillosa y ríos como de agua viva corrían por todo mi ser. Ya casi cuando la intensidad de la experiencia fue bajando, de repente me inundó un pensamiento, *"¿qué estoy haciendo? ¿Es que acaso estoy perdiendo la mente como me dijo mami Ramona que me pasaría si me ponía muy religiosa?"*

Mi corazón se fue llenando de temor al no saber lo que estaba experimentando. Venían recuerdos de imágenes de mami Ramona quien me había criado dentro de la iglesia católica y consideraba que mi conversión evangélica era como una traición a nuestra religión. Me acosaba y criticaba cuando me vestía para irme al servicio de la iglesia. Si me veía largas horas leyendo la Biblia, me

Transfusión

decía que no era bueno leer tanto ese libro negro porque mucha gente que hacia eso terminaba por perder su mente, o sea volverse loca.

En mi barrio contaban la historia de un joven, que era hijo de una pareja cristiana muy devota, que pasaba largas horas con la Biblia debajo de su hombro y subido sobre el techo de su casa predicando. Todos en el barrio lo conocían por "el predicador que se volvió loco por leer mucho la Biblia," pero luego descubrí que su locura se debió a otra condición.

Debido a esta creencia errónea, todos en casa temían que yo terminara de la misma forma pues los sábados pasaba todo el día en mi cuarto leyendo y hablando con el Señor en oración. No comprendían que tenía hambre y sed por conocer a Di-os. Así que durante esta bella experiencia con el Espíritu Santo, el temor me sobrecogió y cedí ante este temor, y callé mi boca, me puse de pie y me fui para el templo donde estaban las demás personas orando. Me senté en una de las sillas y mantuve mi boca cerrada por el resto de la noche, llena de pánico. Donde hay temor se pierde la fe. Los dones de Di-os son manifestados en fe y el temor destruye en nosotros Su obra bendita.

Mis preguntas fueron contestadas, un tiempo después. Conocí a un joven en la escuela que todos conocían como el "aleluya" porque visitaba una iglesia *Mission Board* y era muy conocedor de los carismas del espíritu. Le conté mi experiencia y le dije que no quería volverme loca como le había pasado a este joven en mi barrio. Este joven me aclaró y me dijo, *"no, nunca detengas esa experiencia en tu vida. No era que te estabas volviendo loca, era la*

Un hombre cambió mi vida

unción del Espíritu Santo que te estaba bautizando y dando la experiencia de Pentecostés." Rápidamente me mostró por la Palabra de Di-os lo que esto significaba y me ayudó a perder el temor ante las manifestaciones del Espíritu de Di-os.

Una visión de fuego

Una noche mientras dormía me volteé hacia el lado de la puerta de mi perchero. Vi una luz que resplandecía en mi rostro y pensé que alguien había encendido la luz. Así que abrí mis ojos. Quedé perpleja y sentada en la cama, ante lo que vi. Había como una especie de bola de fuego frente a mí; entremedio del perchero y mi cama. Me senté con los pies colgando hacia fuera de la cama y me quedé un rato observando la visión. Tenía como tres lenguas de fuego formando una bola redonda. Las lenguas salían de atrás hacia el frente, entraban por el centro de la bola para volver a salir por detrás y hacia el frente nuevamente. Cada lengua de fuego salía hacia una dirección diferente pero manteniendo la forma circular como del tamaño casi de una bola de baloncesto, pero un poco más pequeña.

Estaba deleitada observando esta "bola de fuego" cuando de repente escuché que de adentro de esta bola de fuego salió una voz dulce y suave pero a la vez con gran autoridad. Me dijo las mismas palabras una y otra vez, *"círculo demoniaco, círculo demoniaco. ¡Cuidado! Prepárate y mantente alerta."* De pronto ya no escuché la voz. Internamente, en mi mente, recibí instrucciones de lo que debía hacer al siguiente día para ayudar a las demás personas que estarían presentes en el mismo retiro espiritual al cual yo asistiría. Era como si estuviera viviendo por adelantado lo que pasaría al siguiente día y sabía lo que tenía que hacer cuando el momento llegara.

Transfusión

Esta visión la había tenido en la madrugada del sábado que estaba supuesta a encontrarme con el grupo que se retiraba conmigo en oración y ayuno. Éramos todas féminas, jóvenes, ardientes por buscar de la presencia del Señor. Algunas todavía pertenecíamos al grupo de jóvenes de la iglesia Bautista y las otras, que una vez fueron de nuestro grupo, ahora visitaban una iglesia pentecostal avivada donde se permitían los carismas de Di-os. Así que acordamos que nos reuniríamos en un área de campo libre donde había un pequeño riachuelo y muchos árboles y plantas verdes. Era muy bonito el lugar y se sentía una brisa suave en todo momento. Podíamos escuchar los sonidos de la naturaleza. Estábamos todas con mucha anticipación porque queríamos encontrarnos con nuestro Señor y disfrutar de su presencia.

Tan pronto llegamos al lugar, nos tomamos de la mano y oramos para dedicarle ese día al Señor y le imploramos que nos bendijera con su presencia. Entonamos algunos cánticos y luego nos separamos para cada cual tener un tiempo de oración privada con nuestro Amado. Recuerdo que llevaba conmigo, aparte de mi Biblia, un libro que había bendecido mi vida grandemente. Se titulaba *Manantiales en el Desierto*. Era un libro de devociones muy lindas y aplicaciones de la vida diaria. Lo utilizaba mucho cuando en la iglesia Bautista me asignaban para dirigir el devocional o el tiempo de adoración congregacional.

No llevábamos mucho tiempo orando cuando de repente sopló un viento muy recio que pasó por entre todas nosotras llevándose con él nuestras Biblias, libros y todo lo que encontró a su paso. Busqué alrededor y también se había llevado mi Biblia y mi libro de devociones. Cuando terminaron los vientos, comenzó a

Un hombre cambió mi vida

manifestarse un espíritu raro y desconocido para mí. No era mi Señor. Era algo que impartía miedo y pesadez mental. No se podía orar y la mente de todas se quedó como en blanco; como si una mano invisible nos hubiera robado la información, el propósito, y el deseo de por qué estábamos allí. Recuerdo que una de ellas, mi prima Josefina, se acercó a mí y me dijo, *"ayúdame, no puedo orar, no tengo concentración. Es como si mis pensamientos se hubieran ido. No puedo recordar la Palabra y mucho menos citar las Escrituras."*

Del otro lado escuché a otra joven que dijo, *"escuché una voz que me dijo que hagamos una hoguera y pongamos nuestras manos en el fuego."* Otras comenzaron a moverse como en unos movimientos raros que no había visto en las manifestaciones del Espíritu de Di-os. En ese instante vino a mi memoria el mensaje que había recibido esa madrugada. Las imágenes venían a mi mente y podía pensar con claridad. Inmediatamente las llamé a todas y les dije que nos mantuviéramos unidas e hiciéramos una cadena de oración e intercesión pues este era un ataque demoniaco. Le dije a la joven que insistía en colectar hojas secas para comenzar una hoguera que eso no era de Di-os, sino que era un *círculo demoniaco*. Al principio se resistió pues insistía que esto era lo que Di-os quería que hiciéramos. La reprendí en amor y le dije, *"no, Yeshua HaMashiaj reprenda tal actividad demoniaca. Juntémonos todas a adorar al Señor y El peleará esta batalla por nosotras."* Su palabra dice, *"Mi poder se perfecciona en nuestra debilidad."*

Gracias a Di-os todas obedecieron y se juntaron a una conmigo. No recordaban ni un sólo cántico pues sus mentes estaban como en blanco. Le rogué al Señor que nos diera un cántico para adorarle y así fue. Una de las chicas comenzó a cantar: *"Cuando todas las cosas de este mundo, hayan perdido su color. Cuando pienses que*

Transfusión

ya nada es importante, piensa en la importancia del amor. El amor, el amor, piensa en la importancia del amor." Y así continuamos cantando y un cántico nos llevaba a otro hasta que comenzamos a sentir ríos de agua viva y a llorar ante la presencia del Señor.

No sé cuánto tiempo pasamos allí bajo el abrigo de la presencia del Señor, pero cuando terminamos de cantar sentimos que debíamos irnos de aquel lugar. Luego de un tiempo descubrimos que aquel campo había sido dedicado a la hechicería, siendo habitación de brujas y muchos años atrás había sido un pequeño cementerio. En otras palabras el lugar había sido reclamado para el reino de las tinieblas. Pero cuán maravilloso es nuestro Di-os. En medio de nuestra ignorancia nos dio la victoria. Él nunca nos deja solos. Siempre nos da la salida no importa cuán oscuro se vea el camino. ¡Aleluya a nuestro Di-os!

A medida que crecía en Cristo, El me permitió ver cada día más profundo el mundo espiritual donde habita y también el mundo donde habitan seres de maldad en las regiones celestes. Recuerdo en varias ocasiones, durante la noche y mientras oraba en mi cuarto, escuchaba cosas que no podía explicar. Por ejemplo, en ocasiones escuchaba como si en el patio de mi casa hubiera gente arrastrando grandes y pesadas cadenas de hierro sobre un piso de concreto. Cuando escuchaba este arrastrar de cadenas me levantaba de mis rodillas para mirar por la ventana. No veía nada y además no podía entender cómo se escuchaba este sonido pues en el patio trasero no teníamos el piso en concreto, sino que era todo de tierra. Era entonces cuando comprendía que era una experiencia espiritual. Pienso que el mensaje que el Señor me daba era que debía orar mucho por mi familia pues había cadenas generacionales o maldiciones que debía romper en oración e intercesión por ellos. Di-os me estaba introduciendo en un mundo de autoridad espiritual que antes desconocía.

Un hombre cambió mi vida

Mi experiencia fuera del cuerpo se repite

Aumentaba en mí el deseo de conocer más a Yeshua como el que bautiza con Espíritu Santo y fuego. Mi pastor no me era de gran ayuda en cuanto al tema del Espíritu Santo y los dones o carismas del espíritu, pues la mayoría de las iglesias evangélicas no promueven este tipo de experiencias. Piensan que son en su mayoría emociones en la persona.

Pasaron como dos años después de esa experiencia y luego me comencé a congregar en una iglesia donde se manifestaban libremente los carismas pentecostales. Todo lo contrario a la iglesia anterior, el mover del Espíritu era bienvenido y promovido. Los jóvenes de esta iglesia eran muy devotos y les gustaba mucho orar, ayunar y retirarse todos juntos buscando ser usados por Di-os poderosamente. Ardía mucho en ellos el deseo por el evangelismo, pues el líder de la iglesia estaba ungido por el Señor para el campo de la evangelización o misionero.

Ahora me encontraba en un lugar en donde podía aprender mucho del mundo espiritual y de la santidad que era el mensaje central de este tipo de congregación. Doy gracias a Di-os por el tiempo que me permitió estar en ese lugar, pues aprendí cosas muy significativas para mi crecimiento y madurez cristiana.

Recuerdo una noche que los jóvenes de la iglesia estábamos evangelizando en un parque de béisbol en la ciudad de Caguas. El que predicó esa noche comenzó a hacer un llamado para salvación y arrepentimiento. Sentí la motivación de acercarme a un grupito de jóvenes no creyentes que estaban sentados sobre la cerca del parque. Luego de unos minutos hablándoles del plan de salvación, discerní que no estaban listos para aceptar a Yeshua ni les interesaba lo que les decía. Comencé mi retroceso hacia el grupo

Transfusión

de jóvenes de la iglesia que estaban cantando los últimos coritos finales del servicio.

Me encontraba a una larga distancia del grupo cuando comencé a caminar hacia ellos. De pronto volví a experimentar lo mismo que ya me había pasado cuando estaba en el coro Bautista. La escena se repitió paso a paso exactamente como la anterior; sólo que en esta ocasión estaba caminando y no sentada. Comencé a ver cómo a través de dos ventanas, para luego ver mi vida como en una película, etc. Cuando terminó mi experiencia me percaté que me encontraba ya entremedio del grupo aplaudiendo y cantando coritos con el resto de la congregación. En otras palabras, mi cuerpo continuó su marcha, caminando en dirección al grupo mientras mi espíritu, o alma, se había ido fuera experimentando la presencia del Señor nuevamente. Atesoré la experiencia y no la compartí con nadie pues yo misma no entendía por qué me estaba ocurriendo esto otra vez, ni tampoco sabía qué debía hacer con esta experiencia.

Capítulo 4

Transiciones

Me gradué de la escuela superior y había ingresado en la Universidad de Puerto Rico. Me había registrado en la región de Humacao, pues era más cerca y menos concurrida que la Universidad de Rio Piedras. Me aceptaron en la escuela de medicina de la universidad, cosa que trajo mucho orgullo a toda mi familia, pues sólo un grupo muy selecto era aceptado en el departamento de medicina, debido a que el promedio escolar tenía que ser muy alto para calificar. Doy gracias a Di-os por su gracia y misericordia sobre mi vida.

Llevaba cerca de un año visitando esta iglesia de evangelismo y carismática. En la iglesia pude aprender mucho sobre los dones del Espíritu Santo y vi con mis propios ojos liberaciones de espíritus inmundos o demonios. Comencé a conocer un mundo espiritual que se hacía muy real ante mí. Me hice parte de un grupo de jóvenes que se llamaba "Los Escuadrones del Di-os Viviente". Con este grupo aprendí la importancia del ayuno y la oración, y la fidelidad y obediencia a nuestro Señor. Tuve experiencias muy poderosas en el mundo de la oración y disfruté de buenas enseñanzas sobre el Espíritu Santo. De esta manera conocí a un Di-os que aparte de ser todo amor, también exigía respeto, obediencia y santidad. Lo fuerte y difícil que descubrí fue que los hombres que predican sobre estas experiencias espirituales, sobre

Transfusión

el poder de Di-os y la santidad, son muy duros y en muchas ocasiones sus palabras hieren como látigo ante los oyentes.

El tema de la "santidad" es uno muy usado y **abusado** por este tipo de iglesia carismática. Por un tiempo me sometí a esta "doctrina", pero pronto descubrí que nunca es suficiente. Siempre había algo más que había que dejar. Era tanto lo que se exigía que casi pierdo mi verdadera identidad como hija de Di-os y mi comunión íntima con mi Señor, pues comencé a verlo como un ser exigente que siempre estaba demandando más y más de mí. También aprendí del "miedo" (no temor) hacia Di-os y el peligro de quedarme aquí en este mundo perdido y pasar por la gran tribulación, si no era suficientemente santa como para irme en un rapto espiritual que ya estaba a punto de acontecer.

Comencé a vivir mi vida cristiana llena de temor y angustia pensando que no era digna de ser parte de los "escogidos" que se irían en el rapto de la iglesia. En todos lados predicaban que la mujer tenía que vestir con mucho decoro. ¡Todo era pecado! La manera de vestir, las prendas, el perfume, el maquillaje, en fin, todo era pecado y había que quitarlo de nuestras vidas para eliminar la vanidad del corazón. En una ocasión mientras me encontraba orando, el Señor me hizo una pregunta que nunca olvidaré. Me dijo, "¿crees que soy Santo?" "¡Oh, sí Señor claro que sí! ¡Tú eres el más santo de todos!" – le contesté. Luego me dijo, "Entonces, si soy espíritu y no tengo un cuerpo, ¿cómo crees que demuestro mi santidad?" Guardé silencio por un momento y pude comprender que la santidad no tiene nada que ver con el cuerpo humano. *La santidad es un estilo de vida, es una conducta que muestra que le servimos a un Di-os santo y puro, es un temor reverente a no hacer nada que lastime el evangelio del reino de Yeshua.*

Transiciones

En estos grupos cristianos donde la santidad es el tema central, la mayoría de los mensajes van dirigidos a la mujer. A los hombres no se les prohíbe casi nada. Vi hombres que teñían su cabello, y hasta pastores que así también lo hacían, pero nadie decía nada y parece ser que pasaban desapercibidos por todos, o por lo menos nadie se atrevía a decir nada. En una ocasión escuché a un predicador en la radio decirle a las mujeres que por culpa nuestra, (de las mujeres), era que estábamos todos aquí en pecado y perdidos en este mundo. Ni la Biblia, ni Di-os, han culpado a la mujer, solo el hombre la culpó y la sigue culpando. Adán fue quien culpó a la mujer. Pero todos sabemos que la mujer fue engañada y no así el hombre quien desobedeció voluntariamente a Di-os aún y sabiendo lo que estaba haciendo.

Según crecía en el Señor, a través de Su Palabra, pude comprender cuánta religión de hombre existe en los corazones. No pienso que lo que enseñan es para premeditadamente engañar a los demás, sino que creo que con sinceridad de corazón enseñan de lo que saben o han aprendido de sus antepasados; *una transfusión de creencias*. Pero todo hombre y mujer que es llamado a ministrar la Palabra de Di-os tiene la responsabilidad de constantemente hacer un inventario de lo que ha aprendido. Debemos ir siempre a la fuente principal en busca de una revelación fresca del Espíritu de Di-os, especialmente para poder ministrar a la generación presente.

Recuerdo también que cuando estaba recién llegada a esta nueva iglesia, me presentaron al sobrino del pastor que para ese tiempo tenía un ministerio de evangelismo. Era músico y parte de la banda musical que salía a las calles y plazas de Puerto Rico a evangelizar con el pastor. Cuando nos conocimos, me miró fijamente, me saludó y se fue. Me pareció que era un poco altivo, así que no le presté mucha importancia. Al paso de unas semanas, ya no lo vi más en la iglesia y como no me había importado mucho su

Transfusión

amistad, tampoco extrañé su presencia en el liderato de los jóvenes cuando se fue.

Luego de un año, regresó a la congregación, pero nunca le pregunté qué había pasado. Evitaba a toda costa encontrarme con él y si yo llegaba a un lugar donde él se encontraba me iba y si yo ya estaba cuando él llegaba, él se despedía casi inmediatamente. Así que realmente no era parte de mi círculo de amigos íntimos.

Luego de varios meses, no sé cómo todo comenzó, pero notaba que se quedaba en el grupo si yo llegaba. Poco a poco nos fuimos conociendo y pude ver que era una buena persona después de todo. Un día me invitó, luego del servicio que dábamos en la plaza de Caguas durante la hora del medio día, para que fuéramos a comer juntos algo liviano. Aunque un poco sorprendida, accedí ante su propuesta.

Comenzamos una amistad, pues descubrimos que éramos muy afines con las cosas del Espíritu de Di-os y ambos teníamos mucha sed y hambre por el Señor y por su Palabra. Nos contábamos anécdotas y experiencias en el mundo de la oración y nos sentíamos muy bien juntos, pero todavía no hablábamos de nada que tuviera que ver con algún romance. Me gustaba platicar con él pues tenía muchas anécdotas propias, y de su familia, que me interesaba conocer ya que provenía de una familia pionera pentecostés en la Isla.

Mi primera experiencia misionera

Para ese mismo tiempo, los jóvenes de la iglesia se organizaron para ir a un viaje misionero a la ciudad de Santo Domingo, República Dominicana. Ya yo había visitado antes este país, pero en un viaje de placer. Así que ésta sería mi primera experiencia en este campo.

Transiciones

Le propuse al grupo que trabajáramos juntos para ayudarnos con los pasajes y los gastos de estadía y todos convenimos en un plan. Yo propuse que alquiláramos uno de los cines locales y vendiéramos taquillas para comenzar con un buen fondo pro viaje. Decidimos promover la película de Hal Lindsey - *El Extinto Gran Planeta Tierra*, con los comentarios de Orson Wells, que para ese tiempo estaba teniendo mucho auge. Todos estuvieron de acuerdo y comenzamos a promover la película.

Finalmente el día de la presentación en el cine llegó y tuvimos un gran éxito. Pudimos recaudar suficiente dinero para pagar por la presentación de la película, el alquiler del cine, los pasajes para Santo Domingo, para un promedio de veinte personas, y para los gastos de comida.

Para ese tiempo en nuestra iglesia teníamos a un misionero a quien todos le decían *"Gloria al Cordero,"* pues durante sus predicaciones, las cuales eran muy fogosas, siempre repetía esta frase. Fue con él que salimos los jóvenes de nuestra iglesia a explorar el mundo misionero. Él gozaba de muchos años de experiencia como misionero y teníamos mucho que aprender a su lado.

No recuerdo si estuvimos una semana completa, visitando pueblos muy pobres y predicando en las plazas públicas y en las calles. La gente se nos acercaba a escuchar nuestros testimonios y a recibir a Yeshua como su salvador. También orábamos por sanidad divina y personas eran sanadas.

Nos estábamos quedando en la casa misionera de una de las iglesias que auspiciaba nuestra estadía allá. La pastora era muy amiga del misionero y de vez en cuanto asistíamos a sus servicios

Transfusión

en la iglesia local. Recuerdo con mucha alegría a los jóvenes que participaban del servicio de adoración. Hacían una rueda al frente del púlpito y todos con güiro en mano comenzaban a tocar a una velocidad increíble. Este instrumento era el único que tenían para ayudarse con la música y entonación de los cánticos, pero para ellos esto era toda una orquesta.

Cantaban con gran gozo y no les importaba cuán largo fuera el servicio. Regresaban al siguiente día con el mismo gozo y entusiasmo. Recuerdo uno de los coritos que aprendimos allá, decía, *"Cristo es la respuesta para todo mal. Para aquel que no, que no quiere morir, Cristo es la respuesta."* Y así es. Cristo era, es y siempre será la respuesta.

En una ocasión visitamos un asilo para niños huérfanos. Mientras estuve allí sentada en un comedor que tenían al aire libre con techo, pero sin paredes, un niño como de unos cuatro a cinco años se sentó a mi lado y lo único que hacía era mirarme. Podía ver en sus ojos el deseo por amor y cariño. Me incliné un poco hacia él, pues no quería interrumpir al que estaba exponiendo la Palabra, y le pregunté por su nombre. Me contestó, *"Confesor."* Le dije mi nombre y nos hicimos amiguitos. Durante todo el día que permanecí en aquel lugar, estuvo siempre a mi lado. Recuerdo que le pasaba la mano por su cabeza y expresaba satisfacción en su carita tan pequeña. Le di unos dulces y algunas pocas monedas que encontré en mi cartera. Al recibirlas pude ver el brillo en sus ojos. Me preguntó que si se podía ir conmigo y le contesté que era imposible, que yo era muy joven y dudaba mucho que me permitieran traerlo conmigo a Puerto Rico.

Pude ver mucha tristeza en sus ojos cuando nos despedimos. Yo también salí de aquel lugar un poco triste, pero me sentía impotente ante tanta necesidad. Fue mi primera experiencia en un lugar lejos de mi hogar y con tantos niños sin familia, sin padres o madres. Pensé en mí misma y lo dichosa que había sido de tener dos madres, cuando otros niños carecían totalmente de una.

El día que empacábamos para regresarnos a Puerto Rico vinieron los jóvenes de la iglesia local a despedirse. Dentro de este grupo de jóvenes había un líder que todas las chicas en el grupo lo considerábamos muy atractivo, pero él no daba señales de interesarle ninguna de nosotras en cuanto a la parte romántica. Sólo se había comunicado con nosotras en el aspecto espiritual. Así que este día me tomó por sorpresa que me llamara a parte y me declarara sus sentimientos. Me dijo que me había estado observando y que veía en mí a una gran mujer de Di-os y que le gustaría continuar una amistad conmigo aunque fuera por cartas y luego en alguna ocasión venir a Puerto Rico a visitar y conocer a mi familia, si nuestra amistad tuviera algún futuro más adelante.

Estaba un poco impactada por la noticia pues nunca me había dado alguna muestra de sus sentimientos. Así que le dije que sí y nos tomamos nuestras direcciones para escribirnos. Nos despedimos con una oración y salimos todos para el aeropuerto.

Ya de regreso en mi casa le conté a mami Ramona de mi encuentro con el niño Confesor y ella me dijo, *"¿No me digas? ¿Y por qué no lo trajiste contigo?"* Mi mamá tenía un apego muy especial con los niños varones. Había tenido cinco hijas y un solo varón, pero todas nos dábamos cuenta que sus favoritos eran los varones.

Cuando somos mal interpretados

Cuando regresé a la iglesia el siguiente domingo, todas las chicas habían contado de sus experiencias a los jóvenes que se habían quedado en Puerto Rico y por supuesto también contaron de mi supuesto *"inesperado romance"* con este joven dominicano. El pastor de la iglesia nos llamó a una reunión especial porque

Transfusión

interpretó que en lugar de haber ido a hacer nuestro trabajo misionero, lo que habíamos estado haciendo era *"buscando novios"* como nos decía en la reunión.

Recuerdo que traté de corregir su errónea interpretación de lo que le habían contado, diciéndole que no tenía una idea clara de lo que había sucedido en Santo Domingo, pero pude observar que ya tenía su decisión tomada concerniente a esto. Encontré un poco graciosa su manera de interpretar lo acontecido y no dije nada más, pues respetaba mucho a mi pastor y admiraba su integridad hacia Di-os. Después de todo, podía ver que se interesaba realmente en nuestro bienestar espiritual.

No pasó mucho tiempo después de esto, cuando el sobrino del pastor me invitó nuevamente a salir juntos y fue esa noche que me confesó sus intenciones de darnos un tiempo para conocernos mejor y comprobar si Di-os tenía un plan con nuestras vidas como pareja. Accedí ante esto y decidí tomarme un fin de semana en oración y ayuno buscando la aprobación de Di-os en esta relación.

Ya me había comprometido en el pasado con otro joven cuando asistía a la iglesia Bautista, y me fue un poco doloroso descubrir que no estaba en los planes de Di-os que me convirtiera en su esposa. Así que esta vez decidí no envolverme amorosamente hasta que estuviera segura que Di-os aprobaba esta relación y así evitar otro fracaso u otra desilusión.

Recuerdo que había una hermanita en la iglesia que tenía un cuarto en la parte de atrás de su casa que estaba separado del resto de la vivienda. Le pregunté si me permitiría quedarme allí de viernes a domingo en oración y ayuno. Ante la petición, me dijo que sí y que lo haría con mucho gusto. La noche del viernes la pasé en vigilia orando y recuerdo que lloré casi todo el tiempo. Llevaba conmigo los casetes de Chuck Girard, The Second Chapter of Acts

ABC# Transiciones

(2do Capítulo de Hechos), Dallas Holmes y otros más. Mientras la adoración llenaba todo el cuarto mi espíritu se conectaba con el Señor y lo único que quería era adorarle y llorar ante su presencia toda la noche.

Como pasaba casi todo el tiempo en vigilia, aprovechaba en la mañana para descansar un poco y dormir para recuperar fuerzas y continuar el resto del día y la noche en oración. El sábado por la tarde ya casi cuando comenzaba a oscurecer tuve una visita divina en aquel cuarto. Sentí cómo el cuarto se llenaba de una presencia muy divina. Era mi amado Señor que venía a visitarme. Caí de rodillas ante su presencia y me habló. Me dio instrucciones para mi vida y puso delante de mí dos caminos. Me tocaba a mí decidir cuál de los dos escogería, pero después de todo cualquiera que fuera la decisión que tomara, siempre llegaría a la meta que Él había trazado para mí.

La siguiente mañana, domingo, me levanté muy renovada para el servicio de adoración. Recuerdo que Wilfredo me buscó entre la congregación e inmediatamente me preguntó cómo me había ido en el retiro. Le conté que Di-os me había visitado y que había tomado una decisión. Comenzamos un compromiso más formal que nos llevaría más tarde al matrimonio, aunque ambas familias estaban un poco en contra de nuestra decisión.

Papi Felipe enferma gravemente

Para ese mismo tiempo a papi Felipe se le descubre que uno de sus pulmones estaba casi desaparecido y el otro sólo funcionaba en un por ciento muy bajo debido a una enfisema pulmonar severa por los años que pasó cortando caña y por su consumo de cigarrillos. La caña de azúcar la quemaban antes de cortarla para limpiarle insectos y hongos que se pegaban de ella y también para alejar toda clase de animales del suelo. Los trabajadores eran afectados

Transfusión

por este humo y casi todos los que trabajaron en este tipo de labores terminaban con problemas pulmonares.

Papi Felipe, aparte de estar expuesto por tantos años a este humo, también se le añadía que era fumador. Sus cigarrillos predilectos serán los que vendían sin filtro. Les llamaban cigarrillos *Chester*, que era una marca americana. Ante tal diagnóstico, le prescribieron algunos medicamentos y un tanque de oxígeno que desde ese momento en adelante tendría que tener siempre al lado de su cama.

Añoranzas de un gran hombre

Recuerdo que por mi horario en la universidad y las actividades eclesiásticas casi no pasaba tiempo en mi casa. Me daba mucho dolor cuando entraba a su cuarto y lo veía allí acostado casi inmóvil. Papi Felipe había sido siempre un hombre muy trabajador y devoto a su familia.

Una anécdota que recuerdo de él era que cuando todavía gozaba de salud, pasaba largas horas y días cortando el césped con una tijera regular de cortar papel. No contaba con una máquina de cortar grama y aunque la tuviera no la hubiera usado, pues era un equipo pesado para él y un poco complicado para su edad. Me parece que ya contaba con unos ochenta y tantos años.

La gente del barrio lo conocía como el viejito que corta el césped con tijerillas. Algunos de sus amigos se detenían a darle conversación y mientras hablaba con ellos continuaba cortando su césped. A nosotros nos decía que como no tenía nada que hacer, aprovechaba y se entretenía haciendo esto. Papi Felipe era también un hombre muy humorístico. Recuerdo que siempre se iba a acostar *"con las gallinas"*, como se le decía en Puerto Rico a

Transiciones

la gente que se acuesta muy temprano. Normalmente se acostaba entre las 7:00 y las 8:00 pm todas las noches.

En muchas de esas noches, cuando ya todos lo pensábamos dormido, de repente se presentaba en medio de la sala mientras veíamos el televisor. Aparecía vestido con un traje de mami Ramona, sombrero de mujer, guantes, carteras y zapatos de taco alto y comenzaba a bailar en medio de la sala. Todos nos reíamos hasta desmayar. Todos, excepto mami Ramona que lo regañaba diciéndole que parecía un payaso y que se veía muy "bella" haciendo tamaño ridículo. Un rasgo peculiar que nunca olvidaré de mami Ramona era que cuando se enojaba no podía hablar seguido, sino que tartamudeaba, cosa que también nos daba más gracia y nos reíamos mucho más. Cuando nos pegaba tartamudeaba y se enojaba mucho más cuando nos veía reinos de ella por esto.

Otra cosa que recuerdo con cariño de papi Felipe era que siempre estaba diciendo acertijos, cuentos y chistes. A veces me llamaba a la ventana y me decía, *"Mariester, ¿tú ves aquella hormiguita allá arriba en aquel árbol?"* Ante esto le preguntaba que cuál de ellos. Me decía, *"aquel que esta allá en aquella montaña."* Yo le decía que cómo era posible que viera algo tan pequeño de tan lejos, pero él me aseguraba que tenía una vista tan tremenda que podía verla. Hasta me describía lo que hacía y como se interrelacionaba con las otras hormiguitas que también veía en el mismo árbol. Por supuesto esto lo creí hasta que ya fui lo suficientemente mayorcita para darme cuenta que estaba bromeando.

También aprovechaba cuando estaba distraída mirando hacia otro lado para colocar su dedo índice al lado de mi cachete para cuando

Transfusión

me llamara y volteara la cabeza el dedo me quedara justo en la boca. Era entonces cuando me decía, "*¿Me vas a comer el dedo? ¿Tanta hambre tienes?*" Si me veía abriendo mucho el refrigerador me decía, "*Te voy a encerrar ahí adentro a ver si te conviertes en un limbel'.*" (Los chicos del barrio llamábamos "limbel'" a los cubitos de jugo congelados). También se ponía las lagartijas como pantallas (aretes) y nos corría por toda la casa. La más cobarde de todas era Juanita, la cual sentía un pánico increíble por ellas.

Una oración contestada

Ahora me era muy doloroso verlo todo el tiempo en su cuarto, pero más aún me preocupaba que nunca hubiera dado su vida a Cristo. No quería que partiera de esta vida sin haber experimentado el perdón de Di-os y la presencia del Espíritu Santo en su vida. Por esto oraba a Di-os incesantemente y le pedía que enviara a alguien a quien él pudiera escuchar pues a mí no me prestaba mucha atención. Siempre me seguía viendo como su nieta y hacia caso omiso a mis palabras.

No pasó mucho tiempo cuando a nuestro pueblo llegó una misionera que Di-os había movido desde Nueva York para que viniera específicamente a nuestro pueblo de Gurabo. Di-os le había dicho que no podía salir de este pueblo hasta que Él le instruyera que así lo hiciera. Esta linda mujer de Di-os vino a nuestra casa en obediencia a la voz del Espíritu Santo. Cuando llegó, encontró a mami Ramona sentada afuera en una pequeña terraza que teníamos al lado de la cocina que daba hacia la calle. La misionera le preguntó, "*Señora, ¿hay alguno enfermo en su casa?*" Mami Ramona le contestó que precisamente su esposo se encontraba en cama y que estaba muy delicado de salud. La misionera le dijo que Di-os le había hablado y dado instrucciones específicas para que viniera a hablar con él. Le preguntó si podía

Transiciones

pasar a verlo y mami Ramona la llevó hasta el cuarto donde él se encontraba.

No sé cuánto tiempo esta mujer de Di-os estuvo hablando con él, pero cuando mami Ramona vino al cuarto para observar cómo iba todo, lo vio con lágrimas en sus ojos y a la misionera orando por él. Cuando la misionera terminó y se fue, mami Ramona regresó al cuarto y en un tono un poco burlón le preguntó si pensaba ahora volverse religioso. Ante tal comentario, papi Felipe le dijo con gran determinación y autoridad, "*Sí, ¿y tú que estás esperando para hacer lo mismo?*"

Cuando llegué de la universidad me contaron lo que había acontecido. El gozo del Señor me inundó y desde ese día pasaba ratitos en su cuarto leyéndole las Escrituras hasta que se quedaba dormido. Notaba un cambio en su semblante y había una paz en él que no había visto antes. Di gracias a Di-os por su fidelidad.

Llega el momento de su partida

Unas cuantas semanas pasaron y su condición empeoró. Recuerdo que un día llegué de la universidad y fui directamente a su cuarto. Presentí que me necesitaba. Exactamente, alguien le había cambiado la máscara de oxígeno y con esta nueva no podía respirar muy bien. Casi estaba asfixiándose cuando llegué a su dormitorio. Su piel estaba azul y sus ojos desorbitados. Inmediatamente busqué por su máscara anterior y al no encontrarla corté los tubos que llevaban el oxígeno a la máscara nueva y los puse directamente dentro de los orificios de su nariz. Inmediatamente comenzó a respirar y con sus ojos me decía, "*¡Gracias! Me salvaste la vida.*"

Lamentablemente, unos meses después de esto, ya casi no estaba despierto sino que dormía todo el tiempo hasta que su médico nos

Transfusión

dijo que le quedaban pocas horas de vida. Llamamos al pastor Bautista donde todavía asistía mami Margarita y Carmín. Cuando llegó, sacó a todos del cuarto y sólo mami Margarita y yo nos quedamos con él. Mis otras hermanas-tías se quedaron afuera junto con mami Ramona pues decían que no querían verlo morir.

Ya papi Felipe batallaba entre la vida y la muerte, pero había algo que lo perturbaba pues lo veíamos en su rostro. El pastor comenzó a interceder y a ordenar a toda hueste de maldad que se alejara pues él era ahora un hijo de Di-os y no tenían derecho sobre su alma. Continuamos intercediendo hasta que de pronto una paz inundó el cuarto y el rostro de mi abuelo cambió. Pude ver por la expresión de su rostro cuando su espíritu acomodó su cuerpo en una posición de descanso y salió de él. Fue una experiencia doble: inolvidable y dolorosa al mismo tiempo.

Capítulo 5

En busca de respuestas

Para este tiempo ya tenía un poco más de mis veinte y un años y sentí que era ya tiempo que mami Margarita me contara toda la verdad sobre mi concepción. Quería saber quién era mi verdadero padre, por lo menos su nombre. Por esto, me puse de acuerdo con ella para pasar un fin de semana en su casa y conversar sobre el tema.

Había llegado a su casa para quedarme con ella el viernes por la noche, así que el sábado en la mañana, luego del desayuno, nos sentamos en la mesa del comedor y le pedí que por favor me contara la historia desde sus comienzos. Estaba algo triste, pues me decía que esta página de su vida hacía tiempo que la había pasado, pero que entendía que yo merecía conocer la verdad.

Comenzó contándome que papi Felipe y mami Ramona eran muy jovencitos cuando comenzaron una familia y ya mami Ramona estaba esperando un bebé cuando se casaron. Se mudaron juntos a vivir en un barrio de Gurabo llamado Santa Bárbara, que para ese tiempo era un lugar de personas bien pobres, o de bajos ingresos. Como no había muchos medios para el control de natalidad,

Transfusión

tuvieron seis hijos en muy corto tiempo. Esto agravó mucho la situación económica ya apretada en la que vivían. A todo esto se le suma que Víctor padecía de fatigas, y/o asmas, y tenían que tener un gasto extra en visitas médicas y prescripciones.

Papi Felipe tenía una hermana de crianza que estaba casada con un policía y ambos habían tenido un hijo. Esta hermana venia de vez en cuando a visitarlo y lo ayudaba financieramente en lo que podía, pues gracias a Di-os ella se encontraba en una situación económica más estable. Al pasar del tiempo, y no teniendo una hija, le propuso a papi Felipe que la dejara criarle una de sus cinco hijas y le daría una mejor educación pensando que esta hija podría luego ser una ayuda para la familia. Esta hermana de mi abuelo vivía en Santurce, Puerto Rico y podía encargarse de la crianza de una de sus hijas sin ningún agravio económico.

Papi Felipe amaba demasiado a sus hijas, pero ante tal oferta pensó que esto aliviaría la carga, pues era una boca menos que alimentar y esta hija tendría todo lo que necesitaba. Finalmente accedió, pero con la condición de que le trajera a su hija los fines de semana para que no perdiera el sentido de familia y pudiera siempre recibir el amor de sus verdaderos padres. Su hermana accedió ante tal proposición y le pidió que le dejara llevarse a Margarita (la que vino a ser mi madre).

Me cuenta mi mamá que papi Felipe se quedó muy triste pues ella era su hija mayor y, de acuerdo a la opinión de todos en el barrio, era la hija más linda que habían tenido. Mi mamá se va con su tía, pero me contó que a ella no le importaba vivir en la pobreza siempre y cuando estuviera con su propia familia. Pero, para ese

En busca de respuestas

tiempo, no se tomaba en consideración la opinión de los niños y ella era muy jovencita como para atreverse a expresar sus verdaderos sentimientos. Ella tendría como unos seis años cuando esto aconteció.

El día más triste de mi madre

Me contó que en el hogar de su tía le enseñaron a llamarlos papi y mami en lugar de tíos mientras estuviera en la casa en Santurce, sin que nunca olvidara quienes eran sus verdaderos padres y familia. Esto la hacía sentirse mejor ante tales circunstancias. Pasaron los años y cuando ya estaba en sus trece años, un día mientras hacia las tareas de la escuela en su cuarto, por sorpresa entra su tío totalmente desnudo. Ella se cubre el rostro y le dice, *"¿papi, qué haces desnudo en mi cuarto?"* Luego de esto no recuerda que pasó, pues la golpeó en la frente y ella se desmayó. Cuando despertó tenía mucho dolor y su ropa estaba manchada con sangre.

El abuso continuó bajo amenazas, pues le decía que si hablaba de lo que estaba sucediendo, con la misma pistola que tenia de policía la usaría para matar a toda su familia. Así que continuó abusando de ella en cada momento, ya fuera en su cuarto o en el baño, cuando ella entraba para ducharse.

Cuando iba los fines de semana a visitar a sus verdaderos padres, papi Felipe la notaba triste y siempre le preguntaba, *"¿Qué le pasa a mi muchachita que la veo muy triste?"* Como la tía no sospechaba nada de lo que estaba sucediendo, siempre ofrecía

Transfusión

excusas pensando que así mi padre se quedaría satisfecho. No quería que le pidiera la niña pues se había encariñado con ella.

Una vida creciendo en su vientre

Pero ocurre lo inevitable, mi madre quedó embarazada. Su vientre comenzó a crecer, aunque ella hacia todo lo posible por ocultarlo. Hasta que un día papi Felipe la toca y le dice, *"¿Tú estás embarazada?"* Ante tal pregunta, el tío responde que debía ser de un novio que tenía en la escuela. Pero la tía comenzó a sospechar que algo se estaba tramando su esposo. Inevitablemente se supo la verdad y mami Margarita regresó a vivir con su verdadera familia.

Durante el tiempo que estuvo mi madre en la casa de sus verdaderos padres, mami Ramona procuraba que abortara la criatura porque para ese tiempo (los cincuenta) era una vergüenza muy grande este tipo de cosas. Me cuenta mi madre que se intentó por tres veces, pero sin éxito.

El dos de octubre nací, aunque un poco pelona y con una piel medio escamosa. Creo que mi madre me informó que nací con la hemoglobina muy baja y tuvieron que ponerme sangre. No estoy segura, pero pienso que lo que mi madre había tomado para abortarme había causado estas pequeñas marcas. Gracias a Di-os todo volvió a la normalidad y continué creciendo muy saludable y fuerte.

Debo decir que a pesar de esa tragedia, Di-os trajo eventualmente prosperidad a nuestra familia. Por mi causa, mi padre traía todo lo que yo necesitaba y su ayuda nos beneficiaba a todos, directa o indirectamente. Me contó mi madre que ya para ese tiempo vivíamos en las parcelas que el gobierno había rifado a las familias pobres. También me dijo que de todos los vecinos en ese barrio,

En busca de respuestas

nuestra casa fue la más moderna ya que fue de las primeras en tener un televisor, nevera y lavadora eléctrica. ¡Mi padre no quería que me faltara nada! Pero mi abuela Ramona decía que realmente lo hacía para conquistar el corazón de la familia, pero especialmente el de mi madre. Aparentemente se había enamorado de ella, pero le triplicaba la edad, aparte que mi mamá Margarita siempre lo vio como un padre de crianza.

Fue entonces cuando mami Ramona decide enviar a mi mamá para los estados unidos a vivir con su hermano, para separarla totalmente de cualquier ilusión o relación que mi padre tuviera planificada en su mente. Fue así como decidieron que mami Ramona y papi Felipe me criarían como una de sus hijas. A mi padre se le prohibió que volviera a visitarme y lo único que me dieron fue su apellido, pero toda relación con él fue completamente cortada.

El encuentro

Ambas lloramos mucho. Mi mamá lloraba recordando los eventos que acontecieron en el pasado mientras los contaba, y yo lloraba mientras escuchaba bajo qué condiciones había venido a este mundo. Fue entonces cuando me informó del verdadero nombre de mi padre, que no menciono en este libro, ni el de mi hermano por parte de mi padre. Le pregunté a mi madre si sabía del paradero de alguno de ellos. Me contestó que no sabía nada de mi padre, pero que sí había escuchado que mi hermano vivía en la misma ciudad de Caguas.

No podía creer lo que escuchaba; tan lejos y tan cerca. Inmediatamente tomé las páginas blancas de la guía de teléfonos. Encontré alrededor de siete u ocho personas con el mismo nombre de mi hermano en la ciudad de Caguas. Así que fue mucho más fácil de lo que imaginé. Comencé a llamar por la lista a cada uno de

Transfusión

ellos y les hice las mismas preguntas: *¿Es usted fulano de tal? ¿Es acaso tal persona su padre?* Creo que pasé por la lista a tres o cuatro personas hasta que una de ellas al otro lado me dijo, "*Sí, ese es el nombre de mi padre*". Le contesté, "*¿Entonces su padre todavía vive?*" Me contestó que sí y lo próximo que le pregunté fue si se acordaba de una joven que se llamaba "Mayita". (Así era como esta familia conocía a mi mamá)

Percibí un pequeño silencio al otro lado de la línea. De pronto me dijo, "*¿No me digas que tú eres la hija de Mayita?*" Le dije que síy que tenía muchos deseos de conocerlo a él. Me dijo que a él también le interesaba conocerme y enseguida me preguntó, "*me imagino que también quieres conocer a nuestro padre, ¿verdad?*"

Nos citamos para ir a ver a nuestro padre el siguiente domingo que era precisamente el día de los padres. Me dio su dirección en Caguas para que lo pasara a recoger y así podríamos hablar por el camino. Nuestro padre vivía a casi una hora de distancia de nosotros. Mi recién conocido hermano me habló de su familia, sus hijos, y mencionó nombres de familiares que vagamente había oído cuando pequeña, pero que nunca había entendido qué relación guardaban conmigo. También me contó que cuando yo era pequeña él y su hijo, nos visitaban, pero yo no recordaba con claridad mucho sobre ellos.

Cuando llegamos a la casa de mi padre tocamos a la puerta. Escuchamos una voz desde adentro que preguntó quién era. Le contestó, "Soy *yo, tu hijo, y mencionó su nombre. Abre la puerta que te traigo una sorpresa de regalo del día de los padres.*" El hombre que abrió la puerta era ya entrado en edad, diría que cerca de unos 60 – 65 años. Su pelo era blanco como lana y tenía unos espejuelos muy gruesos. Mientras estábamos parados los tres a la puerta, recuerdo que besó a su hijo y luego me miró a mí y le preguntó que quién era esta joven que lo acompañaba.

En busca de respuestas

Mi hermano le responde que esta era la sorpresa que le tenía como regalo del día de los padres. Inmediatamente le dijo, *"¿Te acuerdas de Mayita?"* Sin tener que decir ninguna otra palabra se quedó en silencio mirándome y parece que pudo ver el rostro de mi madre en el mío. Dijo, *"¿No me digas que esta es la hija de Mayita? ¿Mi hija?"* Allí mismo frente a mí cayó de rodillas y con las manos levantadas al cielo exclamó, *"Oh mi Señor Yeshua. Tú eres un Di-os fiel. Haz tenido compasión y misericordia de este tu siervo y me has bendecido dándome la oportunidad de que mis ojos vieran nuevamente a mi hija. ¡Qué regalo de padre me has dado!"*

Se levantó rápidamente y me abrazó fuertemente. Lágrimas corrían por nuestras mejillas. Sentía que el círculo de mi vida se completaba y por fin podía encontrar mi identidad. Me tomó de la mano y me dio la bienvenida a su casa. Nos sentamos uno frente al otro y me contó lo siguiente...

Quiero que sepas que lo que hice no fue algo de lo que me siento orgulloso. Fue algo perverso y de lo cual he pedido al Señor me perdone. Quiero que tú también me perdones. Tu madre era una niña muy santa, buena, dulce e inocente. Abusé de ella pues no conocía a mi Señor. Pero fue tanto lo que mi conciencia me lastimaba que busqué el perdón de Di-os para mi vida.

Una noche mientras dormía sentí el llamado, una voz que me decía que saliera y subiera a un monte que había cerca de mi casa. Lo hice, y allí tuve una experiencia de salvación con Di-os. Me llamó a levantar su iglesia. Luego de esto he levantado varias iglesias para la gloria de Di-os, a las cuales luego les instalaba otros pastores para que se encargaran de ellas.

Fueron muchas las noches que pasé orando y pidiéndole a Di-os por ti. No recordaba tu nombre, así que le pedía a Di-os que bendijera a

Transfusión

la hija que tuve con Mayita. Oraba para que tuvieras la oportunidad de conocer a mi Señor y salvador.

Luego de todo esto me preguntó, *"¿Eres cristiana?"* Le contesté que sí. También le dije que ahora entendía por qué sin nadie predicarme ni hablarme del evangelio, tenía muchos sueños que luego corroboraba con una amiga y ella me decía que todo eso que soñaba se encontraba en la Biblia. Comprendí en ese momento que mi experiencia de salvación se debió en gran parte a las oraciones incesantes de mi padre. ¡A Di-os sea la gloria!

Una vez que conocí a mi padre y sabía dónde encontrarlo, continué visitándolo de vez en cuando. Descubrí que era músico y buen predicador. Era un hombre muy alto de unos seis pies o más. Por su porte y su semblante pude discernir que había sido un hombre muy hermoso cuando joven. Era muy blanco y con pelo extremadamente lacio. También me enteré que había perdido la mayoría de su fortuna en mujeres y en una vida baja, hasta que conoció a Yeshua.

Tristemente también me enteré que estaba muy enfermo pues llevaba muchos años sufriendo de una diabetes muy severa y ésta le había atrofiado mucho sus órganos internos incluyendo la vista. Por esto ahora usaba unos lentes muy gruesos y podía leer con gran dificultad.

Al pasar de unos pocos años, (para ese tiempo ya estaba casada y con hijos y viviendo en Estados Unidos), me dan la noticia que mi padre había partido para encontrarse con su Señor. Por lo menos Di-os había cumplido su petición de volver a verme y pedirme perdón. A mí también me había concedido la oportunidad de conocerlo. ¡Di-os es fiel!

Capítulo 6

Una decisión importante

Así que luego de haber conocido a mi padre biológico, y la partida de mi papá-abuelo Felipe, y un año antes de contraer nupcias con Wilfredo, tuve que tomar la decisión de interrumpir mis clases en la universidad pues en la casa ahora vivíamos solamente mami Ramona, mi hermano y yo con una entrada financiera bien limitada. Mi hermano no tenía trabajo y yo era estudiante a tiempo completo en la universidad. Mami Ramona estaba retirada y lo que recibía del seguro social era una cantidad muy pequeña. Sin la entrada del seguro social de papi Felipe, las cosas se pusieron un poco difíciles financieramente.

Así que decidí conseguirme un trabajo a tiempo completo hasta que culminara el presente semestre y luego entonces me incorporaría poco a poco a la universidad para concluir mis estudios, que bajo estas circunstancias había decidido terminar un bachillerato en Biología. Sólo me faltaban menos de 20 créditos para concluir mi bachillerato. Me dieron la oportunidad de trabajo en una compañía farmacéutica en la ciudad de Carolina, Puerto Rico. Comencé a trabajar en el segundo turno, pues me era

Transfusión

beneficioso para cuando comenzara el próximo semestre en la universidad. Así podría estudiar por el día y trabajar por las noches.

Todo iba bien, pero de momento sentí un gran deseo de salir de la isla de Puerto Rico y continuar estudiando en los Estados Unidos. Tenía mucho interés en aprender inglés y desarrollarme como profesional fuera de la isla. Por otro lado, mi familia, especialmente mami Ramona, no concebía la idea que tuviera una relación con una persona que durante su juventud y vida de soltero, se dedicaba a ministrar y predicar la Palabra de Di-os. Aunque él había estudiado en la universidad, y había obtenido su título profesional, estimaba la predicación de la Palabra como algo mucho más importante. Admiraba este deseo tan hermoso de dedicar su juventud sirviendo al Señor y anhelaba poder entender lo que un llamado de Di-os a esta magnitud significaba. Podía ver la mano de Di-os sobre su vida y la manera en que lo usaba en milagros y liberación en las vidas que estaban oprimidas y esclavizadas por el pecado.

Recuerdo que cuando Wilfredo venía a buscarme a la casa, mami Ramona iba a mi cuarto y me decía, *"Ahí vino a buscarte el muchacho del maletín."* Pude entender que lo que realmente le preocupaba era mi futuro bienestar económico.

Así que decidí mudarme para los Estados Unidos, en la ciudad de Chicago, Illinois. Para ese tiempo Aurora vivía allá con sus hijos quienes cursaban la escuela elemental. Pensé que podía trabajar e ingresar en la universidad de Chicago para culminar finalmente mis estudios en esa ciudad. Confieso que sentía amor por mi

Una decisión importante

compañero y pensaba que si realmente él era quien Di-os había puesto en mi camino, algún día nos encontraríamos nuevamente.

Tuvimos una larga conversación y, aunque no estaba muy de acuerdo con mis planes, decidimos darnos un tiempo aparte. Yo partiría para Chicago a principios de agosto para comenzar los estudios allá ese semestre. Unos días más tarde, me encuentro con la sorpresa de que Wilfredo había sacado pasaje para irse para Chicago, pero en el mes de julio. El conocía a un pastor amigo suyo que lo invitó a predicar en su iglesia.

Cuando llego en agosto, Wilfredo me fue a buscar al aeropuerto con un ramo de flores muy bellas, aunque en mi corazón ya había decidido terminar con esa relación. Pudo ver mi descontento y presintió que las cosas no estaban caminando como las había dejado en Puerto Rico antes de salir. Tuvimos una larga conversación y un tiempo de consejería con los pastores de la iglesia donde se estaba hospedando. Esto me hizo reflexionar y acepté continuar nuestra relación pidiéndole al Señor que resolviera la situación de nuestras familias.

Pasaron unos cuantos meses y estaba viviendo con mi otra hermana-tía Juanita, quien también se había ido a vivir a la ciudad de Chicago. Aunque siempre me trataron bien en su casa, me sentía un poco fuera de lugar pues no podía aportar mucho para la familia, a pesar que nunca me reclamaron nada. Decidí mudarme con una hermana miembro de la misma iglesia que me ofreció albergue. Ella era muy buena, amigable y servicial. Pero tampoco me sentí muy cómoda pues mi condición económica todavía no me permitía aportar nada financieramente en la casa ya que todavía no contaba con un trabajo.

Wilfredo por otro lado, había decidido quedarse también en Chicago y consiguió empleo en un hospital del área. El salario que

Transfusión

devengaba para aquel tiempo era muy bueno. A parte de eso, continuaba ministrando y predicando en las iglesias y en las actividades juveniles de las iglesias Asambleas de Di-os del área. Ya yo tenía veinte y cuatro años de edad y llevábamos comprometidos alrededor de un año y medio. Sentimos que era tiempo de unir nuestras vidas y estabilizarnos económicamente.

Así que planificamos nuestra boda para un 21 de noviembre. Ese día estuvo bien fría la temperatura y recuerdo que comenzó a nevar al preciso momento en que entré por la puerta de la iglesia. Todo para la boda se nos suplió sin problemas y los hermanos cooperaron con la comida. Tuvimos una boda sencilla pero muy linda. Recuerdo que un amigo de Wilfredo y hermano en la fe, era músico y tocaba la trompeta. Se ofreció para tocar la marcha nupcial haciendo un solo de trompeta. ¡Fue muy hermoso!

Siempre lamenté que ninguna de mis dos madres pudo asistir a nuestra boda, sólo Aurora y Juanita. Tampoco los familiares de Wilfredo pudieron venir, con excepción de su mamá Rosa Lydia y una tía que vivía para ese tiempo en Chicago. Enviamos las invitaciones con dos meses de anticipación, pero no se nos hizo posible contar con la presencia de ninguna de ellas.

Luego de nuestra boda, casi unos dos meses más tarde, algunas hermanas de la iglesia me preguntaron si estábamos planificando comenzar una familia pronto. Les contesté que "no por el momento." Estábamos muy jóvenes y queríamos darnos tiempo a conocernos mejor y a viajar un poco, antes de comenzar la responsabilidad de una familia. Ante esta respuesta, las hermanitas me dijeron que esto era incorrecto. Que no agradaba a Di-os el que no comenzáramos una familia y que uno nunca sabía si a la larga no podíamos concebir. Que era mejor comenzar lo antes posible. También me dijeron que "Cristo pronto vendría" y que quizás no tendría la oportunidad de saber o experimentar el

Una decisión importante

sentimiento de ser madre. A esto se añadió el hecho de que las pastillas anticonceptivas que tomaba me hacían daño; mi corazón sufría de palpitaciones, o ritmo cardiaco no controlado, por causa de ellas.

Debido a mi ignorancia, y dejándome influenciar por las hermanas, tomé la decisión de dejar las pastillas anticonceptivas sin consultar con mi esposo. Decidí buscar una mejor y más saludable manera de evitar el embarazo. Necesitaba hablar con mi esposo para ver cuál sería la mejor alternativa. No bien había dejado las pastillas cuando para mi sorpresa quedé embarazada. Tuve un embarazo muy difícil pues mi cuerpo reaccionó muy fuerte a los cambios hormonales que acompañaron el mismo.

Debido a que pasaba muchos días sola en el apartamento, y al no tener muchas amistades, sólo mis hermanas-tías, comencé a sentir deseos de regresar a Puerto Rico. La temperatura tampoco me agradaba mucho. Chicago es muy frío en el invierno y neva muchísimo. Tampoco pude matricularme en la universidad, pues no me convalidaron muchos créditos de la Universidad de Puerto Rico. Tampoco conté con la barrera del idioma. Se me hizo un poco difícil comunicarme en inglés, aunque lo leía y escribía bastante bien. Luego de pensarlo por varios meses reunimos suficiente dinero y decidimos regresarnos a Puerto Rico.

Evelyn, Edward y Anthony

Cuando llegamos a la isla, pasé mucho tiempo con la esposa del hermano de Wilfredo. Ella se llama Evelyn y él se llama Edward. Teníamos una cariñosa amistad y ambas estábamos embarazadas. Yo le llevaba un mes de adelanto. Como era el verano, nos quejábamos del calor de Puerto Rico. Recuerdo que hacíamos una caminata todas las

Transfusión

tardes para comprar una bebida fría que llamábamos "freezie". Esto nos daba alivio durante aquellos días calurosos de verano.

Recuerdo que Evelyn siempre tenía las manos bien calientes y se sentaba con ellas abiertas hacia arriba buscando aliviarse del calor. Nos reíamos mucho y pasábamos horas mirando una y otra vez la ropita de bebé que teníamos o que nos regalaban nuestras amistades y familiares.

En una ocasión Rose, nuestra suegra, trató de enseñarnos a tejer. Fuimos muy entusiasmadas a comprar los materiales. Evelyn trataba y trataba de mover la aguja con el hilo hasta el punto que sus manos quedaron entesadas y ya no podía moverlas. Nos reímos mucho pues en lugar de relajarnos con esta destreza, lo que causaba era que nos estresáramos más. Resultado final: decidimos comprar todo ya tejido.

La gente de mi pueblo y de la iglesia donde asistíamos antes de irnos para E.U., cuando aún estábamos solteros, al verme embarazada, me preguntaban cuánto tiempo tenía y cuando me había casado. Sentí que las personas contaban los meses para ver si me había casado embarazada. Mi hija nació un 22 de septiembre y ya contaba con diez meses de casada, así que creo que esto contestó todas sus interrogantes.

La llegada de nuestro bebé – viene con una nota de muerte

Cuando ya estaba cerca del nacimiento de nuestro bebé, decidí quedarme esos días en la casa de mami Ramona, pues estaría cerca del médico que me había estado viendo durante el embarazo y el hospital donde me llevarían. Recuerdo que uno de los días de la misma semana en que tuve a mi bebé, me fui con mi madre a caminar por todo el pueblo de Gurabo. Estaba un poco caliente ese día. Durante todo el embarazo sufrí mucho de alta presión y mi

Una decisión importante

cuerpo estaba muy hinchado. Estaba reteniendo mucha agua. Mis piernas estaban hinchadas y así todo mi cuerpo. Esa misma noche, luego de esa larga caminata, recuerdo que me desperté cerca de la medianoche, completamente mojada.

Mi pijama estaba toda mojada y mi cabello también, como si alguien me hubiera echado una cubeta de agua encima. Aún la cama estaba empapada en agua. Me desperté sorprendida, pues en realidad no sentía que hiciera tanto calor como para estar tan mojada. Me dirigí al baño y tomé una ducha de agua fría. Regresé al cuarto y luego de cambiar las sábanas, traté de reconciliar el sueño. Pasaron varias horas y vuelvo a despertarme ante la sorpresa de que estaba igualmente mojada; mi pijama, la cama y mi cabello. Estaba completamente confundida por tanta agua saliendo de mi cuerpo sin que hiciera tanto calor. A parte de esto, tenía un abanico en el cuarto. Volví al baño y me duché otra vez con agua fresca y me cambié de ropa. Durante ese día, ya cerca del mediodía, comencé a experimentar los primeros síntomas de parto. Estaba comenzando a tener pequeñas contracciones. Wilfredo me llevó al hospital local y de allí me enviaron al Hospital Regional de Caguas. El médico dijo que estaba cerca del alumbramiento.

Cuando entré a registrarme, me tomaron la presión y los signos vitales. También checaron la reflexión en mis piernas, pues todavía estaba un poco inflamada. Cuando verificaron mis reflejos en la rodilla, los enfermeros se miraron unos a otros, pues aparte de tener la presión un poco alta, no tenía buenos reflejos. Esto era indicio de que mi parto estaba en gran riesgo. El enfermero me habló con voz muy calmada, pero cargada de preocupación y me dijo; *"tenemos que ponerte un calmante y bajarte la presión. Esto hará que tus contracciones se reduzcan pues estás un poco malita. Si no controlamos tu presión arterial estas en peligro de morir; tú y tu bebé."* ¡Qué tristeza! Una angustia invadió mi corazón pues

Transfusión

pensé cuan frágil es la vida humana. En esos momentos estaba a punto de perder a mi criatura y mi propia vida.

Inmediatamente recordé cuando cantaba en el Coro de la iglesia Bautista donde había dado mi corazón a Yeshua. Recordé que hubo una hermana que cantaba soprano y que tenía una voz muy hermosa. Ella era la que casi siempre hacia los solos en el coro. Estaba embarazada para ese tiempo y cuando la llevaron a tener su bebé murió en el parto pues le subió demasiado la presión. Esto es lo que medicamente se conoce como "clamsia". Ella y el bebé murieron pues antes de que naciera, ella sufrió de un derrame cerebral "clamsia" y murió antes de nacer por falta de oxígeno. La noche que estaban velando su cuerpo, el coro de la iglesia fue a su funeral y yo también. Cuando estaba frente a su cadáver me impresionó mucho que le hubieran colocado a su bebé fallecido a su lado. Esto me causó mucho dolor y gran impresión emocional. Recuerdo que allí mismo le pedí al Señor Yeshua que nunca me permitiera pasar por algo así en mi vida. Si tenía que morir estando joven, prefería partir de este mundo de cualquier otra forma, pero nunca así.

Ahora, frente a este enfermero, tenía una realidad de la cual no podía escapar. ¿Sería posible que esto me sucediera a mí también? Inmediatamente me llevaron a un cuarto oscuro que tenía una luz muy tenue y había como unas tres o cuatro mujeres en el mismo estado que yo. Fuera de esta sala, había otras mujeres con contracciones, pero estaban en un cuarto regular y rodeadas de sus esposos o seres queridos. Mi esposo no podía entrar donde yo estaba por mi condición, ni tampoco mami Ramona que esperaba afuera con él. Estando allí oraba a Di-os que me permitiera tener a mi hija y que nos preservara la vida. En este cuarto me administraron un sedante y me quedé dormida. No sé cuánto tiempo pasó, pero recuerdo que despierto a la voz del médico de cabecera diciendo, *"parto, parto."* Corrieron conmigo a la sala de

Una decisión importante

parto. Podía ver el rostro de los enfermeros y del médico con un gesto de incertidumbre. Parecía que no había garantía de que lograría tener a mi hija sin que la presión sanguínea subiera. El doctor me había administrado un medicamento para acelerar las contracciones y tenía solo una ventana de 30 minutos para que naciera mi bebé.

Mientras estuve en la sala de partos, pasaron por mi mente imágenes de la noche anterior. Pude comprender que fue el Señor mismo quien hizo que mi cuerpo eliminara toda el agua que tenía retenida en mi cuerpo. El enfermero me había dicho que la razón de la presión tan alta era porque tenía demasiado líquido retenido en mi cuerpo. Realmente, luego de toda el agua que había salido de mi cuerpo, ya ni se me notaba la hinchazón. Quiere decir que si me hubiera presentado a mi parto, tan hinchada, de la manera en que estaba la noche anterior, definitivamente hubiese perdido mi vida durante el parto. Comencé a darle gracias a Di-os por haberme librado de la muerte. Verdaderamente que la Escritura dice que Di-os escucha nuestra oración, aún y antes de haber orado; esto fue una realidad para mí esa noche.

Gracias a Di-os salimos vivas de esta experiencia, pero como estaba muy delicada, pues había perdido mucha sangre durante el parto y tenía mucha fiebre, me dejaron en el hospital unos días adicionales. Mami Margarita se llevó al bebé a su casa para ayudarme. Cuando se la llevó y luego que todos se fueron del cuarto, recuerdo cuán sola me quedé y muy triste pues no podía tener a mi niña conmigo. La llamamos *Mariely*, aunque mami Margarita hubiera querido que le pusiéramos por nombre *Wilmary*, que era una combinación de mi nombre y el de Wilfredo. Una vez dada de alta del hospital traté de alimentarla de mis pechos, pero ya se había adaptado al biberón de la botella y me rechazaba.

Transfusión

Ministerio de oración – los bebés también participaron

Casi un mes después que Mariely nació, Evelyn tuvo a su hijo. Lo llamaron Edward Anthony Rodríguez. Recuerdo que nuestros hijos tenían apenas unos pocos meses de nacidos, cuando una amiga de Rose, que estaba enfrentando algunos conflictos de familia, nos pidió que fuéramos todos los viernes en la noche a orar en su casa para pedir a Di-os por su situación familiar. Aprovechamos para incluir nuestras propias necesidades, ya que Wilfredo no encontraba un buen empleo tampoco. Durante estas reuniones de oración le pedíamos a Di-os que nos bendijera y nos prosperara como lo había hecho en Chicago. También orábamos incesantemente por esta familia que nos abría las puertas de su casa para orar con nosotros.

Todavía hoy nos reímos cuando recordamos ete tiempo, pues teníamos unas cunitas portátiles que llevábamos para acostar a nuestros hijos; Mariely y Anthony, nuestro sobrino. Les llamábamos los *pequeños misioneritos* pues cada viernes estaban allí con nosotros durante largas horas de intercesión y oración y la pasaban mayormente durmiendo. Debo añadir que en estas oraciones de los viernes experimentamos la presencia de Di-os en forma maravillosa.

Un regalo inesperado

Fue en una noche de esas que nuestra amiga había invitado a un profeta amigo suyo para que nos acompañara a orar. Durante la oración se acercó a mí y me dijo que Di-os tenía *"un regalo para mí. Que este era un regalo muy especial y que sería el deleite de mis ojos cada vez que lo mirara."* Me quedé pensando qué clase de don o ministerio me daría el Señor. Pasaron unas semanas y me percato que estaba nuevamente embarazada. Mariely tenía solamente seis meses de nacida así que me llené de pánico al

Una decisión importante

pensar que vendría otra criatura y todavía nuestra situación económica no se estabilizaba como queríamos.

Fue entonces cuando comprendí que este era el regalo al que el profeta se refería cuando me dio el mensaje de Di-os. Aunque comprendí el mensaje, no necesariamente estaba de acuerdo con el regalo. Me preocupaba mi situación económica y Mariely estaba todavía muy pequeña como para ahora atenderla yo embarazada y luego con otro bebé recién nacido. Inconscientemente estaba rechazando a esta nueva criatura que no tenía culpa de lo que estaba pasando.

Cuando ya entraba en mi cuarto mes de embarazo fui a mi cita médica. Para mi sorpresa el médico me informó que no sentía los signos vitales del bebé y me preguntó si se movía en mi vientre. Le informo que me había percatado que en esos últimos dos días no había notado movimiento en mi vientre. Quedó un poco preocupado y me pidió que me fuera para la sala de emergencia del hospital para que me hicieran otro estudio más sofisticado y más detallado. El médico sospechó que el bebé estaba muerto en el vientre. Si el bebé estaba muerto tendrían que practicarme un aborto, pues yo corría un gran peligro.

Por el camino le informo a Wilfredo que quería irme a la casa y hacer oído sordo a lo que me había dicho el médico de acudir al hospital. Sólo quería estar a solas con Di-os. Luego que llegamos a la casa, me preguntó cómo me sentía y me informó que tenía que salir pero que regresaría pronto. Así que se fue y aproveché este momento de soledad para hablar con Di-os y pedirle perdón a mi bebé por no haberle demostrado amor y aceptación por su pronta

Transfusión

llegada. Me senté en una silla mecedora y comencé a llorar y a pedirles perdón a Di-os y al niño. Le decía que lo amaba y que necesitaba que volviera a vivir y a moverse en mi vientre. Pasaron alrededor de unos quince minutos cuando de repente el niño saltó dentro de mi vientre y comencé a llorar, pero esta vez eran lágrimas de gozo. Como siempre sucede, la duda llegó a mi corazón y me preguntaba si realmente había resucitado en mi vientre o simplemente había estado dormido sin moverse. Al parecer estaba poniendo en duda lo que ya el médico me había informado.

Fue durante aquel tiempo, luego de mi hijo revivir en mi vientre, que tomamos la decisión de regresarnos a Chicago. Wilfredo salió primero y yo me quedé viviendo con mi suegra hasta que él encontrara empleo y un apartamento. En menos de un mes ya viajaba con Mariely en brazos y mi hijo *"vivo"* en mi vientre. Una vez más, nos mudábamos a la tierra de *provisión* para nosotros por ese tiempo.

Di-os me fue mostrando que indudablemente mi hijo había resucitado en mi vientre por un acto divino. Lo primero que sucedió fue que durante este parto, en un hospital en Chicago, el médico me dijo que parara de empujar. Le decía que no podía pues el niño ya venía saliendo por el canal vaginal y era casi imposible detener el deseo innato de empujar. Me dijo con gran autoridad, *"si no paras de empujar el niño se muere. Viene con el cordón umbilical enredado doblemente alrededor de su cuello y se ahorcará si continúas empujando."* Esto fue suficiente como para que todo mi cuerpo reaccionara como si hubiera pisado el freno de un vehículo en marcha. Efectivamente, pudieron salvarle su vida a tiempo. Esto me hizo pensar que posiblemente esta fue la razón o la causa de su muerte en el vientre.

Una decisión importante

No fue hasta casi *quince años* más tarde cuando un profeta de Di-os, en la ciudad de Miami, Florida, me confirma el milagro. Había acabado de conocerlo ese día. Estábamos compartiendo sobre el Tabernáculo de Moisés y su significado. Mientras hablaba conmigo Di-os le daba una visión de algo que me había acontecido en el pasado. Esto fue lo que vio en visión...

Yo la veo a usted sentada en una silla mecedora acariciando su vientre, llorando y orando a Di-os por un milagro por su hijo que se encontraba muerto en su vientre. Veo un ángel gigante con una espada encendida en fuego. El ángel penetra la espada encendida por su vientre impartiéndole vida a este niño e inmediatamente comienza a moverse y a patear fuertemente. La veo riendo y llorando de la alegría.

En ese instante, este varón se vira hacia mi hijo, quien estaba a mi lado, y me pregunta, *"¿es este ese hijo suyo?"* No podía contestarle pues estaba en gran sollozo. Comprendí que había perdido mi fe y había llegado a la conclusión de que este niño nunca había estado muerto sino que se había dormido en mi vientre y que por esto no se movía. Fue por esto que nunca antes había testificado sobre este milagro a nadie en el pasado. Ahora Di-os me confirmaba que este niño era aquel hermoso regalo de Di-os y que venía a la tierra con un propósito.

Capítulo 7

El Di-os que nos provee
Y nos protege

Aunque Wilfredo trabajaba a tiempo completo, nuestra situación económica estaba un poco apretada siendo que teníamos prácticamente dos bebés al mismo tiempo y yo no contaba con un empleo. En medio de todo esto Di-os siempre nos suplió lo que necesitábamos.

Provisión instantánea

Recuerdo una noche que se me había terminado la fórmula del bebé y la leche de galón de la niña. También los pañales desechables estaban escaseando. Cuando Wilfredo llegó del trabajo le dije la situación y me contestó que sólo contábamos con suficiente dinero para la gasolina de la semana para poder ir a trabajar. Cuando escuché esto, fui inmediatamente a mi cuarto y allí me tiré de rodillas. Le recordé al Señor su promesa cuando era muy joven, cuando me dijo que si necesitaba algo se lo pidiera a Él pues Él era mi verdadero padre. Así que me agarré de esta promesa y oré con esa confianza.

No pasó ni una hora después de mi oración, cuando escuchamos a alguien tocando a la puerta. Salí a contestar y cuando abrí la

Transfusión

puerta, uno de los jóvenes de la iglesia estaba ahí parado. Traía consigo unas fundas plásticas de supermercado. Le pregunté qué hacía en nuestra casa cuando yo sabía que había servicio esa noche en la iglesia. Nosotros no habíamos ido pues no nos alcanzaba la gasolina para el resto de la semana, si asistíamos a los servicios durante esa semana en particular. Me contestó que algo muy extraño, pero hermoso a la misma vez le había ocurrido. Esto fue lo que nos contó...

Estaba en medio de la adoración cuando escucho la voz del Señor que me dijo, "¿Has notado que la pareja Rodríguez no se encuentra en el servicio?" Abrí mis ojos y definitivamente corroboré que no se encontraban, así que le pregunto al Señor, "¿Y por qué será Señor que no vinieron esta noche?" Cuando entonces el Señor le contestó, "No tienen dinero para gasolina. Tampoco tienen pañales para sus bebés, ni leche. Sal del servicio y ve a su casa con dinero para la gasolina y lleva contigo pañales y leche de galón para la niña. Para la fórmula del niño le llevas también dinero."

Inmediatamente salí del servicio pues el Señor me dijo que habían orado y esperaban respuesta del Señor para esta misma noche; así que aquí estoy.

Cuando terminó de relatarnos esto, comencé a reírme pues el gozo del Señor inundó mi corazón. No era solamente porque mi necesidad había sido suplida, sino porque también estaba experimentando la fidelidad del Señor a sus promesas.

Fundas, fundas y más fundas

También, durante ese tiempo, la esposa del pastor promovía mucho el compañerismo y la unidad cristiana y nos pedía que siempre tratáramos de invitar a alguien a nuestras casas después del servicio del domingo en la mañana, para que compartiéramos

El Di-os que nos provee y nos protege

de nuestra comida unos con otros. También nos enseñaba a que diezmáramos de nuestras compras en el mercado y sacáramos, aunque fuera una pequeña funda de comestibles para traerla a la iglesia y darla a alguna familia necesitada.

Recuerdo que sentí en mi corazón comenzar a hacer esto. Cada vez que iba al mercado separaba algo extra y lo llevaba a la iglesia. Otras personas comenzaron a hacer lo mismo. La esposa del pastor también lo hacía, pues ella predicaba mucho con su ejemplo.

Llegó un tiempo que sacaba no una, ni dos fundas plásticas de comestibles, sino tres y cuatro pues la abundancia era tremenda. Recuerdo una noche en particular, que llevaba como tres de ellas en el maletero (baúl) del auto. Luego del servicio le dije a una pareja de la iglesia que por favor vinieran conmigo a mi auto para darles algo que había traído para ellos. Vinieron conmigo y muy contentos recibieron lo que les entregué. Me regresé al templo a buscar a mis hijos en la guardería y a mi esposo. Cuando estoy entrando, otra pareja me llama a parte y me dicen que por favor los acompañara al estacionamiento. Cuando abren su maletero (baúl) tenían como seis fundas plásticas de comestibles para mí y mi familia. Comencé a reírme de gozo al ver a Di-os multiplicando y supliendo en abundancia.

Esto es como sembrar arroz o granos en el terreno; mientras más siembras más se reproducen. Llegó un tiempo en que me tocaban a la puerta en mi apartamento y cuando abría la puerta no había nadie, sólo fundas y más fundas plásticas llenas de comestibles. Me reía de gozo y daba gloria a Di-os por ser un Di-os tan fiel. ¿Sabes?

Transfusión

Nunca vas a poder ganarle a Di-os cuando se trata de dar. ¡El siempre gana!

"special delivery" - Entrega especial

En otra ocasión, en que otra vez el dinero estaba un poco escaso, Wilfredo llegó del trabajo y como no consiguió estacionamiento al frente de nuestro apartamento, decidió estacionarse un poco retirado. Cuando ya abría la puerta del auto para emprender camino hacia la casa, notó que alguien que había estado estacionado justo al frente del apartamento, se marchaba. Pensó por unos instantes si debía moverse o quedarse ahí pues, después de todo, ya estaba estacionado y había apagado el motor del auto.

Decidió encender nuevamente el auto y moverse a este estacionamiento que ahora estaba vacío. Tan pronto se terminó de estacionar y abre la puerta nota que, movido por el viento, había un billete de $50 dólares que se había atascado contra su tobillo, justo cuando saca el pie y lo pone en el suelo. Precisamente venia orando por el camino pidiéndole al Señor que de alguna forma milagrosa le proveyera para su necesidad. Se inclinó para recogerlo y otra ráfaga de viento lo movió y se fue volando. Hay ocasiones que la bendición de Di-os llega y sólo se necesita un pequeño esfuerzo de nuestra parte para no dejar que el enemigo nos la robe. Lo siguió hasta cruzar la calle y lo detuvo pisándolo con su zapato. La alegría en su rostro se marcó de oreja a oreja.

En otra ocasión salimos a la lavandería y cuando regresamos al apartamento encontramos más de quince fundas plásticas llenas de comestibles y sobre la mesa del comedor un sobre blanco que decía por fuera: *Una ofrenda de amor*. Cuando lo abrimos tenía $150 dólares. Estas cosas sucedieron a principios de los ochenta y esta suma de dinero era una buena cantidad para cubrir varios gastos en aquel tiempo.

El Di-os que nos provee y nos protege

Estas cosas se repitieron constantemente. Éramos fieles al Señor en nuestro tiempo y devoción con la iglesia local y Él nos proveía todo lo que necesitábamos a tiempo y fuera de tiempo. Di-os es un Di-os fiel. Dice la escritura que aún y cuando nosotros seamos infieles, Él siempre se mantiene fiel. Si estás atravesando un momento difícil en tu vida ora y confía que Él te suplirá todo lo que necesitas en su tiempo.

Hicimos lo mismo cuando llegó el tiempo de regresar a Puerto Rico, luego de tres años en Chicago. Actuamos por fe creyendo que Él nos supliría todo lo que necesitábamos. En lugar de vender las cosas que teníamos, me acercaba a familias que eran menos privilegiadas y les preguntaba, *"Hermana supe que necesita una mesa de comedor. ¿Es cierto?"* La hermana me contestaba, *"Sí, hermana, he estado orando al Señor por una, pues no me alcanza el dinero para comprarla."* Ante esto le decía, *"Pase por mi casa que tengo una para usted y no tiene que pagar un solo centavo."* Así hicimos con los muebles, las cunas de bebés, nuestra cama, etc. Salimos de Chicago con sólo nuestra ropa, nuestros bebés y nuestro grande y maravilloso Di-os que cuando lo tenemos a Él, lo tenemos todo.

Un cambio de rumbo – Doble

Este regreso a Puerto Rico ocurrió alrededor del año 1985, cuando fuimos ungidos como ministros ordenados antes de salir para comenzar una iglesia en Puerto Rico. Pero los planes del Señor fueron algo diferente. Tan pronto llegamos a nuestra bella isla, comenzamos a reunirnos en las casas y el grupo crecía. Pero una noche Wilfredo sintió la inquietud de visitar una Iglesia en Carolina. Decidí no acompañarlo esa noche y quedarme para adelantar algunas tareas domésticas que tenía un poco atrasadas.

Transfusión

Recuerdo que me encontraba en la parte de atrás de la casa tendiendo la ropa que recién había lavado, cuando sentí una brisa muy peculiar que me acarició el rostro. Esta brisa la conocía muy bien. Era el aliento del Espíritu de Di-os. Escuché cuando el Espíritu de Di-os me dijo: *"Tu esposo trae nuevas. Acéptalas, pues estas nuevas vienen desde mi misma presencia."*

Continué haciendo mis tareas y me preparé para cuando mi esposo llegara para enterarme sobre estas nuevas que debía aceptar. Cuando llegó, lo noté un poco inquieto. Me dijo que tenía que decirme algo muy importante. Nos sentamos en el área del comedor y allí uno frente al otro me dijo, *"Yo sé lo responsable que eres cuando das tu palabra y tú sabes muy bien lo responsable que yo también soy cuando hago una promesa y un compromiso, y mucho más cuando se trata de las cosas del Señor. Pero quiero decirte que aunque dimos nuestra palabra a los pastores de Chicago de comenzar una iglesia aquí en Puerto Rico, bajo el mismo nombre de la iglesia de ellos, quiero informarte que voy a tener que romperla y esto te obligaría a tí también a romper con la tuya."*

El me conocía muy bien y sabía que cuando hacía una promesa no la rompía fácilmente, y especialmente con personas como los pastores de Chicago que habían sido tan generosos con nosotros y que habíamos aprendido tanto de ellos. Pero él no sabía que ya mi corazón estaba listo, así que le dije que por favor prosiguiera.

Me contó que mientras estaba en el servicio oyó la voz de Di-os que le dijo, *"quiero que te unas a este varón."* Cuando terminó de contarme lo que le había sucedido, me miró intrigado para ver cuál sería mi reacción. Esto implicaba que tendríamos que comunicarnos con nuestros pastores y romper toda clase de alianza con ellos.

El Di-os que nos provee y nos protege

Para su sorpresa le contesté, *"Sea hecho como Di-os ha hablado."* Su sorpresa fue tan grande que no podía creerlo. Me preguntó qué me había pasado para que reaccionara de esta manera. Le cuento mi experiencia y juntos adoramos al Señor por su soberanía. Nosotros los humanos hacemos planes, pero Él siempre tiene un plan perfecto para cada uno de nosotros. Esto no quiere decir que un plan sea mejor o peor, simplemente significa que para ese tiempo lo que Él nos ponía de frente era el plan perfecto para la ocasión.

Inmediatamente aparecieron trabajos y apareció una oportunidad de mudarnos a la ciudad de Caguas donde había necesidad de un pastor para este movimiento. Nos mudamos hacia allá y todo fue apareciendo conforme a la necesidad. El tiempo pasó rápidamente y ya llevábamos pastoreando casi tres años. Conducíamos un programa de radio semanal y otro televisivo de una hora a la semana.

Fue durante este tiempo, cuando asistimos a un servicio de aniversario de la iglesia madre en Carolina. Tenían de invitado a un predicador anglosajón que era muy buen maestro en la Palabra y profeta. Todos los pastores de este concilio teníamos el privilegio de sentarnos en un área cerca del pulpito. Durante la predicación Di-os abrió mis ojos espirituales y me mostró algo en el espíritu que yo desconocía.

Mientras estoy observándolo, veo que su ser espiritual comienza a crecer y a crecer a tal forma que era casi tres pies más alto que su cuerpo físico. Mientras estoy observando este gigante hombre espiritual, me volteo para mirar a mi esposo y observo que él también tenía una expresión de asombro en su rostro. Le pregunto, "¿Estás viendo lo mismo que yo estoy viendo?" Me responde entre dientes, "mmjumm..." Le pregunté al Señor por qué me permitía ver esto. Algo que he aprendido en mi vida

Transfusión

cristiana es a preguntarle al Señor por qué me muestra las cosas que me muestra. Muchas veces no aprendemos mucho de nuestras experiencias espirituales porque simplemente no preguntamos.

El Señor me enseñó que esa altura es la que veín los seres espirituales, o sea los demonios. Por esto cuando en la Escritura vemos a unos demonios que golpearon a unos que trataron de imitar a Pedro y a Pablo en la represión de demonios, ellos le dijeron, "A Pedro y a Pablo conocemos, pero ustedes no sabemos quiénes son." Cuenta la Escritura que fueron golpeados duramente. Los demonios respetan tu altura espiritual. Este hombre que estaba ministrando esa noche tenía una altura como de unos once pies de alto. Con razón cuando oraba por los enfermos y abatidos por los demonios, eran libres en Cristo.

Cuando este hombre terminó de predicar la Palabra, recuerdo que nos llamó al frente a mi esposo y a mí. Nos dio una palabra que se cumpliría en menos de un año. No recuerdo todas las palabras pero era algo así. *"Te voy a abrir las escrituras como nunca antes. Comenzarás a comer de una comida que nunca antes has comido. Te deleitarás en las cosas que voy a mostrarte y comenzarás a hablar de cosas que yo te mostraré. Antes que se cumpla un año estarás en otro territorio que nunca antes has pisado."*

Yo me preguntaba, "¿Señor, cómo es posible que ahora que comenzamos a cosechar el fruto de tantos años de ardua labor nos estás hablando de otro territorio?" Me guardé la profecía en mi corazón confiando que cuando el día llegara todo iba a estar bien, pues así es el Di-os que servimos.

El tiempo pasó y durante esos cuatro años en que estuvimos con la iglesia, aprendimos y maduramos muchísimo en la vida ministerial. Wilfredo fue creciendo en el área de la Palabra y yo en el área

El Di-os que nos provee y nos protege

administrativa y la consejería. Estábamos creciendo como iglesia y habíamos reciente comprado una carpa que acomodaba alrededor de 1,500 personas cómodas. Esta carpa la compramos de forma sobrenatural pues todos traían sobres con grandes cantidades de dinero. Recuerdo que mi esposo y yo teniendo dos autos, decidimos donar uno de ellos. Así que se vendió y con esto completamos $10,000 dólares para comprar nuestra carpa. Por el momento también alquilamos un local y lo estábamos arreglando para que tuviera guardería y salones de clase dominical. Todos en la iglesia cooperaban para que tuviéramos un santuario bonito pero también práctico.

No pasó mucho tiempo luego que donamos nuestro auto para completar el dinero de la carpa, cuando una hermana de la congregación llegó a nuestra casa y nos entregó las llaves de su auto. Di-os la había bendecido con otro auto y en respuesta nos donaba el que antes poseía. Era hermoso ver como Di-os fue fiel a sus promesas y siempre proveyó lo necesario y nos bendijo.

Otra sanidad milagrosa

En una ocasión mi hijo, que ya tendría unos cuatro años de edad, enfermó con una fiebre muy alta. Lo llevamos de emergencia al pediatra y luego de examinarlo, nos informó que tenía una infección de garganta. Le prescribió un antibiótico y medicina para la fiebre. Nos informó que se tomaría de 36 a 48 horas para que la infección cediera. Me pidió que no parara ni el antibiótico ni la medicina de la fiebre. Pasaron casi cuatro días y continuaba con una fiebre muy alta.

Decidimos llevarlo a la sala de emergencia del hospital, pues no estábamos seguros con lo que realmente batallábamos. El médico lo examinó y me dijo que le cambiaría el antibiótico, pues

Transfusión

posiblemente su cuerpo se había hecho inmune al que estaba tomando y que por eso la infección no había cedido.

Durante toda esa semana no comía ni quería tomar líquidos. Era muy difícil para mí mantenerlo hidratado y alimentado. Continué con los medicamentos, pero ya para el sexto día continuaba con fiebre muy alta. Lo traje a mi cama ya por la tarde para pasar la noche con él, pues me preocupaba que la fiebre no cediera y además ya había perdido demasiado peso.

Mientras estaba a mi lado de repente noté que estaba sangrando por la nariz, pero pensé que se había lastimado de alguna manera algún capilar dentro de sus fosas nasales. Lo recosté hacia atrás y le limpié su nariz. Esa noche, me levanté cerca de las 2:00 o 3:00 de la madrugada para ir al baño y mientras estaba allí sentada oí claramente la voz de Di-os que me dijo "*¿No te has dado cuenta que lo que el niño tiene es dengue hemorrágico?*" Para ese tiempo había un brote de dengue hemorrágico en diferentes partes de la isla de Puerto Rico. Muchos niños habían muerto debido a esta enfermedad. Era como una plaga de mosquitos infectados. Pero yo no había sospechado que era contra eso que estaba luchando mi hijo.

Corrí inmediatamente a buscar por todo su cuerpo alguna evidencia de picadura de mosquito. Cuál sería mi sorpresa cuando vi al lado de uno de sus tobillos una llaguita llena de pus que parecía ser una picada de mosquito, pero infectada. Como había estado tan enfermo, le habíamos puesto unas medias que le cubrían sus pies y tobillos y por su condición tan débil, lo único que hacía era lavarlo con paños de agua tibia y no le había quitado las medias.

Me llené de una angustia inmensa. Pero en lugar de correr con él al hospital, me encerré en nuestro cuarto de oración y oficina que

El Di-os que nos provee y nos protege

teníamos en la casa. Comencé a orar y a interceder por mi hijo como que su vida dependía realmente de mis oraciones. No recuerdo si pasaron dos o tres horas en intensa oración y llanto ante mi amado Señor. Ya casi amanecía cuando oigo esa voz tan bella de mi amado Señor cuando me dijo, *"ya está hecho. Puedes irte a descansar. El niño está sano."* Sentí una paz inmensa, fui y lo toqué en la frente y la fiebre había cedido. Lo besé y lo acomodé en su cama, y me fui a descansar.

Temprano en la mañana me desperté pues había mucho ruido en la cocina. Se caían las cosas y alguien abría y cerraba la nevera. Oí como a alguien abriendo cajas de galletas, vertiendo jugo o algún líquido en vasos. Corrí hacia la cocina y encontré a mi hijo comiéndose todo lo que había encontrado en la nevera. Tenía la boca llena de comida. Cuando lo miré me abrió sus ojitos y me dijo, *"tengo mucha hambre."* Lo toqué en la frente y la fiebre se había ido. Miré su tobillo y su llaga comenzaba a sanar. Le pregunté cómo se sentía y me dijo que muy bien, pero que con mucha hambre.

Comencé a darle gracias a Di-os por el milagro de mi hijo. Lo tomé en mis brazos y lo besé muchas veces mientras mi corazón rebosaba de alegría y agradecimiento a mi Señor. En lugar de ir corriendo al hospital, me refugié en las promesas del Señor y ahora tenía frente a mí a un niño totalmente sano.

Recuerdo que esa misma noche teníamos servicio de oración en la casa de uno de los hermanos miembros de la iglesia que estábamos pastoreando. Cuando llegamos, antes de comenzar la oración, sentí testificar del milagro de sanidad de mi hijo. Un hermano que escuchaba atentamente, cuando terminé de contar la historia, levantó sus brazos al cielo y alabó al Señor. De pronto con una expresión de sorpresa en su rostro se dirigió hacia mi esposo y hacia mí y nos dijo, *"Gloria a Di-os. Miren mis hermanos.*

Transfusión

Yo había llegado con mi codo inflamado y adolorido a tal punto que no podía casi mover mi brazo. Llevo muchos años sufriendo de artritis crónica y cuando las articulaciones de mis brazos se inflaman sufro por días de esta condición. Su testimonio fue tan impactante que me llené de fe y sin darme cuenta estiré mis brazos olvidándome del dolor que tenía. Mi codo esta sanado y puedo mover mi brazo. ¡Aleluya!" Recuerdo que movía su brazo para todos lados y brincaba de la alegría.

Un momento de angustia

Como todo en la vida, hay momentos de grandes victorias y alegrías, como también hay momentos que quisiéramos que nunca llegaran. Recuerdo el momento cuando mami Margarita me llamó y me dijo que quería le diera una opinión de algo que había palpado en su busto y no estaba segura qué podía ser. Fui inmediatamente a verla y cuando toqué el área que me había dicho, noté que de cierto estaba endurecida. Le pregunté si sentía dolor y me contestó que no. Me quedé muy preocupada y convenimos en ir juntas al médico. Cuando fue observada por el médico le dijo que necesitaba se hiciera unos exámenes y se tomara una placa de rayos X.

¡Qué tristeza! Mi madre tenía cáncer en su busto derecho y tenía que pasar por un proceso de cirugía seguido de sesiones de quimioterapia. Llegó el día de la cirugía y aunque salió muy bien de ella, podía ver la tristeza en su rostro pues era muy notable. Sus ojitos ya no brillaban como antes. Es muy difícil para una mujer perder uno de sus pechos. Luego de esto vinieron periodos de intensas depresiones, especialmente cuando perdió todo su cabello debido a las terapias. Se compró una peluca que se parecía mucho a su antiguo recorte y textura de su pelo, pero no era lo mismo.

El Di-os que nos provee y nos protege

Mami Margarita siempre había sido una mujer muy jovial y risueña. Siempre estaba haciendo bromas y era muy servicial. Pero, gracias a Di-os, que aunque su personalidad se había afectado un poco, momentáneamente, pronto fue recuperándose y ya volvía a ser la misma. Ahora hacia mofa de su peluca, su busto, etc. Luego de un año ya la habían declarado libre de cáncer y su vida continuaría como antes. Nos dio mucha alegría que hubiese sobrepasado la crisis.

Una decisión ya profetizada

Justo para el tiempo en que se cumpliera la profecía que recibimos un año atrás en la iglesia principal de nuestro concilio, estábamos ahora haciendo preparativos y saliendo para Orlando, Florida. ¡Todo sucedió tan rápido! Primero, antes que tuviéramos siquiera la idea que saldríamos de Puerto Rico, la mamá de Wilfredo había salido para Orlando de vacaciones a visitar a su hermana Ruth que ya llevaba muchos años viviendo allá. Estando en Orlando sintió la inquietud de quedarse. No pasó mucho tiempo cuando el hermano de Wilfredo, Edward, y su esposa, también salieron para Orlando de vacaciones a visitar a Ruth y a Rose. Por supuesto, llevaron a sus hijos con ellos. Nos llamaron de Orlando para decirnos de sus intenciones y cómo Di-os les había confirmado durante su estadía allá, que era la voluntad del Señor que ellos se quedaran en Orlando. Vendrían de regreso a la isla, pero solamente a empacar sus pertenencias para luego regresar aquedarse a vivir en Orlando.

Al principio no lo creíamos, pero sentimos paz con la decisión de ellos. Nosotros por otro lado no estábamos seguros si era del Señor que siguiéramos sus pasos y relocalizarnos en Florida. La iglesia estaba creciendo y estábamos apenas inaugurando el nuevo local, y continuábamos buscando un terreno donde colocar la carpa que recientemente habíamos comprado. En una ocasión, Evelyn nos llamó de Orlando y nos contó de una iglesia que

Transfusión

estaban visitando. El pastor estaba ministrando una palabra que nunca antes habíamos escuchado. Esto fue suficiente como para que Wilfredo recordara la profecía. Oramos a Di-os preguntándole si esto sería el cumplimiento de lo que nos había ministrado a través de este siervo, casi un año atrás. Si era la puerta que se abriría, entonces pensábamos que el Señor tendría que traernos un pastor que estuviera dispuesto a continuar con la grey y que los hermanos se sintieran cómodos y confiados con él. Así fue. No pasó mucho tiempo, antes que la petición fuera contestada. Tan pronto esa persona se hizo cargo de la grey y los hermanos se sintieron muy bien con él, salimos a *territorio que nunca antes habíamos pisado*.

Recuerdo que antes de salir de Puerto Rico nos tomamos un tiempo para llevar a nuestros hijos a ver la isla. Fuimos a los Baños de Coamo, las Cuevas de Camuy y el Castillo del Morro en San Juan. Visitamos también las playas de Ponce, Mayagüez y Luquillo para que nuestros hijos tuvieran un buen recuerdo de Puerto Rico. Nos tomamos fotos para guardar los buenos recuerdos. Otra cosa que recuerdo con un poco de tristeza fue la despedida de nuestra familia, pero específicamente de mami Margarita quien los abrazaba y los besaba y me decía, "*presiento que no volveré a ver a mis nietos. Siento que hoy es el último día que los veré.*" Le contesté que no sería así, ya que de vez en cuando los traería a Puerto Rico para que no se olvidaran de sus dos abuelas y el resto de la familia. Pero ella insistía en que presentía que no los volvería a ver.

Pensaba que mi mamá estaba actuando bajo la presión del sufrimiento de la separación, así que no le presté la importancia que debía a sus declaraciones. Vendimos todas nuestras pertenencias, incluyendo nuestros autos. Antes de salir de Puerto Rico, también habíamos recibido muchas profecías unas semanas

El Di-os que nos provee y nos protege

antes y algunas de ellas me habían preocupado. Nos dijeron que al principio de nuestra llegada pasaríamos por una gran prueba, pero que confiáramos que el Señor nos tendría tomados de la mano. Así que sentí un poco de incertidumbre por mi futuro. Salimos para Florida en el mes de noviembre del año 1989. Cuando llegamos a Orlando, Florida estábamos muy emocionados, aunque un poco inquietos, pues era la primera vez que visitábamos esa ciudad.

Para ese tiempo, Evelyn y Edward ya tenían un apartamento de tres cuartos rentados. Rose vivía con ellos y Edward Anthony compartía su cuarto con su hermanito Bryan, que tenía como unos dos añitos. Luego que nos acomodamos en la casa de Ruth, la tía de Wilfredo, decidimos comenzar a visitar algunas iglesias latinas pues para ese tiempo no dominaba bien el inglés y la iglesia que Edward y Evelyn estaban visitando era anglosajona.

Visitamos varias iglesias latinas, aunque sabíamos que definitivamente terminaríamos visitando la congregación que originalmente nos hizo tomar la decisión de ir a Orlando. Cuando finalmente decidimos visitar la iglesia, comprobamos que definitivamente la Palabra era como un manjar del cielo para Wilfredo. Para mí era algo un poco difícil de comprender por la barrera del idioma, aparte que era muy profunda en su naturaleza. Aunque el nivel de comprensión era poco, muy dentro de mí sabía que este era el lugar de Di-os para nosotros. Por esto le pedí al Señor que abriera mi mente para poder aprender el idioma en corto tiempo.

Transfusión

El Di-os de lo imposible

Ya llevábamos dos meses en Orlando. En enero (1990) ocurrió algo que transformó mi vida para siempre. Ya nos habíamos mudado a una casa pequeña que alquilamos, la cual quedaba cerca de un parque de recreo y beisbol. Una tarde estábamos jugando con nuestros hijos en este parque cerca de nuestra casa. Siendo que la distancia era tan corta, en lugar de irnos en el auto, decidimos irnos caminando.

Nuestra hija Mariely tenía unos seis años y nuestro hijo Wihl tenía cinco. No llevábamos mucho tiempo en el parque cuando apareció nuestra suegra, Rose, con los niños de Evelyn y Edward; Edward Anthony y Bryan. Edward Anthony tenía unos seis años igual que Mariely y Bryan unos dos añitos. Como estaban tan entretenidos en el parque, Rose nos preguntó si nos podía dejar a los niños con nosotros, pues ya era hora para pasar a recoger a Evelyn en el trabajo. El camino a su trabajo era un poco largo y tedioso debido a que era la hora del tránsito pesado.

Mariely, Bryan, Wihl y Edward Anthony

Como ya los había dejado con nosotros en otras ocasiones, no tuvimos problemas en decirle que sí. Luego de una hora u hora y media decidimos regresarnos a la casa. Ya comenzaba a caer el sol y no queríamos regresar estando muy oscuro, pues regresábamos caminando. Wilfredo llevaba a Bryan, y a Wihl mientras que yo llevaba de la mano a Mariely y a Edward Anthony que eran los más grandes. Cuando nos vamos acercando a la esquina para cruzar una calle pequeña al frente del parque, le digo a Wilfredo, *"dame a Bryan que me lo dejaron encargado a mí y es el más pequeño."* Nos cambiamos de niños y yo continué con Mariely a mi izquierda y a Bryan a mi derecha.

El Di-os que nos provee y nos protege

Cuando llegamos a la esquina de la calle, esperamos por la señal de cruzar, pero notamos que luego de más de cinco minutos no cambiaba a nuestro favor. Entendimos que estaba dañada y decidimos cruzar tan pronto fuera seguro hacerlo.

Estando todavía parados en la esquina, vimos una mini-van acercarse y esperamos para ver qué haría el conductor, pues la luz estaba roja. Observé que se detuvo y yo procedí a emprender mi marcha con Mariely y Bryan de la mano. Wilfredo me dijo que me fuera por detrás de la van, pero ya habíamos dado unos pasos. Fue entonces cuando escuché el motor del auto acelerando. Miré hacia el conductor para ver si se había percatado que ya estábamos cruzando y así decidir si entonces nosotros retrocedíamos en lugar de continuar. El conductor ya había acelerado demasiado rápido sin darme mucho tiempo a decidir. La van empujó a mi hija Mariely contra la cera al igual que a mí. Mientras perdía el balance podía sentir la manito de mi sobrino que se me escapaba de las manos. Mientras iba cayendo al piso, a la misma vez, sentí temor de que podía arrancarle su brazo pues el auto ya estaba casi encima de nosotros. Su manito se deslizó de mi mano y la perdí por completo. De repente me encontré tirada contra el piso. Mientras trataba de levantarme del piso, lo antes posible, todavía no podía creer lo que acababa de suceder. En mi mente confundida lo único que quise hacer fue darle *"rewind"*, (reversa) como en una cinta de video grabada, para que todo volviera a la normalidad.

Me quedé como atrapada en este pensamiento cuando de repente una nube negra tomó mi mente. Sentí que me iba por un túnel oscuro y comenzaba a perder el sentido de la realidad. Sentí todo alrededor en cámara lenta. No me acordé que mi hija estaba también en peligro de haber sido golpeada. Mientras esto me estaba sucediendo, Wilfredo corrió a recoger al niño de en medio de la calle.

Transfusión

Luego me contó que mientras yo caía física y *emocionalmente*, la mini-van había arrastrado al niño hasta la calle principal y luego le había pasado con las gomas traseras por la cabeza.

Cuando Wilfredo lo recogió de la calle estaba vomitando sangre por la boca, por la nariz y por ambos oídos. Estaba entre consciente e inconsciente. Luego que lo recogió y lo puso en un lugar seguro sobre la acera, me gritó y me dijo, "*María, reacciona. Enfoca tu mente.*" Inmediatamente escuché y sentí sus gritos y me recuperé. Me agaché para ayudarle a auxiliar al niño. Su hermano Anthony gritaba desesperadamente y se tiraba contra el suelo en reacción a lo que veía. Me gritaba, "*Tú lo soltaste, tú lo soltaste.*"

Traté de explicarle para que se calmaran, pues los tres, Mariely, Anthony y Wihl, estaban gritando desesperadamente al no entender lo que ocurría. Fue entonces cuando también me acordé de mi hija y quise verificar si le había pasado algo. Se había rasguñado toda su pierna de arriba hacia abajo, pero estaba bien. En esos instantes otra mini-van se aproximaba. El niño continuaba derramando sangre por su boca como una fuente. En mi desesperación casi me paro al frente de la van y le pido a gritos que por favor nos ayudara. Para ese tiempo no teníamos celulares y no sabíamos cómo llamar la ambulancia. La mujer de esta otra mini-van abre su puerta y nos dice que entráramos rápidamente que ella nos llevaría al hospital más cercano. Wilfredo se fue al frente con ella y yo me fui atrás con el resto de los niños. Los minutos parecieron horas.

Wilfredo le limpiaba su nariz con la camiseta que le quitó a nuestro hijo para que no se asfixiara con la sangre que salía a torrentes por su boca y nariz. Cuando llegamos a una luz de tránsito, ya cerca del hospital, el niño expiró en los brazos de Wilfredo. Mi esposo se viró hacia mí y me dijo, "Se fue, se fue". En ese mismo momento, algo poderoso se apoderó de Wilfredo y comenzó a reprender el

El Di-os que nos provee y nos protege

espíritu de muerte y a reclamar la sangre de Yeshua sobre el niño. Le decía, *"te imparto vida en el nombre de Yeshua. Muerte te reprendo y te ordeno que dejes a este niño que viva. Bryan, te imparto vida, vida en el nombre de Yeshua."* De repente el niño brincó y comenzó a respirar nuevamente. Fue entonces cuando los niños gritaron, *"la luz, mami, la luz."* No sabiendo a lo que se referían, les gritaba, *"sí, ya sé que hay una luz de tránsito. Cállense por favor, no griten. Ay, Di-os mío, que lleguemos a tiempo al hospital."*

Todos íbamos llorando y desesperados. La señora que se ofreció a llevarnos estaba muy nerviosa y no quería ir muy de prisa. Yo le decía, *"por favor vaya más de prisa, se nos muere el niño."* Pero ella me decía que no quería que tuviéramos otro accidente de camino al hospital. Parecía que el hospital estaba a 50 millas de distancia cuando en realidad estaba a menos de 3 millas.

Por fin, llegamos frente a la sala de emergencia. Cuando Wilfredo entró, llevaba toda la ropa manchada en sangre, los pantalones y tenis. Bryan seguía derramando sangre a torrentes. Le di las gracias a la señora que nos había traído y le pedí disculpas pues todo el frente de su mini-van estaba lleno de sangre, incluyendo toda la alfombra del lado donde Wilfredo se había sentado con el niño. Corrí con los niños, mis dos hijos y mi otro sobrino, detrás de Wilfredo.

Todo el personal corrió a socorrerlo y llamaron por clave en el interlocutor. Inmediatamente, luego del mensaje en clave, aquella sala se llenó de médicos y enfermeros. Se lo arrancaron de las manos a Wilfredo tan pronto escucharon, *"a car ran over his head, (un carro lo atropelló y le pasó por encima de su cabeza)."* Vimos cuando se desaparecían con él tras la puerta principal de la sala de emergencia. Sentí que todo era como una película o una pesadilla de la cual quería despertar.

Transfusión

Tan pronto se lo llevaron fuimos al baño a tratar de limpiarnos un poco de la sangre que estaba sobre toda nuestra ropa, zapatos, manos y cara. Vinieron algunos enfermeros a examinarnos, pues al vernos con tanta sangre pensaban que también habíamos sido heridos. Fue entonces cuando noté que estaba lastimada en mis codos, rodillas y mis piernas. Mi mano derecha, con la que trataba de retener al niño mientras caía, también estaba raspada al arrastrarme hacia el piso mientras caía. También pude notar que Mariely estaba toda rasguñada por sus codos, rodillas y piernas. Pero no se comparaba en nada con lo que Bryan estaba pasando. Se debatía entre la vida y la muerte.

Llegó el terrible momento de llamar a los padres del niño. ¡Qué momento tan amargo habíamos pasado y ahora tener que pasar otro tan doloroso como el primero; dar la noticia! Tratamos el número de la casa de los padres, pero no estaban ahí. Habían ido a nuestra casa y, al no encontrarnos, fueron al parque. De ahí regresaron otra vez a nuestra casa. Al frente de nuestra casa vivía un familiar de Wilfredo, así que fueron de nuestra casa a la de ellos, pensando que estábamos con ellos.

Ya para este momento nos habíamos comunicado con este familiar y le habíamos dicho lo del accidente y que si ellos iban por la casa buscándonos, le dieran la noticia y la información del hospital donde nos encontrábamos. Cuando Evelyn se bajó del auto para preguntar por nosotros dijo, *"¿dónde están mis hijos? ¿Saben de Marie y Wilfredo?"* Este familiar no encontraba cómo darle la noticia, pero todos se armaron de valor y le dijeron que Bryan había tenido un accidente de regreso a nuestra casa y que tenían que salir para el hospital inmediatamente. Le dieron la información y salieron enseguida.

Edward fue el primero que vi cuando entró por la puerta de emergencia. Lo llamamos enseguida y tratamos todos de explicarle

El Di-os que nos provee y nos protege

cómo sucedieron las cosas. Inmediatamente nos comunicamos con el médico a cargo de Bryan, pues nos había dicho que tan pronto llegaran los padres se lo notificáramos. El médico nos llevó a un lugar más privado y nos informó de la condición del niño. Lo primero que expresó fue el hecho que no se explicaba como su corazón continuaba palpitando cuando llegamos al hospital. Movía la cabeza en incredulidad pues era imposible que su corazón latiera todavía pues no tenía suficiente sangre y mucho menos la presión sanguínea necesaria. Le habían puesto sangre y suero a la misma vez para subir rápidamente la presión sanguínea a la normalidad.

También les informó a los padres que había que transportarlo al hospital regional. El hospital donde nos encontrábamos era pequeño y no contaba con el equipo necesario. Bryan estaba muy delicado y en ese otro hospital tendrían todo el equipo necesario para mantenerlo vivo. Recuerdo que su condición era tan crítica que lo transportaron en un helicóptero.

Nos dieron la información del hospital y todos nos propusimos salir hacia allá, cuando unos familiares notaron que mis hijos y yo estábamos traumatizados y exhaustos por el momento tan difícil que habíamos vivido. Todavía estábamos con nuestras ropas manchadas de sangre. Ellos recomendaron que nos fuéramos a la casa para que nos diéramos un baño y nos cambiáramos de ropa. Necesitábamos descansar del trauma y sacar a los niños de este tipo de experiencia lo más pronto posible. Así lo hicimos, pero ni Wilfredo ni yo pudimos dormir en toda la noche. La escena se nos repetía una y otra vez como una película. Nuestra mente subconsciente trataba de buscar solución a lo acontecido, como si quisiera borrar lo que pasó y grabar otra escena diferente. Nuestros hijos tuvieron pesadillas casi toda la noche y se despertaban asustados.

Transfusión

Aproveché para preguntarles por qué gritaban tanto cuando habíamos llegado a la luz de tránsito que estaba cerca del hospital. Ante esto me respondieron, *"mamá, había una enorme luz blanca que cubría el frente de la mini-van y otra luz igualmente blanca y resplandeciente que cubría la parte de atrás también. No sabíamos lo que era, pero había llegado cuando papá oraba por Bryan para que volviera a respirar."* Me había quedado en un "shock." Hasta ese momento sólo había pensado que ellos estaban preocupados de no tener otro accidente y le gritaban a la señora que iba manejando para que no cruzara con la luz roja. Pero que equivocada estaba. Di-os estaba manifestándose allí mismo en medio nuestro, mostrándonos su protección y provisión divina. ¡Bendito sea su nombre por siempre!

Ya de madrugada, me entero que los médicos del otro hospital dijeron que el niño no pasaría de 12 a 24 horas, pues su cerebro estaba inflamado y continuaría inflamándose hasta que reventaría dentro del encéfalo. No le daban muchas esperanzas a la familia. Evelyn se armó de fe y le contestó, *"la ciencia médica podrá decir eso, pero mi Di-os es mucho más grande que la ciencia y Él puede mantenerlo con vida."*

Así pasaron las primeras 24 horas y el médico reunió a los padres y les dijo que por lo menos había pasado lo más crítico y difícil, pero que si se salvaba quedaría vegetal o en un estado de retraso severo. A esto también Evelyn le contestó, *"la ciencia médica puede decir todo esto, pero Di-os es el que tiene la última palabra."*

Recuerdo que este hospital, especializado en niños, tenía en la entrada un área para niños con un gran castillo. Sobre el techo del castillo había unos soldados de metal con sus trompetas de metal. A cada hora, los soldados de metal, se movían en forma de marcha y levantaban las trompetas y tocaban un sonido parecido a cuando se anunciaba la entrada del rey a su castillo.

El Di-os que nos provee y nos protege

No lejos de este castillo, en el segundo piso, se encontraba la sala de espera donde todos nosotros, familiares y amigos íntimos de la familia, pasábamos días enteros y muchas horas de larga espera. Esta era un área de descanso que proveía el hospital para los familiares de los niños que estaban en la sala de intensivo. Esta sala tenía una ventana grande en cristal que daba hacia ese castillo en el primer piso. Recuerdo cómo esta sala de espera se llenaba de hermanos en Cristo que venían para darnos aliento y para orar con nosotros.

Cada vez que estos soldados levantaban sus trompetas y las sonaban, todos nosotros nos levantábamos a una de nuestros asientos y gritábamos: ¡VICTORIA! Ya era tan natural hacer esto que podíamos estar todos hablando unos con otros y al parecer cada cual hablando su propio tema en grupitos, pero cuando las trompetas sonaban, parábamos todo lo que estuviéramos haciendo. Nos poníamos de pie y gritábamos nuevamente. En una ocasión el pastor de la iglesia, donde apenas comenzábamos a visitar, estaba acompañándonos para orar por nosotros y por el niño. Cuando sonaron las trompetas, fue interrumpido por nuestro grito de -victoria. Fue tan sorprendido por este acto que no podía creer lo que escuchaba. Nos dijo, *"Yo he venido aquí a darles aliento y he salido ministrado por ustedes. Estoy maravillado por su fe y su unidad, aún en medio de la adversidad que atraviesan."*

Ese mismo pastor nos contó que cuando entró al cuarto del niño, para orar por él, había visto en la cabecera de su cama un ángel gigante con sus manos puestas sobre la cabeza de Bryan como si estuviera ministrándole noche y día. Quedó muy impactado por lo que Di-os estaba ya haciendo a través de la vida de este niño. En dos semanas, ya habían sacado a Bryan de intensivo y lo habían puesto en la unidad de cuidado especial. Dos semanas más tarde ya lo habían puesto en un cuarto regular.

Transfusión

Cuando lo dieron de alta, Evelyn tuvo que volver a enseñarle a comer, a mover sus manos, a caminar y a hablar. Fue una gran tarea para toda la familia, pero especialmente para ella. Tuvo que poner su trabajo en espera para dedicarle tiempo en terapias y cuidados personales, pero gracias a Di-os sobrevivió al accidente.

Una visitación muy especial

Hubo muchas cosas que nunca compartí con los padres del niño, pero sufrí mucho de depresiones y ataques de pánico, pues la escena del accidente me duró muchos meses en mi mente. Se me repetía una y otra vez. Sentía que se me había confiado algo tan preciado, como lo es un hijo, y había fracasado. Le había fracasado a Di-os, a los padres del niño, al niño mismo, a mis hijos y a mí misma. Esto era lo que atormentaba mi mente constantemente. Pero le pedí a Di-os que me ayudara a salir de este pozo tan profundo y en su misericordia me escuchó. Así fue como sucedió:

Recuerdo que una noche, cuando todavía Bryan estaba en el hospital, decidí no ir con Wilfredo a la visita nocturna y me quedé con mis hijos en la casa. Wilfredo se fue con su mamá para ver a Bryan pues nos mantuvimos bien unidos para darles apoyo a Evelyn y a Edward que tanto lo necesitaban. Esa misma noche, dos personajes tocaron a mi puerta y aunque no conocía a las personas, sentí paz para atenderlos y dejarlos entrar a mi casa, aunque ya era pasada las 7:00 de la noche. Recuerdo que llevaban un carné en la camisa que decía *"anciano."* Me preguntaron que si podían pasar pues traían un mensaje para mí de la Palabra de Di-os. Les dije que sí y nos sentamos en la sala. Uno de ellos comenzó a hablar y aunque trataba de concentrarme en lo que me estaban diciendo, no podía prestarles mucha atención. Uno de ellos, notando mi falta de concentración, me preguntó si todo estaba bien en la familia y en mi casa. Me dijo que podía ver una enorme

El Di-os que nos provee y nos protege

tristeza en mi rostro. Abrí mi corazón y les conté en forma muy corta lo que había acontecido.

Me dijo que quería orar por mí. Accedí y comenzó una oración. Mientras iba orando mis cargas se iban disipando una a una. Comencé a sentirme liviana y la tristeza comenzó poco a poco a alejarse. Cuando terminó de orar me dijo, *"No te preocupes, el niño saldrá bien del hospital."* Cuando lo miré a los ojos tenía una mirada muy profunda y me impartió tanta paz que olvidé completamente mi tristeza. Cuando se levantaron para irse, le pregunté, al que había orado por mí, que cuál era su nombre y me dijo... "Bryan."

Comencé a reírme y con esta risa se terminó de ir la tristeza por completo. Me despedí de ellos y cerré la puerta. Caminé hacia la ventana que daba hacia la calle y ya no los vi. Me pregunté cómo era posible que estuvieran fuera de mi vista si apenas salieron de mi casa. Así que abrí la puerta nuevamente y salí hacia la calle. Mire hacia arriba, hacia abajo, para todos lados y no los vi en toda la calle ni escuché el motor de ningún auto. Mire a ver si vinieron en bicicleta, pero tampoco se veían; ni siquiera a lo lejos.

Entré a la casa y me quedé meditando en lo que me acababa de acontecer. Cuando Bryan salió del hospital recordé la palabra que me había dado este personaje. He creído que aquellos dos personajes fueron una visitación de Di-os en un tiempo en que yo necesitaba su visita. Aún y si hubieran sido seres humanos comunes, en aquellos instantes fueron como ángeles enviados por Di-os a mi vida.

Capítulo 8

Una promesa y un adiós

Había ya pasado dos años luego del accidente. Nuestra familia se mantuvo unida en medio de la prueba y continuábamos escuchando y aprendiendo de este pastor que durante este tiempo nos había brindado su amor y su apoyo.

Wilfredo continuaba siendo ministrado por la palabra que escuchaba y su corazón se abría por completo a esta palabra profética y apostólica sin problema. Yo, por el contrario, no sólo por la barrera del idioma, pero también porque no había abierto mi corazón completamente a la voluntad de Di-os, se me hacía un poco difícil comprender la profundidad del mensaje. Fue entonces cuando algo maravilloso ocurrió.

Una maravillosa revelación

Recuerdo que una mañana llegué de hacer mi ruta. Para ese tiempo trabajaba para el condado de Orlando asistiendo al chofer de autobús escolar. Hacíamos ruta en la mañana, llevando niños a la escuela. Luego me iba a la casa entre medio de las rutas y luego completábamos la ruta de la tarde, regresando los niños a sus casas. Así que tenía casi tres horas entre rutas, las cuales aprovechaba para ir a la casa a hacer mis tareas domésticas y dejar la cena preparada.

Transfusión

Una de esas mañanas, estaba lavando los platos del desayuno cuando comienzo una conversación con el Señor y le pedí que me ayudara a abrir mi corazón a lo que estábamos aprendiendo. Tenía un poco de temor de que lo que nos estaban ministrando estuviera fuera de su voluntad para mi vida. También le pedí que si esta Palabra que estábamos aprendiendo procedía de Él, entonces quería aprenderla de El mismo y no del hombre. Mis lágrimas corrieron por mis mejillas, pues mi oración no fue una sencilla; fue en realidad una súplica.

De pronto escucho la voz de Di-os que me indica que suelte lo que estaba haciendo y fuera a buscar la Biblia. Así lo hice y luego que la tuve en mis manos me senté en la sala de mi apartamento. Estaba allí sola con mi amado. Tomé la Biblia en mis manos y oré nuevamente. Le pedí al Señor que me mostrara por su Palabra que lo que mi esposo estaba recibiendo era suyo y que abriera mi mente y mi corazón para poder recibirlo yo también. Recuerdo que lo más que me llamaba la atención en toda esta situación era el hecho de que mi esposo se veía con mucha paz en su corazón y mostraba mucho amor hacia todos nosotros. Era como si Di-os le hubiera dado un bautismo de amor y paz. ¡No era el mismo hombre!

En una ocasión cuando lo veía leyendo uno de los libros que este pastor le había prestado, le pregunté, *"¿Cómo puedes estar seguro de que lo que lees es cierto y que es doctrina sana?"* Me contestó que si era doctrina sana o si no lo era no podía declarármelo todavía con seguridad, pues apenas estaba aprendiendo de lo que leía. Pero que sí podía testificarme que se sentía como un hombre nuevo y que la intensidad de paz y gozo que sentía, no lo había experimentado antes en toda su vida como creyente. Me recordó que la Escritura dice que el reino de Di-os consiste de justicia, paz y gozo en el Espíritu Santo y que esto era precisamente lo que estaba experimentando.

Una promesa y un adiós

Mientras meditaba en todo esto, fue entonces cuando el Señor me dijo que abriera mi Biblia y que la Escritura misma aclararía todas mis dudas. ¡Así fue! Lo que recibí ese día nunca lo olvidaré. De repente un gran gozo inundó mi corazón ante tal revelación. Era como si leyera esta escritura por primera vez. Me puse en pie y corrí por todo el apartamento. De momento reía y luego lloraba. Brincaba y danzaba de gozo. Le di gracias a mi Señor pues Él siempre llega a tiempo y Él se revela a aquellos de corazón humilde y con deseo ardiente de conocerle y de servirle. La Escritura que leí se encuentra en romanos 11:25-27…

La restauración de Israel
*"No quiero, hermanos, que ignoréis este misterio, para que no seáis **arrogantes** en cuanto a vosotros mismos: el endurecimiento de una parte de Israel durará **hasta que haya entrado la plenitud de los gentiles**. Luego **todo Israel será salvo**, como está escrito: "Vendrá de Sión el Libertador, que apartará de Jacob la impiedad .Y éste será mi pacto con ellos, cuando **yo quite sus pecados**."*

Esta porción bíblica fue de gran importancia para mí, pues uno de los mensajes centrales de lo que estábamos aprendiendo era que Di-os ya había provisto perdón para toda la humanidad y de esta manera *"toda la humanidad era salva a través de la gracia redentora de Cristo Yeshua. Que lo único que mantenía al hombre separado de Di-os era la ignorancia de saber esta realidad y arrepentirse de su pecado. Lo único que le quedaba al hombre hacer es reconciliarse con Di-os porque ya Di-os está conciliado con él a través de su hijo Yeshua."*

Transfusión

Siempre había sido un poco farisea en cuanto a la salvación y, como la mayoría de los cristianos, sentía un tanto de complacencia saber que aquellos que eran "pecadores" irían al infierno eterno a quemarse allí por toda una eternidad, pues después de todo *se lo merecían por su mala conducta*.

Así que me atormentaba el pensamiento el no poder entender que esto fuera un poco diferente a como se me había enseñado por tantos años. Cuando oraba a Di-os para que me mostrara si esta enseñanza provenía de Él, esta escritura en romanos fue como una fuente abierta, como un rayo de luz, viendo por primera vez el Di-os de amor y gracia que mi esposo estaba conociendo. Podía ahora ver con más claridad que el hecho que yo conociera del Señor Yeshua fue un acto divino, ya que Él es el que pone en nosotros el arrepentimiento. Nadie puede venir al Padre si Él no le trae. Entonces, en lugar de sentirme mejor que los demás y condenarlos por su incredulidad, lo que tenía que aprender era a amarlos y a tener compasión de ellos, en lugar de criticarlos y condenarlos. Este es el mismo espíritu de fariseísmo que tanto confrontó Yeshua en su tiempo. El espíritu de religión hace sentir al hombre que algunos son más dignos que otros.

Comencé a descubrir por qué tenemos tantas diversidades de opiniones hoy día. Todo está debido en su mayoría a las interpretaciones y traducciones de las sagradas Escrituras. En unos capítulos más adelante comparto sobre el daño de esto en nuestra sociedad occidental y cuánto repercute esto en cuanto a la iglesia "cristiana" que tenemos hoy día.

Una promesa y un adiós

Un año más tarde ya entendía muchas de las enseñanzas y la barrera del idioma la había vencido casi por completo. Ya me podía comunicar y hacer preguntas. Me había incorporado al grupo de adoración haciendo voz de soprano. Di-os se movía con poder y gran gloria en todo el servicio. Sentíamos su manifestación a través de la adoración, la ministración, las enseñanzas, las sanidades y las profecías. Era un tiempo muy glorioso que nunca olvidaré.

Recae mi madre

Fue durante este tiempo que recibo la triste noticia que mami Margarita había recaído con cáncer, pero esta vez estaba desarrollándose en sus pulmones. Viajé a Puerto Rico sola pues no podía llevar los niños conmigo. Cuando llegué lo primero que me preguntó fue por ellos. Le había llevado una taza de café con una inscripción de una foto reciente de ellos para que por lo menos la atesorara como recuerdo. Así podía verlos cuando tomaba bebidas calientes, pero aunque la recibió con mucha alegría, yo sabía que en su interior lo que deseaba era poder abrazar a sus nietos.

Oré por ella y pasé una semana en la casa de mami Ramona con ella. Durante ese tiempo se sentía mejor bajo los cuidados de nuestra madre. Mi tiempo con ella la ayudó también a aliviarse bastante. En esa ocasión, su cuerpo no había reaccionado muy bien a la quimioterapia. Los médicos también habían experimentado con la radiación, pero se había puesto muy débil. Ya se recuperaba y esto me hacía sentir más aliviada pensando que algún día mi madre tendría la oportunidad de abrazar a mis hijos nuevamente.

Recuerdo que antes de regresarme a Florida, el coro de la iglesia Bautista, el mismo con el que cantaba cuando estaba soltera, le preparó una sorpresa a mi madre. Yo estaba encargada de mantener el secreto y de prepararla y vestirla muy bonita para la ocasión. El pastor de la iglesia pidió permiso a la ciudad para cerrar una de las calles. El coro completo llegó y se acomodó en la calle frente a nuestra casa. Parecía que todo el barrio se vaciaba frente a nuestra casa. También trajeron equipo de sonido para poner sus pistas de música.

Senté a mi mamá afuera en la pequeña terraza que daba hacia la calle. Muchos de ellos participaron contando anécdotas sobre mi madre. Algunas eran muy jocosas y todos reían y otras eran un poco tristes. Mi madre disfrutaba todo como una niña a quien le han dado un caramelo. Luego anunciaron que el coro de la iglesia había preparado una pequeña cantata de todas las canciones que sabían eran del deleite de mi madre. En el pasado, ella tenía por costumbre ir ante el director del coro, luego que terminaba el servicio, y le expresaba lo siguiente, *"oye esta canción es ahora parte de mis favoritas."* También acostumbraba alagarlo mucho por lo bonito que cantaban y cómo la bendecían, pues casi siempre lloraba al escuchar sus alabanzas tan armoniosas.

Cuando el coro comenzó su concierto, la gente seguía acercándose y saliendo de sus casas para ver a qué se debía este inesperado acontecimiento. El coro cantó como nunca esa noche a pesar de las lágrimas y sollozos que se escuchaban de vez en cuando entre los participantes, quienes trataban con mucho esfuerzo de disimular sus sentimientos. Mi madre levantaba las manos y adoraba a su Di-os con cada canción y cuando terminaban de cantar sonreía, aplaudía y decía, *"qué bello, qué bello, gracias."* Fue una noche inolvidable.

El anuncio de un adiós

Regresé a la Florida, pero me mantenía al tanto de su progreso. Luego de un tiempo me entero que su cuerpo ya no reaccionaba positivamente ante el tratamiento. En una ocasión mientras

Una promesa y un adiós

doblaba las toallas recién lavadas y las acomodaba en las tablillas del baño, sentí la presencia del Espíritu Santo que me rodeaba. Fue algo un poco extraño, pero como conozco su presencia, sabía que era mi amado. De repente un pensamiento cruzó mi mente. Paré inmediatamente de hacer lo que estaba haciendo y le pregunto, *"¿Señor, mi madre va a partir de este mundo pronto? ¿Te la vas a llevar en esta ocasión?"* Ante esta pregunta sentí su respuesta positiva. Sentí que se me rompía el corazón en pedazos. Lloré mucho ese día. Me encontraba sola pues los niños estaban en la escuela. Le pedí que por favor la sanara y le diera la oportunidad de vivir un tiempo más largo. Ella tenía para ese entonces alrededor de 48 o 49 años.

Pero sólo escuché un gran silencio. Sabía que era la voluntad del Señor en esta ocasión llevarla a su seno. Antes que levantara el teléfono para llamar, ese mismo día, me llamó mi hermana-tía Carmín para decirme que mami Margarita estaba sumamente delicada y que debía regresar a Puerto Rico. Ella misma me compró el pasaje para salir casi inmediatamente. Como era tan prematuro, no tuve la oportunidad de preparar a mis hijos, y como no contaba con los fondos suficientes, salí otra vez sin ellos para Puerto Rico.

Mi hija Mariely lloró mucho pues presentía que no vería jamás con vida a su abuelita a quien quería mucho. Cuando llego al aeropuerto me estaban esperando Carmín y su hija, Madeline. Pasamos a recoger mi maleta y cuando estoy frente a la correa por donde van corriendo las maletas, sentí una brisa que acariciaba mi rostro. Mire mi reloj y noté la hora; las 3:15 am.

Por el camino hacia el hospital donde se encontraba mi madre, recordaba la promesa que le había hecho. En una ocasión me había pedido que por favor no la dejara sola si le llegaba el momento de su partida. Ella había dejado sola a su hermana Mercedes cuando murió y debido al dolor tan grande que había sentido, no quería

Transfusión

volver a sentir esa soledad cuando a ella le tocara partir. Ante esta petición yo le había prometido que no importara donde me encontrara en el planeta, correría hacia ella y no la dejaría sola.

Por eso, mientras iba en el auto, mi ruego al Señor era que me permitiera llegar a tiempo pues quería estar con ella antes que "se fuera". Cuando llegamos a la sala de intensivos, me identifiqué y les pedí que por favor me dejaran pasar pues ya era de madrugada. La enfermera me pidió que esperara un momento. Se tomaron mucho tiempo en regresar a la puerta, así que nos sentamos a esperar. Finalmente alguien vino y me dijo que ya podíamos pasar. Un enfermero nos llevó hacia su cama.

Cuando estoy de frente a su cabecera, sentí algo que jamás olvidaré. Sus ojos ya no eran los suyos. Mi madre tenía unos ojos verdes claros como cristal. Los ojos que observaba ahora eran negros como la noche. Tenía su rostro echado o inclinado hacia el lado y "miraba" hacia la misma posición donde me encontraba parada ante ella. Me viré hacia el enfermero y éste nos informó, *"quería decirles que la señora Margarita murió hace menos de una hora atrás."* Me tiré sobre su pecho y grité, *"mami, no me esperaste…. no me esperaste… llegué tarde, llegué tarde… perdóname… perdóname…"* Carmín y su hija sollozaban al lado mío. Hasta el enfermero sollozaba al vernos a nosotras llorando tan desgarradamente. Debido a esto vino una enfermera casi corriendo a pedirnos que por favor bajáramos la voz, pues había otros enfermos bien delicados de salud alrededor nuestro.

Así lo hicimos, pero continuábamos llorando y sollozando calladamente. Sentí como si una espada me hubiera penetrado el

Una promesa y un adiós

pecho y se hubiera llevado un pedazo de mi corazón para siempre. Nunca la había podido disfrutar completamente debido a nuestra separación cuando era muy niña, luego por sus matrimonios cuando formaba una nueva familia... y ahora se iba para siempre. ¡Pobre flor desgajada por el tiempo! Nunca pude disfrutar completamente de su aroma ni de sus pétalos. Fue una flor de muy corta duración. No entendía por qué se había ido tan de prisa.

El enfermero nos informó que lamentaba mucho su muerte, pero tenía que envolverla nuevamente y sacarla del cuarto. Aparentemente ya la habían envuelto en plástico antes de haber llegado y por eso se habían tardado tanto en dejarnos entrar a verla. Fue entonces cuando por primera vez noté que la mitad de su cuerpo estaba ya envuelto en este plástico negro y solo habían dejado la parte de arriba de su cuerpo para que pudiéramos verla. Le pregunté al enfermero a qué hora había muerto y me dijo que cerca de las 3:15 de esa madrugada. Recordé inmediatamente la brisa y la presencia que me había rodeado a esa misma hora en el aeropuerto.

También noté algo que me dio mucha tranquilidad y satisfacción. Observé su rostro detenidamente y corroboré nuevamente que su mirada estaba hacia la misma posición donde estaba yo parada mirándola, pero ahora pude observar por primera vez que tenía dibujada una sonrisa en su boca. Comprendí que allí mismo, el Señor, mi amado, había estado parado junto a ella. Me habló y me confirmó, *"tú no pudiste cumplir tu promesa, pero yo sí. Esa sonrisa fue la que se quedó grabada cuando vio mi rostro. Yo estuve siempre a su lado. No estaba sola."* Sentí una gran emoción y aunque continué llorando, ahora era una mezcla de dolor con gozo en el espíritu. ¡Qué hermoso momento debió ser para ella cuando vio que su amado estaba allí a su lado para nunca jamás dejarla sola!

Transfusión

Comenzamos a caminar hacia el auto, hacia el estacionamiento del hospital. Todas guardábamos silencio. Ya sentadas dentro del auto no podíamos articular palabra. Lo único que se escuchaba eran nuestros sollozos. ¡El reloj se detuvo! No recuerdo cuánto tiempo estuvimos allí sin encender el auto, pero nadie habló más. Carmín perdía otra hermana, Madeline perdía su tía querida y yo perdía a mi madre. Me preguntaba en qué había fallado, ya que no pude hacer nada para preservarle la vida. Pero no había nada humanamente posible que hubiera podido hacer para retenerla a mi lado. Realmente no sé, ni recuerdo, cuánto tiempo pasó en aquel auto en el estacionamiento del hospital, pero sí recuerdo la soledad y vacío tan grande que mi madre dejó en cada una de nosotras.

La noche que velábamos su cuerpo en la funeraria entoné una canción para ella ante la familia, amistades y miembros de la iglesia Bautista donde fue una fiel miembro. Todos lloraron intensamente, pues fue una mujer muy querida por todos ellos. Desde la muerte de mi madre no volví a la isla de Puerto Rico. Mis hijos no volvieron a ver a su abuela, pero pienso que Yeshua antes de llevarla de aquí, de la tierra, quizás le dio la oportunidad de ir a verlos en sus camitas, mientras dormían en la tierra extranjera a donde los había llevado y quitado de su lado.

Crecimiento
Espiritual

Preámbulo a la segunda parte

Recuerdo que durante el tiempo que vivimos en Chicago, mi alma y espíritu siempre estuvieron a la expectativa de conocer más de Dios. Siempre sentía un hambre insaciable por conocerlo más y más de cerca.

En una ocasión, sentí un deseo muy grande de separarme en ayuno ante el Señor por tres días. El segundo día de ayuno, me encontraba orando encerrada en el cuarto de los niños, mientras Wilfredo cuidaba de ellos. Luego de un rato de oración, me senté en el borde de la cama y le dije al Señor, "Señor, ven habla conmigo, siéntate aquí frente a mí. Ya no quiero tener una oración monóloga contigo. Quiero que realmente hablemos." Fue entonces cuando escuché su voz muy dulce y suave, pero con autoridad que me dijo, "Entonces, ¿quieres que hablemos?" Cuando lo escuché, mis ojos se llenaron de lágrimas y supe con toda certidumbre que mi amado Señor se había sentado frente a mí. Pude sentir su presencia como si una persona real, de carne y hueso, estuviera justo frente a frente conmigo.

Comenzó a explicarme el proceso de crecimiento que tienen que pasar sus hijos. Me dijo que así mismo como nacemos y crecemos en lo físico, que así mismo sucede en lo espiritual. Pero que el crecimiento no es cronológico sino que depende de nuestro grado de entrega, búsqueda, y obediencia. Esto es lo que determina el que unos crezcan más aceleradamente que otros. Me dijo en qué edad de madurez espiritual me encontraba y mientras me iba diciendo las diferentes etapas de crecimiento que ya había experimentado, las que estaba experimentando y las que experimentaría, podía ver como en una visión interna mi vida

Transfusión

mostrando cada una de esas etapas y también podía verme con una conducta que representaba esa edad espiritual. No cesaba de llorar mientras lo escuchaba. ¡Qué hermosa experiencia!

En esta sección comparto contigo mi vida de crecimiento espiritual. Te invito a que hagas un viaje conmigo y que descubras conmigo la belleza del Di-os a quien servimos.

Capítulo 9

En busca de la verdad

En una ocasión, mi esposo Wilfredo, me dijo algo muy cierto; "*la verdad no es un dogma o un credo, la verdad es una persona; Yeshua. Él dijo que él era la verdad.*" Desde ese momento mi vida comenzó a tomar otro giro. Si Yeshua es la verdad, y él ya vive dentro de mí, yo quería que su verdad se revelara a mi vida.

Mi espíritu y alma estaban abiertos a entender y a conocer a Di-os como nunca antes. Ya había experimentado las enseñanzas de las iglesias evangélicas y también el legalismo pentecostal, donde todo es pecado y el amor y la misericordia escasean en los púlpitos de los predicadores. Ahora estaba apenas, conociendo y experimentando una parte de Di-os que no conocía. ¡Las Escrituras tomaban vida! Era como si una nueva Biblia se abría ante mis ojos. No veía la letra, sino el poder detrás de la letra. Un hambre intensa por su Palabra y por el mover de su Espíritu en mi vida me consumía. Los días no eran suficientes para aprender y estudiar su Palabra. Era como una fuente inagotable.

Algunas noches escuchaba la voz de mi amado Yeshua enseñándome las Escrituras y ya no veía discrepancias entre el Viejo y el Nuevo Testamento. Ahora todo cuadraba perfectamente como un guante con la mano. Comprendí o pude interpretar que si por el pecado de un hombre, Adán, el pecado entró en el mundo,

Transfusión

así mismo por la obediencia de otro hombre, Yeshua, el pecado había sido quitado.

Por tanto, así como antes de Yeshua no tuvimos opción alguna para decidir si venimos a este mundo o no, tampoco la tenemos en cuanto a la salvación del hombre. Esto es un acto completamente divino. Cuando venimos a este mundo y vivimos bajo la condición de una vida ajena a la Palabra de Di-os y en un cuerpo no transformado, siendo todavía fruto de la rebelión original, no tuvimos decisión alguna al respecto. Ahora en Cristo tampoco depende de mí para la salvación, depende de su gracia derramada sobre mi vida. Lo único que nos toca hacer es reconciliarnos con Di-os y reconocer su don inefable de salvación para el hombre. Si nos concentramos más en el pecado que entró en el mundo por un hombre, y tenemos en poco el sacrificio que hizo el último Adán para sacar el pecado del mundo, estamos menospreciando el poder de su sangre y sacrificio. Lo único que Di-os espera de nosotros es nuestra reconciliación con él a través de nuestro arrepentimiento, para que podamos disfrutar de todo lo que tiene para sus hijos.

Hebreos 10:29
¿Cuánto mayor castigo pensáis que merecerá el que pisotee al Hijo de Di-os, y tenga por inmunda **la sangre del pacto** en la cual fue santificado y ofenda al Espíritu de gracia?

¿Por qué se nos hace fácil aceptar que el pecado vino a todos los hombres por la desobediencia de uno, pero difícil de aceptar que por la obediencia de otro, Yeshua, el pecado fue quitado?

La Palabra de Di-os ha sido inspirada por El mismo y por tanto no tiene errores cuando se lee en el idioma original; hebreo y arameo. Pero comprendí que las traducciones han añadido creencias e interpretaciones humanas, que han corrompido la sana doctrina.

En busca de la verdad

Ahora comprendía por qué el Nuevo Testamento tiene una nota o sabor diferente al Viejo Testamento, cuando esto no debería ser así, ya que el Nuevo Testamento es, mayormente, la interpretación del Viejo, a la vista del sacrificio de Cristo, el Mashiaj prometido. El Nuevo Testamento fue escrito en hebreo y arameo originalmente. Se tradujo al griego y la copia que se conserva hoy día, de la cual se traduce en todos los otros idiomas, es la del griego. La interpretación del que tradujo del original al griego es lo que se usa <u>como fuente de información y referencia</u> hoy día.

Cuando investigué sobre las creencias griegas para el tiempo del crecimiento de la iglesia cristiana, comprendí que la mayoría de la interpretación griega del Nuevo Testamento está influenciada con *paganismo griego*. Ellos tenían muchos dioses y diablos. Había un dios en particular que era el administrador del infierno, el cual se encontraba en el centro de la tierra. Esta creencia ha sido transmitida, y muchas más como ésta, a la iglesia actual.

Cuando leemos el Viejo Testamento, podemos observar que no hay mucha referencia concerniente a la creencia del infierno, el diablo o los demonios como lo da el Nuevo. Gracias a Di-os, todavía se conserva el original hebreo del Viejo Testamento. Pienso que por esto es que hay una traducción bastante fiel al original.

Ya con esta base en mente, fui comprendiendo porqué en el libro del apocalipsis el apóstol Juan dice, *"salid de en medio de ella pueblo mío y yo os recibiré."* En esta porción de la Biblia el apóstol está hablando sobre Babilonia la Grande. **No se nos aconseja a tener cuidado de entrar en Babilonia, sino que se nos advierte a**

Transfusión

salir de ella. Esto da por sentado, que **ya estamos dentro de Babilonia**. Cuando comprendí esto, le pedí al Señor que me enseñara a identificar lo que era Babilonia para poder salir de ella. El pueblo judío salió de Egipto, pero le tomó 40 años en el desierto sacar a Egipto de su corazón. De esta misma manera, le pedía al Señor que me ayudara a salir de Babilonia, pero más aún que Babilonia saliera de mi corazón.

"Acerca de esto tenemos mucho que decir, pero es difícil de explicar, por cuanto os habéis hecho tardos para oír. *Debiendo ser ya maestros después de tanto tiempo, tenéis necesidad de que se os vuelva a enseñar cuáles son los primeros rudimentos de las palabras de Di-os*; y habéis llegado a ser tales, que tenéis necesidad de leche y no de alimento sólido. Y todo aquel que participa de la leche es inexperto en la palabra de justicia, porque es niño. El alimento sólido es para los que han alcanzado madurez, para los que por el uso tienen los sentidos ejercitados en el discernimiento del bien y del mal." Hebreos 5:11-14 (énfasis añadido)

No podemos salir de Babilonia si no sabemos quién o qué es Babilonia. Entonces comprendí el gran reto que tenía delante de mí. Era necesario que comenzara a quitar tinieblas de mi vida por medio de la luz que ahora resplandecía más y más dentro de mí.

Cuando salió la película "Matrix" fui a verla al cine con mi esposo. Estaba maravillada al ver cómo esta historia se parecía tanto a la realidad que enfrentamos hoy día en el mundo eclesiástico. De una manera u otra, estamos todos conectados a un sistema o máquina llamada Babilonia. No la podemos ver ni oler, pero está bien impregnada dentro de cada uno de nosotros. Nos está chupando la vida, así como el Matrix usaba la vida de los humanos para suplir

En busca de la verdad

su energía. El apóstol Juan dice que esta mujer, Babilonia, la gran ramera, está viciada y borracha con la sangre de los santos. Sangre significa "vida", así que, Babilonia nos quita la vida que es Cristo. Su unción está siendo usada para lograr propósitos incorrectos que no glorifican a Di-os. Así como el joven que pidió su "herencia" y la "malgastó" en sus propios placeres. Nosotros también hemos usado de la herencia divina para nuestros propios motivos egoístas; un buen nombre o fama ante los hombres. Pero su gracia, su gloria y su unción, son la herencia que nuestro Padre Di-os nos ha dado para que establezcamos su reino en la tierra, y no nuestro propio reino. Gracias a Di-os que sólo hemos malgastado "parte" de la herencia; las arras del Espíritu. La herencia completa se nos entregará cuando hayamos crecido como hijos maduros y ya no seamos niños fluctuantes.

¡Oh Di-os, ayúdame a reconocer las artimañas y las hechicerías de Babilonia! ¡Quiero ser libre de sus poderes para que tu gloria sea vista en mi vida! "El que esté limpio, límpiese más" dice la Escritura. Señor, yo quiero estar limpia ante tí. Ya Cristo me limpió del pecado, pero ahora es necesario que sea limpia del engaño, de lo que no me deja **crecer en Cristo** para llegar a la estatura del varón perfecto. Para ser el hijo que Di-os quiere que sea. La escritura dice que la creación aguarda por la manifestación de los hijos de Di-os. Los hijos de Di-os son los que harán libre la creación de Di-os. Cristo nos libertó a nosotros, ahora a nosotros nos toca libertar su creación. ¡Aleluya!

Como dije antes, estuvimos en Orlando, Florida, bajo los pies de este pastor que con gran pasión nos enseñaba las Escrituras, dando una nueva revelación y significado a la Palabra. Luego de casi 10

Transfusión

años en este ministerio, comenzamos a sentir que nuestro tiempo en el mismo estaba llegando a su final y ahora era tiempo de ir afuera, a llevar a otros lo que habíamos aprendido.

Fue entonces cuando se abrió una puerta para salir de la ciudad de Orlando hacia la ciudad de Miami. No sabíamos lo que Di-os tenía en mente en su totalidad, pero creímos a su llamado y en fe nos lanzamos sin pensar en consecuencias económicas de ninguna clase. Sabíamos que el que llama es fiel para sostener a aquellos a quienes envía a su viña. Y así fue.

Para la entrada del milenio, el mes de abril del 2000 estábamos en camino a Miami, con una nueva misión. Se me había ofrecido la oportunidad de ir a trabajar a un ministerio musical internacional que comenzaba a abrir las puertas de una escuela musical en esta ciudad. Llegamos llenos de emoción y mucho deseo de trabajar para Yeshua.

Olor a oveja

Tan pronto comencé a trabajar para este ministerio, una hermanita que era parte del equipo, se nos acercó para conocer más de cerca lo que enseñábamos de la Palabra de Di-os. Recuerdo que cuando comenzó a escuchar las cosas que decíamos, su corazón brincaba de gozo y no paraba de llorar. En una ocasión nos dijo, "me siento como la historia de los tres puerquitos. Que construían una casa para defenderse del lobo y no bien terminada, ya estaba siendo destruida. Las tres casitas que he construido se me han destruido y siento que el piso por donde antes pisaba se me ha venido abajo también." Esto lo decía en medio de sollozos, no por tristeza, sino por la alegría del testimonio que daba el Espíritu Santo sobre lo que escuchaba. Toda la religión a la que antes había estado sometida, se derrumbaba y Di-os comenzaba a

En busca de la verdad

formar una nueva base en la Palabra de Di-os, no contaminada por el hombre, sino la del Espíritu de Di-os revelada a su vida.

Así estuvimos casi un año ministrándole a ella y a su esposo. Luego del año, algunas personas inquietas por conocer más de Di-os, se nos acercaron a preguntarnos si podían reunirse con nosotros los sábados en la noche también junto con esta pareja. Nos pareció que era una linda oportunidad para ayudarles en su crecimiento espiritual y así lo hicimos. Cada sábado era una nueva aventura en la palabra de Di-os. Sin darnos cuenta, nuestra casa se iba llenando de más y más personas. A parte del estudio de la Palabra también sacábamos tiempo para adorar al Señor. ¡Oh, qué gratos momentos pasamos bajo la unción y la manifestación del Espíritu Santo! Hubo noches que no nos dábamos cuenta y cuando terminábamos de orar y adorar, decíamos, "oye tengo mucha hambre, ¿qué hora es? Era entonces cuando sorprendidos, nos dábamos cuenta que eran las 3 ó 4 de la madrugada. ¡Con razón teníamos hambre! Habíamos pasado horas y horas en la presencia del Señor y aunque nuestro espíritu no se daba cuenta del tiempo, nuestro cuerpo sí.

En una ocasión mi esposo Wilfredo y mi suegra Rose estaban almorzando en un restaurante de comida rápida y mientras disfrutaban de su hamburguesa, compartían de la Palabra. Wilfredo entonces comenzó a notar que, cerca de ellos, había una pareja que estaba escuchando lo que ellos compartían y se hablaban uno al otro y hacían señales de aprobación por lo que escuchaban. Luego de un rato, la mujer que había estado escuchando, se acercó a Wilfredo y le compartió cuánto había sido ministrada por la palabra que escuchaba. Le preguntó si podrían visitarnos a nuestra casa, pues tenían muchas preguntas que querían compartir con nosotros.

No pasó mucho tiempo después de esto y vinieron a nuestra casa, ella y su esposo. Luego de un rato de plática, nos dispusimos a

Transfusión

tener un tiempo de adoración y oración juntos, antes de que se regresaran a su casa. Mientras estábamos adorando, la unción de Di-os se sintió muy fuerte y hermosa. El esposo de esta señora comenzó a profetizarnos. Una de las cosas que recuerdo con mucho cariño, fue lo que dijo sobre nuestro llamado. Dijo que aunque nos escondiéramos, la gente iba a venir a tocar a nuestra puerta porque llevábamos el manto de pastor y las ovejas pueden olernos desde lejos. Dijo que el que huele a oveja, las ovejas lo perciben y automáticamente nos siguen. También nos dio otra palabra acerca de nuestros hijos y la familia en general.

Nos reímos mucho de gozo por esta palabra tan hermosa que salía de su boca porque era una confirmación para nosotros. Era un hombre muy especial y Di-os usaba su vida de una manera muy distinta a lo que estábamos acostumbrados. Es por esto que mientras nos hablaba y profetizaba, nos mirábamos unos a otros y nos reíamos de gozo. También fui muy ministrada por la manera tan intensa y con tanto amor con que adoraba al Señor. Podía ver por su expresión de adoración que era un hombre que amaba la palabra de Di-os y sabía lo que era tener intimidad con Yeshua.

El Alumno no es más que su Maestro

Fue mientras enseñaba la Palabra en Miami, que descubrí que muchas de las enseñanzas de Orlando, ahora se hacían una realidad en mi vida. Era como si todo lo aprendido anteriormente cobraba más vida frente a mí. Así que, puedo decir que aprendí mucho más mientras enseñaba, que durante el tiempo que me sentaba a escuchar al pastor en la iglesia.

Descubrí también que nunca debemos dejar que nuestras mentes se solidifiquen, o se pongan sólidas, creyéndonos que ya lo sabemos todo. Cuando optamos por esta actitud, lo único que logramos es estancarnos y quedarnos pequeños. Mientras más

En busca de la verdad

aprendí, más me mostró el Espíritu Santo. Fue como un rio caudaloso que no tenía final. ¡Nuestra mente finita nunca podrá comprender en toda su capacidad la grandeza de nuestro Di-os!

Capítulo 10

Las mentes endurecidas No son moldeables

¿Cuándo fue la última vez que nuestras creencias pasaron por un inventario? Toda empresa o compañía atraviesa por un tiempo durante el año en que se les hace un inventario. Esto es sumamente necesario para que cuando sean investigados por el gobierno, todo esté debidamente documentado y en orden. Toda transacción debe estar respaldada por evidencias de sus salidas y entradas. Como dicen en mi país, Puerto Rico, "cuentas claras, conservan amistades."

No sé por qué, ni cuándo comenzó este deseo, en las denominaciones, de filtrar lo que se enseña y controlar las mentes de los miembros o participantes de sus ministerios o programas eclesiásticos. Existe un temor rampante en cuanto a escuchar otra corriente de pensamiento que no sea lo que estamos acostumbrados a escuchar. Si algo se escucha un poco diferente, automáticamente las personas cierran su mente y ya no quieren escuchar nada más. ¿Por qué tanto miedo? La Palabra de Di-os nos dice que el perfecto amor (Yeshua) echa fuera el temor. No hay razón para vivir atemorizados en cuanto a las enseñanzas de

Transfusión

Yeshua, aún y cuando no nos suenen parecido a lo que estamos acostumbrados a escuchar o a lo que nos hace sentir seguros.

El apóstol Pablo nos dice, "Examinadlo **todo** y retened lo bueno." 1 Tesalonicenses 5:21 ¿Cómo vamos a retener lo bueno si no lo examinamos **todo**? El Espíritu de Di-os nos guía a toda verdad y justicia, por tanto no debemos temer. El temor no procede de Di-os. Es tiempo que la iglesia haga un inventario de sus creencias y haga ajustes, buscando la verdad de Di-os y debe dejar las fábulas de invenciones humanas.

Diferencia entre la verdad y lo falso

Pronto aprendí que los grupos que controlan los medios de comunicación, han hecho un buen trabajo en controlar las mentes de los que los escuchan, en su gran mayoría. El hecho que un grupo controle estos medios, y haciendo esto controle a la vez lo que los demás deben creer, no les da el derecho de establecer "las reglas del juego." Lo justo sería que en sus programas de radio y televisivos, invitaran a personas de pensamiento "controversial" y dejar al pueblo que observa y escucha, que llegue a sus propias conclusiones con la ayuda del Espíritu de Di-os. Esto sería enseñar la palabra de Di-os con *imparcialidad* y da la oportunidad para que los hijos de Di-os maduren y profundicen en su conocimiento de la Palabra.

Dentro de la cultura hebraica, cuando se reúnen en las sinagogas, estudian diferentes corrientes de pensamiento. A esto lo llaman "escuelas". En cada escuela hay un rabino que la dirige y todos tienen la oportunidad de escuchar lo que cada uno tiene que decir con relación a una interpretación de la ley o de la Torá. De esta manera, los que escuchan pueden llegar a sus propias conclusiones. Al final del día, todos se saludan y siguen amándose igual, sin importar las diferencias interpretativas que puedan tener.

Las mentes endurecidas no son moldeables

¿Por qué esto no se hace del mismo modo en nuestro mundo eclesiástico?

Muchas de las supuestas doctrinas, a las que yo llamo "dogmas," porque esto es lo que en realidad son, han sido sacadas de un texto bíblico aislado. Es por esto que siempre he enseñado, que para entender el pensamiento completo, hay que leer antes y después del texto, y especialmente buscar el pensamiento original en el idioma en que originalmente fue escrito. Si todos hiciéramos esto, tiempo haría que muchas de las enseñanzas desviadas que tenemos hoy día, se hubieran derrumbado. Es por esto que comencé el capítulo hablando sobre hacer un inventario. Los dogmas de hombres han sido pasados de una generación a otra, *transferidos o por transfusión*, sin investigar a fondo si esto que escuchamos tiene base y sentido espiritual.

No sólo somos afectados por los "dogmas de los hombres" sino que cuando permitimos que lo que creemos se "solidifique", estamos cerrando la puerta de nuestra mente a recibir aquello que puede cambiar nuestra postura y nuestra vida. Es como el concreto recién mezclado con agua. Mientras está líquido y blando, puede dársele la forma que queremos, pero una vez se solidifica, ya se queda con esa forma a menos que sea pulverizado.

Una doctrina, de acuerdo a lo que he extraído del diccionario y de mi experiencia cristiana, la defino como una *enseñanza de fundamento sólido, basado en lo establecido en la palabra de Di-os, sin interpretación humana.* Una doctrina es dada por Di-os para nuestra instrucción en temas pertenecientes a la vida abundante y eterna. Un dogma lo defino como *una* **interpretación humana** *de una doctrina*. Es por esto que insisto en que escudriñemos la doctrina y pongamos a un lado el dogma.

Transfusión

Una manera de filtrar lo que hemos aprendido es balanceando esta verdad **con toda** la Escritura. Si algo no hace sentido con el resto de la Escritura, entonces hay que ajustarlo. Cuando estudiamos raíces judías, o hebreas, esto nos ayuda a entender las enseñanzas, tanto del Nuevo como del Viejo Testamento. Todo lo que Yeshua habló fue *basado* en el Viejo Testamento al igual que Pablo y el resto de los apóstoles. Sin el Viejo Testamento no habría un Nuevo Testamento.

Un ejemplo de esto es lo que habla Pablo en Gálatas. 3:10, 13; "Todos los que dependen de las *obras* de la Ley están bajo maldición, pues escrito está: «Maldito sea el que no permanezca en todas las cosas escritas en el libro de la Ley, para cumplirlas. Cristo nos redimió de la maldición de la Ley, haciéndose maldición por nosotros (pues está escrito: «Maldito todo el que es colgado en un madero)."

Siendo que Di-os y su Palabra son uno, y Él no se contradice a sí mismo, cuando el apóstol se refiere a la "maldición de la ley" no puede estar refiriéndose a que la ley en sí es una maldición, pues es la misma Palabra de Di-os. A Moisés le fue dada la ley, pero una cosa es la ley dada y escrita y otra cosa es la interpretación de esa ley. O sea, lo que el pueblo escuchaba y entendía, no era necesariamente lo que Di-os estaba hablando. De esta maldición es que está hablando el apóstol. La ley no era maldita, sino que era maldito el que era colgado en un madero y también los que dependen de las obras de la ley. Es por no cumplir la ley que el hombre se hace maldito.

Otros ejemplos que vemos en las Escrituras es cuando Yeshua dijo, "oísteis que **fue dicho**, pero **yo os digo**..." Veamos algunos ejemplos:

Las mentes endurecidas no son moldeables

- *Mateo 5:21-22:* "Oísteis **que fue dicho a los antiguos:** "No matarás", y cualquiera que mate será culpable de juicio. **Pero yo os digo** que cualquiera que se enoje contra su hermano, será culpable de juicio; y cualquiera que diga "Necio" a su hermano, será culpable ante el Concilio; y cualquiera que le diga "Fatuo", quedará expuesto al infierno de fuego.
- *Mateo 5:27-28:* "**Oísteis que fue dicho**: "No cometerás adulterio. **Pero yo os digo** que cualquiera que mira a una mujer para codiciarla, ya adulteró con ella en su corazón.
- *Mateo 5:31-32*: "**También fue dicho**: "Cualquiera que repudie a su mujer, dele carta de divorcio. **Pero yo os digo** que el que repudia a su mujer, a no ser por causa de fornicación, hace que ella adultere, y el que se casa con la repudiada, comete adulterio.
- *Mateo 5:33-34*: "Además **habéis oído que fue dicho** a los **antiguos**: "No jurarás en falso, sino cumplirás al Señor tus juramentos. **Pero yo os digo**: No juréis de ninguna manera: ni por el cielo, porque es el trono de Di-os;…"
- *Mateo 5:38-39*: "**Oísteis que fue dicho**: "Ojo por ojo y diente por diente. **Pero yo os digo**: No resistáis al que es malo; antes, a cualquiera que te hiera en la mejilla derecha, vuélvele también la otra;…"
- *Mateo 5:43-44*: "**Oísteis que fue dicho**: "Amarás a tu prójimo y odiarás a tu enemigo. **Pero yo os digo**: Amad a vuestros enemigos, bendecid a los que os maldicen, haced bien a los que os odian y orad por los que os ultrajan y os persiguen,…"
- *Mateo 12:35-36*: "El hombre bueno, del buen tesoro del corazón saca buenas cosas, y el hombre malo, del mal tesoro saca malas cosas. **Pero yo os digo** que de toda palabra ociosa que hablen los hombres, de ella darán cuenta en el día del juicio,…"

Transfusión

El problema no está en la Palabra dada por Di-os, sino en **lo interpretado. Cada uno escucha conforme a su corazón**. Así como de la abundancia del corazón habla la boca, puedo interpretar que dependiendo de la abundancia del corazón, así mismo recibe en su mente y en su corazón.

Hemos interpretado a Di-os conforme a nuestra condición. Debido a la falta de amor hacia el prójimo, así hemos creado dogmas para excluir personas de la salvación que Di-os, gratuitamente, ha dado a **todos**. Juzgamos conforme a la condición de nuestro corazón y así enseñamos a otros. ¡Qué triste!

Mientras más crecemos en Cristo, más amamos, y mientras más amamos, más vamos comprendiendo el amor de Di-os. Los mandatos de Di-os son para observarse espiritualmente. Es por esto que Yeshua siempre decía, "se os ha dicho", "Oísteis que fue dicho", "habéis oído", etc. ¿Por qué Yeshua no citaba la Escritura o no decía, "como dice la Escritura…"? Porque no era lo que decía la Escritura, *si no lo que habían escuchado y lo habían transmitido de una generación a otra*. Ahora, la Palabra misma hecha carne, venía a los hombres para finalmente darnos la interpretación correcta de lo que Di-os siempre ha tenido en mente cuando nos da sus mandamientos y ordenanzas. Finalmente podemos ver que lo espiritual es primero.

El apóstol Pablo dice en *Colosenses 2:8*, "Mirad que nadie os engañe por medio de filosofías y huecas sutilezas basadas en las **tradiciones de los hombres**, conforme a los elementos del mundo, y no según Cristo." Los elementos del mundo aquí se refieren a la manera de pensar del mundo o de una mente carnal y mundana.

Marcos 7:13-15; Yeshua hablando dice, "**invalidando la palabra** de Di-os con vuestra **tradición** que habéis **transmitido**. Y **muchas**

Las mentes endurecidas no son moldeables

cosas hacéis semejantes a éstas. Llamando a sí a toda la multitud, les dijo: —Oídme todos y entended: Nada hay **fuera del hombre que entre en él, que lo pueda contaminar**; pero lo que **sale de él**, eso es lo que contamina al hombre.

Marcos 10:5, "Respondiendo Yeshua, les dijo: —Por la **dureza de vuestro corazón os escribió este mandamiento**;" Debido al corazón del hombre, los mandamientos de Di-os fueron ajustados y hasta en ocasiones alterados.

No es un secreto que en estos tiempos finales la Palabra de Dios escasearía. Todos somos testigos, lamentablemente, de la condición de hambre espiritual que atraviesa el sistema religioso organizado. Recuerdo que cuando comenzamos a enseñar en Miami, basado en este principio, podíamos ver como los rostros de todos se iluminaban comprendiendo cuán importante era sacar las enseñanzas de los hombres de sus corazones para poder recibir la verdad de Di-os, limpia y pura, como el maná escondido que Di-os ha reservado para sus hijos. Para aquellos que con sinceridad de corazón le buscan.

Fuimos testigos de muchas noches de llanto y agradecimiento a Di-os por mostrarnos estas verdades y mostrarnos el camino de salida de Babilonia. Había noches que nuestra casa se llenaba de tantas personas que no encontrábamos sillas para acomodarlos a todos. No les importaba si tenían que sentarse en el piso, con tal de participar de las enseñanzas y la ministración del Espíritu de Di-os, que nos honraba haciendo acto de presencia para bendecirnos y llenarnos de su gozo y de su paz.

Capítulo 11

La fidelidad de Di-os

Uno de los atributos más hermosos de Di-os es su fidelidad. Esta no depende de la nuestra. Aunque nosotros seamos infieles, El siempre permanece fiel. ¡Gloria a Di-os!

Experimentamos su fidelidad en muchas formas y maneras. Su presencia y su visitación fue algo que siempre le había pedido, pues necesitaba que respaldara la palabra que ministrábamos a otros. En muchísimas ocasiones nos visitó en forma súper especial. Esto nos daba seguridad que lo que estábamos aprendiendo provenía de Él y no de los hombres.

A lo largo de mi vida he visto su fidelidad en el área de las finanzas, en su respaldo cuando ministramos su palabra y en el llamado en general que nos ha hecho. En una ocasión nos dijo que nos había separado para que "selláramos las mentes de Sus hijos con la mente de Cristo." El pueblo de Di-os necesita saber que hay una mente carnal que necesita ser transformada a una mente espiritual. Esta mente espiritual nace de la mente carnal.

Nuestra mente carnal humana sirve como un vientre en donde se forma y crece la mente espiritual. La mente es parte de lo que llamamos "alma". El apóstol nos exhorta a que renovemos el espíritu de nuestra mente." Renovar es transformar. Por medio de la Palabra de Di-os, nuestra mente es renovada o transformada en una mente espiritual. Ya no mirando las cosas que se ven, pues son temporeras, sino mirando las que no se ven pues son eternas.

Algo que he aprendido en mi vida, en el área de las finanzas, es que Di-os sí quiere que prosperemos así como prospera nuestra alma. Pero, hoy día, hay un falso concepto en cuanto a la prosperidad. El Señor me ha ministrado que no todos son llamados a convertirse en ricos o millonarios. Este don de hacer y administrar dinero es para algunos, para aquellos que él ha señalado con este propósito. Pero, él sí quiere que todos sus hijos sean prósperos. ¿Suena contradictorio? No. Quiero explicarme.

Una cosa es ser próspero y otra cosa es ser rico o millonario. Ser próspero simplemente significa que no tienes escases, que no te falta nada. Por ejemplo, si luego de dar tus diezmos y ofrendas, de pagar **todas** tus cuentas y deudas financieras, haber guardado un poco de tu dinero en tu cuenta de ahorros, has sacado tu familia a comer fuera, han paseado o han ido de compras al "mall" y todavía te sobran algunos dólares en tu bolsillo que no sabes qué hacer con ellos, **esto es prosperidad**. ¡No sufres de deudas sin pagar! Tienes comida y un techo y el gozo del Señor está en tu vida, créeme eres un hombre o mujer muy próspero. ¡Sé feliz, tu Di-os te ha bendecido!

De regreso al norte de la Florida

Por años hemos estado ministrando al cuerpo de Cristo, y Di-os no ha fallado en respaldarnos en toda la obra que nos ha encomendado. Por cada persona que Él ha traído a nuestra vida, hemos sido testigos de la transformación de una mente carnal a una espiritual, conforme a la gracia de Di-os en cada uno de ellos.

La fidelidad de Di-os

Luego de casi cuatro años viviendo al sur de Florida y dejando un grupo de hermanos investidos con el conocimiento del Hijo de Di-os, se nos abrió una puerta para regresar a Orlando. No sabíamos que nuestro tiempo en Orlando también estaba medido. Cuando llegamos, nos quedamos a vivir en la ciudad de Sanford, Florida. Logramos comprar una casa sin saber que no pasaría mucho tiempo antes que saliéramos de Florida permanentemente.

Durante los pocos años que vivimos en Sanford, sentimos un gran deseo por reunir en nuestra casa un grupo de hermanos que conocimos de la iglesia a la que asistimos por casi diez años en el pasado. El pastor se mudó a California y dejó un grupo pequeño a cargo de una hermana líder en la iglesia. Pero, no todos accedieron a quedarse con este grupo y cuando llegamos a Sanford nos enteramos que estaban retenidos en sus casas. El amor de Di-os hacia ellos nos motivó a reunirlos en nuestra casa para gozarnos en su Palabra y disfrutar juntos nuevamente de la adoración a Di-os.

Recuerdo que tuvimos muchos servicios los domingos en la mañana donde la presencia de Di-os se dejó sentir tremendamente. Experimentamos sanidades y milagros tremendos. Muchos de los que habían estado quedados en sus casas, se sintieron revitalizados en el espíritu. Hasta algunos de los hermanitos de Miami, venían de vez en cuando a visitarnos y se gozaban con nosotros del servicio al Señor.

No sabía que esto era sólo un tiempo de refrigerio espiritual para todos nosotros, pues un año más tarde estábamos haciendo preparativos para mudarnos de Florida a Texas. En el 2008 y 2009 fue la gran recesión económica que afectó grandemente varios estados de la nación, siendo Florida uno de ellos. Unos cuantos meses antes de que siquiera pensáramos en que nos iríamos de Florida, notamos que el grupo poco a poco comenzó a menguar. No sabíamos por qué, pero cada uno se fue acomodando en

Transfusión

diferentes áreas, ya fuese de familia o de trabajo, etc. y ya no estábamos celebrando servicios de adoración y enseñanzas los domingos. Sólo nos reuníamos los viernes a orar con un grupo pequeño de unas 9 a 10 personas. Una cosa sí recuerdo con mucho cariño fue la manera en que el Señor nos visitó durante el tiempo de oración. Tuvimos unas experiencias con el Señor tremendas durante estas reuniones de oración y adoración, los viernes en las noches en nuestra casa.

A parte de estas reuniones de oración y adoración, comenzamos a visitar un ministerio mesiánico allí mismo en Sanford. Fue aquí donde aprendimos en gran manera sobre las raíces judaicas de la iglesia original o primitiva.

Visitamos esta sinagoga por casi un año y aprendimos a conocer muchas frases y definiciones judías. Estuve tomando clases de hebreo y me emocionó mucho el poder comenzar a escribir el idioma hebreo. Pero lo que más nos apasionó fue descubrir la belleza de la cultura judía y el poder comprender las Escrituras a la luz de su cultura e interpretación rabínica. También experimentamos la tristeza de descubrir cuánto sentimiento antisemítico se nos había infiltrado a la iglesia occidental en contra de los hebreos. ¡Qué hermoso fue descubrir nuestras raíces judías y que el evangelio de Yeshua HaMashiaj, quien es judío, comenzó con apóstoles que eran judíos y que la primera iglesia en Jerusalén era de judíos que ahora abrazaban la fe del Mashiaj y comprendían la Torá a un nivel más espiritual y en una manera interpretativa más correcta y espiritual!

¡Qué glorioso fue redescubrir mi identidad con la gente de la Biblia! Disfrutamos mucho de los shabbats y de las danzas al Señor. Todo lo que habíamos aprendido con nuestro pastor en Orlando cuando recién habíamos llegado a Florida, ahora tomaba más luz y más vida. Podíamos entablar una conversación con el rabino y él se

La fidelidad de Di-os

maravillaba al ver que aun siendo "cristianos" teníamos un vocabulario diferente cuando nos referíamos a las Escrituras. Él nos decía muy impresionado que no podía creer que, no siendo miembro de una sinagoga judía anteriormente, cómo era que podíamos conocer tanto de la revelación de la Palabra, o sea, de la Torá.

Todos los años de estudio previo ahora se veían confirmados por este rabino y nuestro corazón rebosaba de alegría al comprender que el Señor, el Adonay, nos había guiado y dirigido todo este tiempo revelándonos su bella Palabra. El fruto de esta experiencia nos ayudó a comprender y disfrutar el significado de las parábolas o las palabras "difíciles" de Yeshua que no se pueden comprender con una mentalidad occidental.

Nuestro tiempo en esta sinagoga fue de gran provecho. Recuerdo una noche en que nos visitaban unos rabinos de Israel y también vinieron otros con ellos que estaban colaborando en Israel para la construcción del nuevo templo. Mientras escuchaba asombrada de todos los adelantos que se han hecho hasta ahora para lograr este gran propósito, el Señor me habló muy suavemente, pero con mucha claridad y me dijo, "esta es mi obra para mi pueblo, pero tú no eres parte de ella. Tu sabes muy bien para lo que Yo te he llamado." Inmediatamente comprendí que mi tiempo aquí era temporero y que me estaba llegando el momento de despedirme de mis hermanos en la fe de Abraham. Luego de un tiempo tuve una conversación con el rabino y le expliqué sobre mi experiencia y que estaba muy clara que uno de mis propósitos era el dar a conocer su verdad dentro del pueblo "cristiano" y de los gentiles que todavía no han entrado en pacto con nuestro Señor; Adonay.

Transfusión

Comprendí que el pueblo cristiano debe quitar de su corazón este espíritu anti-semítico y bendecir y amar a Israel.

Nuevo rumbo – nueva dirección

Cuando comenzó la recesión económica en Florida, recuerdo que mi hija llegó a mi casa muy triste pues había perdido su trabajo. Luego de unas semanas, mi hijo también perdió el suyo. Mi esposo también fue despedido, y sólo yo me había quedado trabajando. Por la gracia de Di-os, podía ganar lo suficiente como para pagar los gastos principales, como casa, comida y utilidades. Pero luego de un año, yo también terminé sin trabajo. Oramos a Di-os que nos dirigiera en la decisión que tomaríamos y así fue como envié mi resumé a tres estados de la nación, esperando ver qué puerta se abría para nosotros.

Ya para este tiempo, mi hija Mariely estaba casada y había tenido su primer bebé, fue una niña hermosa a la que llamaron Isabella. ¡Qué hermosa experiencia tener en mis brazos por primera vez el fruto de nuestra hija! ¡Qué dulce sensación poder abrazar a nuestra primera nieta! Atesoro mucho la primera vez que vi su rostro, parecía un ángel bajado del cielo.

No pasó mucho tiempo cuando vino una respuesta de la ciudad de Lewisville, Texas. Había un puesto en la oficina de una compañía privada y me ofrecían la oportunidad de ir a una entrevista de empleo. Me comuniqué con la gerente y le informé que vivía en Florida y que si me daba la oportunidad de trabajo nos re-ubicaríamos en Texas.

Me dio una fecha para que viajara a Texas y poder conocerme y entrevistarme más formalmente. Estábamos contando con un dinero de ayuda que llegaría, pero lamentablemente no llegó a tiempo. La noche antes de nuestra supuesta salida para Texas, le

La fidelidad de Di-os

escribí un correo electrónico a la gerente agradeciéndole por la oportunidad, pero que por favor cancelara nuestra entrevista. En la mañana siguiente me llamó para preguntarme qué había pasado y si todavía estaba interesada en el puesto. Le dije que sí, pero que no tenía recursos económicos en el momento para viajar. Ahí mismo, me entrevistó nuevamente y me dijo, *"You are hired"*. O sea, me ofreció el empleo por teléfono, aún sin conocerme personalmente. Fue entonces cuando comprendí que esto sería ahora una señal de la puerta que estábamos esperando, que se abría ante nosotros. Ahora nos quedaba una sola preocupación; nuestros hijos.

Nos reunimos con ellos y le explicamos que parecía que nuestro tiempo en Florida llegaba a su final. Ya teníamos cerca de 22 años viviendo en ese estado y no era fácil la decisión que estábamos tomando, como tampoco lo era para nuestros hijos. Eran muchos los recuerdos, los amigos y hermanos en Cristo que estaríamos dejando atrás.

Esa misma noche nos dijeron que si nosotros nos íbamos, que ellos también harían planes para hacer lo mismo. Después de todo, ellos tampoco estaban muy bien en lo económico, pues sólo el esposo de mi hija estaba trabajando.

Para el mes de junio del 2010 estábamos subiendo al auto de nuestro hijo Wihl las cosas más indispensables para el viaje, y todo lo demás lo dejamos en la casa empacado en la cochera. Tratamos de dejar la casa lo más sencilla posible, pues la estaríamos ofreciendo para la venta y no queríamos que estuviera muy cargada de cosas.

Recuerdo el sentimiento que tuve cuando besé a mi recién nacida nieta y me despedí de Mariely y su esposo sin saber cuándo los

Transfusión

volvería a ver. Ellos tenían planes de irse también, pero quizás tomaría por lo menos un año.

Cuando ya estábamos casi listos para irnos, recibí una llamada de una prima que recién se había enterado de nuestros planes. Me preguntó si era cierto que nos pensábamos ir de Florida y que para cuándo eran los planes. Le dije que en ese mismo momento estábamos a punto de montarnos en el auto para salir hacia Texas. Cuando me preguntó si tenía dónde llegar o un lugar dónde quedarnos, le dije que no. Que simplemente salíamos como Abraham, sin saber hacia dónde íbamos, pero que estábamos confiando en que si el Señor era quien habría esta puerta, que él se encargaría de nosotros. Recuerdo la expresión de su voz cuando me contestó, "¿Qué?" *"¿Qué tú estás saliendo para Texas y no conoces a nadie allá y ni siquiera sabes dónde te vas a quedar?"* *"Oh, my G-od!"* *"Dame unos minutos y te vuelvo a llamar."*

Salimos de la casa rumbo a Texas sin esperar por su llamada, pues teníamos la confianza que Di-os estaba en el asunto y que dirigía nuestros pasos. No recuerdo cuantas horas llevábamos de camino, cuando mi prima nos llamó nuevamente. Me informó que ella había estado en Texas hacia como unas tres semanas, ya que había ido al funeral de un primo que había muerto en un accidente. Durante su estadía en Texas, había conocido a una pastora retirada que con mucho amor había abierto las puertas de su casa para que se hospedara con ella. El primo que había muerto era muy amigo de esta pastora y en agradecimiento le había ofrecido su casa a ella.

Mi prima había llamado a esta pastora y le había pedido que por favor nos permitiera llegar a su casa, por lo menos por un par de días en lo que nosotros encontrábamos un lugar estable donde quedarnos o conseguíamos un apartamento. El testimonio que mi prima había dejado en su casa fue tan intachable, que ella le dijo

La fidelidad de Di-os

que sí, que nos recibiría en su casa. Inmediatamente me dio el nombre y el teléfono de esta mujer de Di-os y me pidió que la llamara para que me diera su dirección.

Enseguida la llamé y nos conocimos por teléfono. Me dio su dirección y quedamos en que nos dirigiríamos hasta su casa. Luego que llegamos a su casa, al otro día en la mañana, nos confesó que luego que se había comprometido con mi prima, le había invadido un temor tremendo cuando se dio cuenta que iba a recibir en su casa dos hombres y una mujer, los cuales eran totalmente extraños para ella. Debido a este gran temor que la embargaba, decidió poner sus manos sobre la puerta de entrada de su hogar y orar a Di-os y le dijo, "Señor Jesús, si estas personas que vienen para mi casa son realmente tus hijos, dímelo." Nos contó que tan pronto hizo esa oración, la presencia de Di-os inundó todo su cuerpo y comenzó a hablar en otras lenguas y sintió la paz de Di-os que inundaba su vida. Comprendiendo que Di-os le daba testimonio de nosotros, se quedó tranquila esperando por nuestra llegada.

Nos ofreció dos cuartos, uno para mí y mi esposo y el otro para nuestro hijo. ¡Qué mujer tan hermosa! Desde que llegamos nos trató con mucho amor y ternura. Nunca la olvidaremos y siempre le estaremos agradecidos por su amor y hospitalidad. ¡Di-os es fiel!

En Texas hemos estado por cuatro años y Di-os nos ha dado la bendición de conocer a muchos hermanos y hermanas en Cristo que tenían mucha hambre y sed de conocer al Señor en una forma más íntima y profunda. Cuando vivíamos en la ciudad de Crowley, Texas venían a nuestra casa un grupo de ellos, alrededor de nueve o diez hermanitos que se quedaban con nosotros toda la tarde del domingo hasta ya de noche, escuchando la palabra de Di-os y gozándonos en el Espíritu Santo.
De este grupo, Di-os señaló a una pareja para que la ungiéramos al pleno ministerio. Así lo hicimos, y este ministerio tiene hoy día,

Transfusión

mientras escribo este libro, tres años de tener sus puertas abiertas. Están dedicados a la enseñanza bíblica buscando un crecimiento en los hijos de Di-os.

Estando en Texas, el Señor Yeshua nos fue desarrollando en el ministerio apostólico. Luego de varios años como pastores, ahora estamos dedicados al entrenamiento de líderes y pastores. Hemos llevado a cabo tres grupos de entrenamiento. De estos tres grupos, hemos ungido al pleno ministerio cuatro parejas en total y certificado como líderes a más de 25 personas, al momento que escribo este libro. Nos sentimos muy gozosos por el giro que tomó nuestro ministerio aquí en Texas y sabemos que esto es sólo el comienzo de las cosas que nos ha prometido el Señor que hará en nosotros.

Damos gracias a Di-os... nuestra vida en Cristo continúa creciendo y madurando... hasta que la gloria de Cristo sea vista completamente en nuestra vida. ¡A Él sea por siempre la gloria!

Capítulo 12

El pensamiento semítico

A parte de los conflictos entre doctrinas y dogmas existentes en la iglesia de hoy, hay un asunto del cual siento la necesidad de abarcar en este capítulo. Hay una gran necesidad para que entendamos cómo el pensamiento semítico influye grandemente en nuestro entendimiento o comprensión de los dichos de Yeshua, las parábolas y las historias bíblicas que vemos en el Antiguo y Nuevo Testamento. También quiero añadir que, de acuerdo a lo que he percibido, la principal razón porque la cristiandad refleja una apatía hacia el pueblo semita, o judío (hebreos), es debido a la influencia que han ejercido los primeros precursores dogmáticos quienes implantaron en nosotros este sentimiento. Pienso que ha habido agendas escondidas con propósitos malintencionados contra este pueblo de quien Yeshua se refirió como su pueblo. La ironía de esto es que nuestro salvador, Yeshua HaMashiaj, es de nacionalidad y origen hebreo. Por tanto, una de las encomiendas a la iglesia es el de bendecir a Israel.

Durante mi crecimiento espiritual, el Señor ha estado llevándome a través de la Escritura y abriendo los sellos de mi mente, para poder comprender la altura, la anchura y la profundidad de su Palabra. También ha diseñado para mi vida el encontrarme con personas claves que han aportado muchísimo en mi crecimiento, como también han llegado a mis manos libros inspirados que han delineado mi caminar en el Señor. Uno de estos libros, lo describo a continuación y también he seleccionado porciones del mismo para aclarar o profundizar sobre el tema que estoy tratando. He incluido aquí esta información, casi en el mismo orden en que fui descubriendo las verdades bíblicas en este largo caminar con mi Señor Yeshua.

De acuerdo con el libro "Let There Be Light" (Sea la luz) del autor Rocco A. Errico, hay *siete llaves* que necesitamos conocer y entender para poder tener un entendimiento más completo de las Escrituras. En otras palabras, para que podamos familiarizarnos con las costumbres y con el pensamiento semítico.

Primera llave: el idioma arameo y hebreo

El autor menciona en este libro que la primera llave es entender que el Nuevo Testamento fue escrito en hebreo y arameo en su lengua original. Yeshua, sus discípulos y sus seguidores proclamaron el mensaje del evangelio por toda Palestina, el Líbano, Siria y Mesopotamia en el dialecto arameo de Galilea, que es una lengua hija del hebreo. Este idioma se continuó hablando hasta el siglo séptimo de nuestra era. ¿Por qué es esto importante? Porque muchas de nuestras traducciones han perdido el verdadero sentido de lo que dijeron Yeshua y los apóstoles por causa de una interpretación incorrecta de aquellos que fueron los responsables de la traducción del Nuevo Testamento.

Cuando tradujeron el Nuevo Testamento, incluyeron en sus interpretaciones la corriente del pensamiento popular en Grecia y manipularon también su interpretación, para lograr agendas de hombres. Para poder ver las implicaciones de esto, incluyo información que obtuve de la enciclopedia "Wikipedia".

El pensamiento semítico

La mitología griega es el conjunto de mitos y leyendas pertenecientes a los antiguos griegos que tratan de sus dioses y héroes, la naturaleza del mundo, los orígenes y significado de sus propios cultos y prácticas rituales. Formaban parte de la religión de la Antigua Grecia. Los mitos griegos intentan explicar los orígenes del mundo y detallan las vidas y aventuras de una amplia variedad de dioses, héroes y otras criaturas mitológicas. Estos relatos fueron originalmente difundidos en una tradición poética oral, si bien actualmente los mitos se conocen principalmente gracias a la literatura griega. En la religión, se conocían estas historias, las cuales formaban parte de su acervo cultural. De aquí también surge el humanismo.

Los dioses del panteón griego adoptaban figuras humanas y personificaban las fuerzas del Universo. Al igual que los hombres, los dioses helenos eran impredecibles, por eso unas veces tenían un estricto sentido de la justicia y otras veces eran crueles y vengativos. Su favor se alcanzaba por medio de los sacrificios y por implorar piedad, pero estos procedimientos no eran siempre efectivos puesto que los dioses eran muy volubles.

La mitología griega es absolutamente compleja. Está llena de dioses, monstruos, guerras y dioses entrometidos. Algunos estudiosos afirman que llegó a haber hasta 30.000 divinidades en total.

Esta mitología comparte una estrecha similitud con la mitología **romana**, en cuanto a los nombres de varios dioses y personajes de importancia. También se relacionan en cuanto a la **parte mitológica** de la religión; creencias, tradiciones y todo lo ligado o referente a Mitología.

Los escritos del Nuevo testamento, o Nuevo Pacto, fueron traducidos del hebreo y arameo al griego y lamentablemente las

Transfusión

copias más antiguas que se utilizan hoy día, como fuente principal para las traducciones a otros idiomas, son las copias griegas. Cuando las cartas de Pablo y los evangelios fueron traducidos, los traductores interpretaban los escritos de acuerdo a su cultura y creencias religiosas de su tiempo, quitando o añadiendo a los textos palabras que cambiaban el sentido del mensaje original. Siendo que tuvieron una cultura tan fuerte, podemos ver su influencia cuando leemos las Escrituras en el Nuevo Testamento.

No es de sorprenderse cuando vemos cómo uno de los personajes principales es la figura del Diablo o Satanás. Cuando comparamos el Viejo Testamento con el Nuevo podemos notar un contraste muy grande en cuanto a este tema. Si buscas la palabra "Diablo" en una concordancia en el Viejo Testamento, notaras que no se utilizaba anteriormente. Sólo la palabra Satán o Satanás es usada y en bien pequeñas ocasiones. (1 Crónicas 21:1, Job 1 y 2, y Salmo 109:6) Te preguntarás cómo es posible que este personaje sea tan importante en el Nuevo, cuando en el Viejo Testamento casi no se hace mención de él. Sin embargo, vemos cuán plagado esta nuestro Nuevo Testamento de este personaje.

Expongo a continuación sobre las creencias griegas para comparar nuestro Nuevo Testamento para que entendamos las circunstancias que rodeaban a los traductores del mismo...

Veamos primeramente el personaje de **Perséfone**, *de acuerdo a su creencia: Perséfone era hija de* **Zeus** *y* **Deméter** *(hija de Cronos y Rea, hermana de Zeus, y diosa de la fertilidad y el trigo). Su tío* **Hades** *(hermano de Zeus y Di-os de los Infiernos), se enamoró de ella y un día la raptó. La joven se encontraba recogiendo flores en compañía de sus amigas, las ninfas y hermanas de padre, Atenea y Artemisa, y en el momento en que va a tomar un lirio, (según otras versiones un narciso), la tierra se abre y por la grieta Hades la toma y se la lleva. De esta manera, Perséfone se convirtió en la diosa de*

El pensamiento semítico

los Infiernos. Aparentemente, el rapto se realizó con la cómplice ayuda de Zeus, pero en la ausencia de Deméter, por lo que ésta inició unos largos y tristes viajes en busca de su adorada hija, durante los cuales la tierra se volvió estéril.

Al tiempo, Zeus se arrepintió y ordenó a Hades que devolviera a Perséfone, pero esto ya no era posible, pues la muchacha había comido un grano de granada, mientras estuvo en el Infierno; no se sabe si por voluntad propia o tentada por Hades. El problema era que un bocado de cualquier producto del Tártaro (otro nombre para infierno) implicaba quedar encadenado a él para siempre.

Para suavizar la situación, Zeus dispuso que Perséfone pasara parte del año en los confines de la Tierra, junto a Hades, y la otra parte sobre la tierra con su madre, mientras Deméter prometiera cumplir su función germinadora y volviera al Olimpo. Perséfone es conocida como Proserpina por los latinos.

La leyenda cuenta que el origen de la primavera radica precisamente en este rapto, pues cada vez que Perséfone es llevada a los Infiernos, las flores se entristecen y mueren, pero cuando regresa, las flores renacen por la alegría que les causa el retorno de la joven. Como la presencia de Perséfone en la tierra se vuelve cíclica, así el nacimiento de las flores también lo hace.

Por otra parte, durante el tiempo en que Perséfone se mantiene alejada de su madre, Deméter y confinada a Tártaro, o mundo subterráneo, siendo la esposa de Hades, la tierra se vuelve estéril y sobreviene la triste estación del invierno.

El personaje de Hades: Hades, en la mitología griega, era el Dios de los muertos. Era hijo del titán Cronos y de la titánide Rea y hermano de Zeus y Poseidón. Cuando los tres hermanos se repartieron el universo después de haber derrocado a su padre, Cronos, a Hades le fue concedido el mundo subterráneo. Allí, con su reina, Perséfone, a quien había raptado en el mundo superior, rigió el reino de los muertos. Aunque era un dios feroz y despiadado, al que no aplacaba ni plegaria ni sacrificio, no era maligno. En la mitología romana, se le conocía también como Plutón, señor de los

Transfusión

ricos, porque se creía que tanto las cosechas como los metales preciosos provenían de su reino bajo la tierra.

El mundo subterráneo suele ser llamado Hades. Estaba dividido en dos regiones: Erebo, donde los muertos entran en cuanto mueren, y Tártaro, la región más profunda, donde se había encerrado allí a los titanes. Era un lugar oscuro y funesto, habitado por formas y sombras incorpóreas, y custodiado por Cerbero, el perro de tres cabezas y cola de dragón. Siniestros ríos separaban el mundo subterráneo del mundo superior, y el anciano barquero Caronte conducía a las almas de los muertos a través de estas aguas. En alguna parte, en medio de la oscuridad del mundo inferior, estaba situado el palacio de Hades. Se representaba como un sitio de muchas puertas, oscuro y tenebroso, repleto de espectros, situado en medio de campos sombríos y de un paisaje aterrador. En posteriores leyendas se describe el mundo subterráneo como el lugar donde los buenos son recompensados y los malos castigados.

El personaje de Zeus: Zeus, en la mitología griega, es el dios del cielo, el dios máximo del Olimpo. Gobierna estableciendo orden, la justicia y el destino del Universo.

Puedo comprender que el Nuevo Testamento tenga tanta influencia por los traductores greco-romanos. Y no solamente en cuanto a la interpretación, sino que también muchas de las palabras o dichos de Yeshua, fueron mal interpretados, precisamente durante las primeras traducciones.

Incluyo también del Nuevo Testamento, la traducción *Versión Textual Hebraica* de **El Código Real** por D. A. Hayyim, página 23, lo siguiente:

> Cuando a esto añadimos que ha sido un axioma la **aceptación** de que la comunicación del Nuevo Testamento tuvo lugar originalmente en griego, la inmensa mayoría de

El pensamiento semítico

los estudiantes de todos los seminarios cristianos han sido entrenados a estudiar el griego del Nuevo Testamento por encima de su realidad hebraica y, consecuentemente, la diseminación de la enseñanza neo testamentaria que la mayoría de los cristianos conocen y en la cual son instruidos cada día, **sufre la ausencia de una educación hebraica como fundamento confiable para un entendimiento apropiado del Nuevo Testamento.**

Resulta interesante que aquellas expresiones y frases que son tan difíciles de entender y traducir del griego, cuando las analizamos en su trasfondo hebreo, se transforman en las más sencillas y fáciles de comprender.

Esto nos permite suponer que los más grandes debates teológicos que encontramos en la historia del cristianismo, pudieron ser **el resultado del abandono de un entendimiento hebraico del Nuevo Testamento y de sus raíces hebreas.** *Si se hubiese evitado, posiblemente nunca habría ocurrido que los cristianos fuesen privados del olivo natural en suelo judío y de las raíces hebraicas de su fe.*

Dicho abandono expuso a los creyentes de origen gentil a la **invasión del pensamiento y cultura greco-romana en su teología y costumbres***, que ha dado como resultado una religión* **distinta** *a la de Yeshua y los apóstoles, que dista mucho de ser la Iglesia primitiva que encontramos descrita en las páginas del Nuevo Testamento.*

No es cierto que los judíos perdieron su idioma hebreo cuando regresaron del Exilio Babilónico, como muchos todavía afirman. Si no lo perdieron luego de 400 años en Egipto, menos, luego de solamente 70 años en Babilonia, cuando muchos no fueron llevados a Caldea sino que se quedaron en Eretz Yisrael como remanente de gracia, dejados allí por el Eterno. (Énfasis añadido)

Transfusión

He podido comprender que Yeshua delinea o enmarca la diferencia entre la vida natural y la vida espiritual. Una traducción greco-romana enmarca una *actividad demoniaca* de una manera nunca antes vista o comprendida por el pueblo israelita. (Ver capítulo 15 para más información sobre este tema)

Quiero compartirte lo que he sacado del **Código Real** en relación a las grandes consecuencias que hemos sufrido debido a la ignorancia de nuestras raíces judías y por habérsenos privado de un entendimiento correcto del propósito real y misión de nuestro gran Mashiaj Yeshua. Te muestro lo siguiente con relación a cómo sucedieron exactamente las cosas durante el tiempo de la iglesia primitiva que estaba compuesta por judíos o hebreos. (Sacado de las páginas 18-20 del Código Real)

> *Yerushaláyim fue retomada por los romanos (cerca del año 130)y cambiada de nombre, así como la tierra de Israel a la cual ahora los romanos dieron el nombre de Palestina, en honor a los dioses filisteos.*
>
> *A partir de aquí, todo lo que oliera o tuviera algún sabor judío era visto como **potencialmente dañino** para Roma y fue en este contexto que los creyentes de origen gentil, iniciaron formalmente su **desconexión histórica** con los fieles de la circuncisión.*
>
> *Los judíos no podían entrar en Israel ni mucho menos visitar Yerushaláyim, pero a los cristianos, en un principio, les fue permitido. Esto creó una situación muy favorable para su subsistencia, probando al emperador que ellos **no tenían nada que ver con los judíos ni con Israel**.*
>
> *Para esa época, el obispo cristiano de Roma nombró a un creyente no judío su representante en Yerushaláyim, y desde entonces, la separación de los cristianos de sus raíces judías fue un hecho establecido y confirmado luego en Nicea para el año 323.*

El pensamiento semítico

*Mientras tanto, los judíos seguidores de Yeshua tuvieron que enfrentar, juntamente con los demás judíos, el penoso exilio y la sobrevivencia; en el anonimato fuera de Israel y disperso entre las naciones, como el resto de sus hermanos; mientras que al cabo del tiempo los cristianos, asegurándole al imperio que ellos **no tenían nada que ver con los judíos ni con el judaísmo**, poco a poco ganaron la simpatía de Roma y finalmente lograron cristianizar incluso al Imperio mismo.*

*Para entonces, el cristianismo surgió como la religión oficial del Imperio, **completamente divorciada de sus raíces judías**, y teniendo ahora, bajo su control, todas las sinagogas, rollos y documentos judíos que existían, incluyendo los **manuscritos hebreos y griegos de lo que más tarde fue llamado Nuevo Testamento**.*

*Con tanto poder disponible, los líderes cristianos del Santo Imperio se aseguraron que los escritos apostólicos que tenían en sus manos respondieran a sus intereses doctrinales más que a la realidad textual de donde provenían, y en vez de preguntase qué dice realmente el texto original, se preguntaban **cómo podemos hacer que esto afirme nuestra posición**. El resultado fue la **corrupción textual** del Nuevo Testamento.*

*Esto es lo que explica en parte, las más de 200,000 variantes textuales que han sido encontradas en una lista de alrededor de 5 mil manuscritos griegos del Nuevo Testamento, la mayoría de los cuales fueron **alterados y corrompidos tendenciosamente**.*

*No estamos hablando aquí simplemente de un error del escriba mientras se hacían copias de un texto para algunas comunidades o personalidades imperiales, sino de abusos premeditados, **eliminando e introduciendo palabras en textos claves**, a fin de favorecer la doctrina de la Iglesia que*

Transfusión

ahora, unida al poder del Imperio, tenía total y absoluto poder en sus manos para hacer y decidir lo que quisiera.

Esto es evidente donde quiera que se intentaron explicar conceptos difíciles del griego por ser traducciones del hebreo, y que constituyen, por así decirlo, el fundamento de lo que debe ser la fe y teología cristianas.

*Cuando recordamos que los manuscritos griegos más confiables provienen de una edad tardía, como lo es el siglo IV – especialmente el llamado <u>Códice Vaticano</u> (B) y el <u>Sinaítico</u> (Alef) – el tiempo que estos se mantuvieron bajo control estricto de la Iglesia fue suficiente para intentar, aquí y allá, construir manuscritos y códices; entre los cuales, finalmente, surgió un tipo de texto conocido como el **Bizantino** que vino a ser el **oficial de la Iglesia**, y por la vía de Erasmo, del protestantismo, bajo el nombre del Textus Receptus que ha **servido de base**, prácticamente, para **todas las traducciones** del Nuevo Testamento.*

*Este texto, surgido más por **decisiones económicas y de intereses políticos** que del honor de la verdad misma, está **plagado de errores por todos lados, los cuales han pasado a todas las versiones castellanas que se han basado en dicho manuscrito**. El resultado ha sido que los cristianos, en vez de tener la riqueza del Nuevo Testamento, lo que han recibido es una ensalada de versiones, sustracciones y adiciones textuales que en muchos casos se **distanció considerablemente de los escritos originales de los apóstoles**.*

*Así las cosas, ahora la Iglesia con dominio absoluto de la situación, produjo una nueva generación de cristianos, nacida, como es evidente, en **un mundo completamente diferente al judío y desconectado de aquellas raíces hebraicas de su fe**, que se privó así la riqueza de la herencia de los kadoshim (los apartados del mundo) por lo cual el apóstol Pablo oraba incesantemente. (Énfasis añadido)*

El pensamiento semítico

Cuando fui descubriendo estas verdades sobre el origen del evangelio y lo que ha sufrido en manos de hombres con agendas escondidas o simplemente ignorantes de la cultura hebraica, mi corazón lloró y clamó al Señor por conocer más de su verdad. Muchas preguntas que tenía fueron aclarándose a medida que estas verdades se hicieron una realidad ante mis ojos. Mi oración al Señor ha sido que así como mis ojos se abrieron ante su Palabra, le permitiera a su iglesia, sus hijos escogidos, despertar del sueño de la religión de los hombres para que fuera saciada. Vinieron a mi corazón las palabras de la sulamita en el libro de Cantares, de cómo había sido atacada en las calles mientras estaba en busca de su amado. ¡Oh, Señor Yeshua, ayúdanos a buscarte en el lugar correcto! Tenemos hambre y sed de ti y de tu verdad. Líbranos del lazo del cazador y de la peste destructora. ¡Cúbrenos bajo tus alas! Amén.

Segunda llave:
Expresiones idiomáticas o Dichos culturales

Como toda cultura, el idioma arameo y los que practicaban este idioma, también gozaban de una cultura muy rica en dichos y refranes. Dentro de estos dichos o resabios, existen algunos que son de índole poética, de corrección, de advertencia, etc. Por ejemplo, el "aguijón en la carne" de Pablo, no era otra cosa que personas que le causaban dolor y persecución. "Un mensajero de Satanás que me abofetee" significaba esto mismo, personas que trataban de destruir la obra de evangelismo de Pablo creándole mala reputación como apóstol. Todos estos son dichos culturales que son comunes dentro de la cultura semítica.

En nuestra cultura occidental también tenemos dichos o refranes que nos ayudan a dar mayor énfasis a nuestras conversaciones, especialmente cuando queremos realmente resaltar algún punto que consideramos importante. Un ejemplo de esto es "de tal palo

Transfusión

tal astilla". Si fuéramos a traducir este dicho dentro de la cultura semita, quizás ellos estarían un poco confundidos y se preguntarían qué queremos decir realmente. Simplemente quiere decir que así como es el padre, también lo será el hijo.

Dentro de los muchos temas que encontramos en nuestras Biblias, me gustaría tocar uno de ellos; el **tema del "diablo"**. Quiero citarte una porción del mismo libro de Rocco, mencionado anteriormente, de la página 43.

Setenta y cinco por ciento del tiempo, el Nuevo Testamento se refiere al término "diablo" como "persona con disturbios mentales," y no como una criatura sobrenatural. En el medio oriente, el pueblo en general, a una persona con disturbios mentales o con acciones de locura, se le dice o llama "diablo." Por ejemplo, los hebreos consideraban la adoración a ídolos como adoración diabólica. Ellos creían que era algo "loco" el adorar un ídolo. Ellos razonaban, que siendo que eran los hombres quienes creaban o diseñaban los ídolos, por consiguiente, no había vida en ellos. Sin embargo, la gente los veneraba, se postraban, y besaban estas estatuas de piedra y madera que no poseían vida alguna. Por esto, para los hebreos esto era "loco" o "descabellado", y por lo tanto, una "adoración diabólica." Por esto, vemos en el evangelio de Juan (8:48) cuando ciertas autoridades religiosas se enojaron contra Yeshua y lo acusaron de ser un judío loco e infiel – "Tenemos razón cuando decimos que eres un samaritano y que tienes un demonio." La gente durante ese tiempo consideraban a aquellos con enfermedades o condiciones mentales, como los lunáticos, que eran influenciados por el ciclo lunar, como estar "poseídos por el diablo" o como "diablos".

También vemos la expresión "caer del cielo" que es otra expresión idiomática o un dicho popular. Yeshua se regocijó por causa del éxito de sus discípulos. Veamos Lucas 10:17-20, "Los setenta y dos regresaron muy contentos, diciendo: — ¡Señor, hasta

El pensamiento semítico

los demonios nos obedecen en tu nombre! (los idólatras o adoradores de ídolos). A esto Yeshua les responde: "—Sí, pues yo vi que Satanás caía del cielo como un rayo. [19] Yo les he dado poder a ustedes para caminar sobre serpientes y alacranes, y para vencer toda la fuerza del enemigo, sin sufrir ningún daño. [20] Pero no se alegren de que los espíritus los obedezcan, sino de que sus nombres ya están escritos en el cielo."

Así que la expresión de "Satanás caer del cielo como un rayo" significa que la maldad en el hombre, incluyendo su idolatría, estaba siendo derribada y cayendo del corazón del hombre por la palabra de los discípulos. Por años había escuchado muchas explicaciones sobre esta porción bíblica, pero todas eran en sentido o mentalidad occidental, o sea con la mentalidad incorrecta. Una vez conocemos la forma de expresión de la gente semítica, podemos ver con claridad lo que estas "palabras difíciles" de Yeshua realmente significan. Eran refranes o dichos populares que todos conocían.

Tercera llave: Misticismo semítico

La palabra misticismo es derivada de la palabra "misterio", o "secreto". Una definición del diccionario es como sigue: "una disciplina espiritual con el objetivo de la unión directa o comunión con la realidad o Di-os a través de la meditación profunda o la contemplación."

Los sueños y visiones son también un tipo o expresión de misticismo religioso. De acuerdo a Rocco, existen dos tipos de misticismos; el misticismo mundano y el misticismo interno espiritual. La diferencia entre el *mundano* y el *espiritual* depende del asunto que se esté dilucidando. Por ejemplo, si dependemos de un vidente, como lo fue el profeta Samuel, para que nos declare un asunto de alguna necesidad humana, lo catalogamos como "misticismo mundano". Ejemplo de esto fue cuando a Saúl se le

Transfusión

extraviaron las asnas de su padre. Saúl acudió a Samuel para que le ayudara a encontrarlas por revelación o visión divina.

El misticismo espiritual, por otro lado, es aplicado mayormente cuando el pueblo, o algún dirigente, buscaban a los profetas para encontrar guía o dirección en cuanto a cómo dirigir la nación en tiempos difíciles y peligrosos. Ejemplo de ello fue cuando alguno de los profetas interpretaba un sueño o alguna visión para un rey o algún dirigente importante. José interpretando el sueño del faraón, Daniel interpretando el del rey Nabucodonosor, Jacob y el sueño que tuvo de la escalera con ángeles que subían y bajaban y su lucha con el ángel.

Así que los sueños y las visiones juegan un papel sumamente importante en los personajes bíblicos. Algunos estudiosos de la Biblia han dicho que por lo menos el 40 por ciento de la Biblia está basado en sueños, visiones y revelaciones. La palabra sueño ha sido traducida del original arameo **Helma** o **hlm** y significa "sanar," "hacer a alguno completo o sano," y también puede significar "integrar." Cuando los semitas antiguos utilizaban la palabra "sueño", lo que realmente intentaban expresar era lo que sucedía durante el extraño fenómeno que ocurre mientras dormimos.

Existen algunas expresiones que **nos pueden ayudar a discernir** cuando la experiencia ha sido un sueño, o alguna visión o revelación, y **no un hecho real**. Por ejemplo; "el ángel del Señor (HaShem) apareció...", "yo estaba en el espíritu...", "el espíritu del Señor (HaShem) estaba sobre mí...", "la Palabra del Señor (HaShem) vino a mi diciendo, y yo vi...", o "El Señor (HaShem) Di-os apareció a Moisés en...", "Y oí el sonido como de trompeta..." (Apocalipsis 4:1)

Hay muchos pasajes bíblicos que se han contado como experiencias humanas reales, pero en realidad son sueños o visiones que estos personajes bíblicos tuvieron, pero cuando los

El pensamiento semítico

leemos pensamos que fueron experiencias físicas reales. El misticismo semítico está bien marcado a través de toda la Escritura y es necesario poder identificarlo para que podamos tener una interpretación más acertada de lo que leemos.

Cuarta llave: la cultura del medio oriente

El factor cultural en la interpretación bíblica juega también un papel importante e indispensable si queremos tener un entendimiento claro y preciso. Para dar claridad sobre este tema voy a dar un ejemplo sencillo de cómo la cultura marca una gran diferencia interpretativa en todo lo que hacemos en nuestra vida cotidiana.

Siendo que he nacido dentro de una cultura latinoamericana, puedo ver la diferencia cultural marcada, por ejemplo, en la crianza de nuestros hijos. En la cultura hispana, cuando un padre está corrigiendo a su hijo, es una señal de falta de respeto el mirar a su padre fijamente a los ojos. El padre espera de su hijo, o hija, que cuando lo corrige, baje su rostro, ya que no levantar su rostro es una señal de respeto ante su autoridad. Sin embargo, en la cultura anglosajona, cuando un padre corrige a su hijo o hija, él espera que levante su rostro y lo mire fijamente a los ojos como señal de que está prestando atención a su padre, que lo respeta y lo obedecerá con relación a lo que le está diciendo.

Ese mismo fenómeno de diferencia cultural lo vemos en la cultura semita. Por esto, cuando leemos, en ocasiones no ponemos el énfasis necesario en ciertas porciones que muestran acontecimientos relacionados a la cultura y perdemos de vista el mensaje completo de lo que la Escritura está mostrándonos.

Quiero mencionar *algunos* ejemplos sobre esto de los que encontré en el libro de Rocco:

Transfusión

1. **El pan** – para los semitas el pan era algo sagrado. Era usado cuando los hombres hacían pactos, lo llamaban el "pacto del pan y la sal". Los semitas tampoco mentían en presencia del pan servido en la mesa. Para ellos el pan posee un tipo de misticismo sagrado, pues representa la provisión divina diaria para el hombre sustentarse en esta vida. Tanto los hombres como las mujeres, todo lo que fuera relacionado al pan, ya sea durante su cosecha y procesamiento, lo hacían en el nombre de Di-os. Di-os era parte de todo lo que tuviera que ver con su alimento diario. Por esto, Yeshua se presentó como el "pan del cielo". Lo que significaba era que sus enseñanzas eran sagradas, alimentando el corazón y el alma de la humanidad.

2. **La manzana** – muchos en occidente creen que la manzana es símbolo de la maldad o el pecado, pero esto no es así con los semitas. Para ellos la manzana es símbolo de belleza, afecto, amistad, atracción y amor. Las mujeres colocaban sus bebés, en días muy calurosos, debajo de un árbol de manzana o de higos, pues su sombra es espesa y sentían alivio del calor del día. Cantares 8:5 dice, "¿Quién es ésta que viene del desierto, recostada en el hombro de su amado? Bajo un **manzano** interrumpí tu sueño: allí donde tu *madre tuvo dolores*; allí donde tu *madre te dio a luz*." Y en Cantares 2:5 dice, "¡Reanímenme con tortas de pasas, aliméntenme con **manzanas**, porque me muero de amor!"

3. **El jardín del Edén** – el árbol de la ciencia del bien y el mal era algo metafórico. La fruta de este árbol tampoco fue una manzana ni ningún otro tipo de fruto. Este recuento de la Palabra no es otra cosa que una representación simbólica de la concepción errónea de la humanidad en relación a como percibimos la vida. El árbol de la vida es unidad, o uno, mientras que el del bien y el mal es dual. Ya no comprendemos la **unidad** de la vida, sino que la percibimos en un dualismo entre lo bueno y lo malo, espíritu y materia, nacer y morir, etc.

El pensamiento semítico

4.   **Bodas** – en la parábola de las diez vírgenes, la lámpara era necesaria pues era la manera de alumbrarse. No se podía celebrar una boda sin suficiente luz o alumbrado. Así que, cuando se comenzaba la ceremonia, solamente aquellos con lámparas encendidas podían entrar y participar. Es por esto que las vírgenes siempre cargaban aceite extra por si el novio tardaba. A la boda de Caná, Yeshua asiste con los discípulos y su madre también se encontraba presente. Ella nota que a los novios se les escaseaba el vino. De acuerdo a la cultura semita, el novio suplía toda la comida, pero el vino era obsequiado por los invitados y familiares cercanos a él. **Los familiares** obsequiaban a la pareja con el mejor vino de la noche. Cada uno de ellos llamaba a los sirvientes para que trajeran ante el maestresala el vino que habían traído para su aprobación. Este anunciaba a todos los invitados que el vino a servirse era el obsequio de este familiar en particular y así todos participaban del mismo. Las personas más cercanas al novio eran las primeras y así sucesivamente, **todos tomaban su turno**. Cuando las personas más importantes o más allegadas a la pareja habían terminado, entonces el maestresala anunciaba al resto de los invitados. Es por esto que Yeshua le contesta a su madre, "mi turno todavía no ha llegado", pues él no era pariente de los novios y no le tocaba todavía su tiempo. Normalmente, ya para el final se iba sirviendo un vino un poco inferior, pues la gente comenzaba a embriagarse. Cuando se sirvió el agua convertida en vino, el maestresala preguntó un poco preocupado pensando que alguien muy importante para los novios había sido descuidado, pues este vino era uno de alta calidad.

Esta cuarta llave es muy importante en la interpretación de lo que leemos, especialmente para diferenciar si lo que Yeshua o sus discípulos dijeron fue simplemente una expresión idiomática o costumbre o tradición cultural.

Transfusión

Quinta llave: la psicología semítica

Nuestras costumbres y conductas están derivadas de nuestra forma de pensar nacional basadas a su vez en nuestra conciencia y tradición. La cultura y la psicología son inseparables. Algunos ejemplos de esto en la Biblia lo son; el tiempo, la mujer, los ángeles, la obediencia, el divorcio y el re-casamiento, etc. Debido al espacio que tengo en este capítulo, voy a considerar solamente dos temas; el rol de la mujer y el tema del divorcio.

Veamos la cultura y psicología semítica concerniente a la mujer. En un artículo que escribí hace un tiempo atrás, expongo lo que se creía culturalmente para ese tiempo y también conforme a la ley de Di-os para su pueblo, comparado con lo que Pablo, ahora bajo la gracia de Yeshua HaMashiaj, por su muerte y resurrección, ha acontecido a la posición de la mujer ante la sociedad y el evangelio.

La mujer

Hay una parte en la redención de la raza humana que muy pocos han comprendido con la revelación que da el Espíritu de Di-os. Es el hecho que toda mujer enfrenta, incluyéndome a mí, cuando se trata de asuntos espirituales y la corriente de filosofía religiosa con relación a nuestra posición en Cristo. He escuchado predicadores dirigirse de la siguiente forma a las mujeres que están escuchando su predicación o enseñanza: "escuchen bien ustedes las mujeres que están aquí sentadas – por su culpa es que estamos nosotros aquí en la condición en que estamos." *Primero*, la Biblia establece que la mujer fue engañada mientras que el hombre VOLUNTARIAMENTE ACCEDIO a la tentación. 1 Timoteo 2:14; "y Adán no fue engañado, sino que la mujer, siendo engañada, incurrió en transgresión."

El pensamiento semítico

Segundo y más importante, es el hecho que Cristo nos hizo libres y nos ha llevado a la posición que teníamos ante Di-os antes que pecáramos. Génesis 5:1-3 "Este es el libro de los descendientes de Adán. El día en que creó Di-os al hombre, a semejanza de Di-os lo hizo.²Hombre y mujer los creó; y los bendijo, y **les puso por nombre Adán el día en que fueron creados**." Vemos aquí que Adán era el nombre de ambos; tanto del hombre como de la mujer. En Di-os no había hombre o mujer pues ambos tenían la misma posición ante El. No fue hasta el pecado que Di-os le ordena a la mujer que estaría sometida a su marido y que él sería su cabeza. Es aquí donde la mujer obtiene su nombre de "Eva" (madre de todos los vivientes) dado por su propio marido.

En dos ocasiones encontramos a Pablo hablando en referencia al rol de la mujer en la casa de Di-os y en la obra del evangelio. En una de ellas nos está hablando sobre la oración y la profecía. Estaba trayendo una aclaración en cuanto a si debía hacerse con la cabeza cubierta o no. Veamos 1 Corintios 11:7-12, "⁷ El varón no debe cubrirse la cabeza, pues él es imagen y gloria de Dios; pero la mujer es gloria del varón, ⁸ pues el varón no procede de la mujer, sino la mujer del varón; ⁹ y tampoco el varón fue creado por causa de la mujer, sino la mujer por causa del varón. ¹⁰ Por lo cual la mujer debe tener señal de autoridad sobre su cabeza, por causa de los ángeles. ¹¹**Pero en el Señor**, ni el varón es sin la mujer, ni la mujer sin el varón, ¹² porque, así como la mujer procede del varón, también el varón nace de la mujer; pero todo procede de Di-os."(RVR)

En estos versos anteriores vemos que Pablo comienza narrando **lo que la ley establecía** en relación al comportamiento del hombre y la mujer, concerniente a las actividades espirituales en la casa de Di-os. Luego en el verso 11 establece el cambio o interpretación **ahora en Cristo**. "Pero en el Señor..." es una expresión que nos muestra las intenciones de nuestro Señor ahora y no como era antes bajo la **ley moral**.

Lo mismo ocurre cuando nos narra en relación a las mujeres y la enseñanza en la casa de Di-os. Vemos lo siguiente en 1 Corintios 14:34-40, "vuestras mujeres callen (o callan) en las congregaciones, porque no les es permitido hablar, sino que deben estar sujetas, **como también la Ley lo dice**. ^{35} Y si quieren aprender algo, pregunten en casa a sus maridos, porque es indecoroso que una mujer hable en la congregación. (Aquí comienza el cambio) ^{36} ¿Acaso ha salido de vosotros la palabra de Di-os, o sólo a vosotros ha llegado? (aquí les está preguntando a los hombres para que juzguen si sólo a ellos ha llegado la palabra o si también ha llegado a las mujeres) ^{37} Si alguno se cree profeta o espiritual, reconozca que lo que os escribo **son mandamientos del Señor**; ^{38}*pero si alguien lo ignora, que lo ignore.* ^{39} Así que, hermanos, procurad profetizar y no *impidáis* el hablar en lenguas; ^{40} pero hágase todo decentemente y con orden." (RVR)

Por años se nos ha enseñado erróneamente que Pablo ordena a las mujeres a no enseñar, ni profetizar o tener ningún tipo de actividad dentro de la casa de Di-os. Pablo hizo muy claro el énfasis de lo que había sido establecido en la ley, antes que Cristo nuestro gran Mashiaj, viniera, y lo que ahora es establecido **por el Señor mismo** en cuanto a la ministración de la palabra de Di-os donde nuevamente ha hecho a la mujer parte integral e importante en la casa de Di-os. Observe la diferencia entre "la Ley lo dice" y cuando expresa **"son mandamientos del Señor"**. No podemos automáticamente asumir que Pablo estaba en contra del ministerio de la mujer por estos capítulos e ignorar todo el resto de la escritura donde expresa abiertamente las actividades de la mujer y el llamado o don de Di-os libre de acepción de personas, raza, lengua o género. Si por un hombre, Adán, entró el pecado en el mundo, por otro hombre, Yeshua HaMashiaj, el pecado fue quitado. Entonces es entendible que junto con el pecado erradicado, Di-os nos ha devuelto nuevamente nuestra posición divina ante El. Por su gracia nos ha hecho herederas y co-partícipes de las riquezas de Di-os aquí en la tierra.

En la carta de Pablo a los colosenses capítulo 4 verso 15 dijo, "Salud a los hermanos que están en Laodicea, y a Ninfas y la iglesia que está en su casa." Muchos quizás dirán, "pero la iglesia se podía estar reuniendo en la casa de esta mujer, pero esto no significa que ella fuera la líder o pastora de esta iglesia". Entonces, ¿Por qué Pablo no se dirigió al pastor o líder directamente, o no le envió el saludo al pastor que se reunía en la casa de esta hermana? Si no menciona a ningún hombre en este saludo, sino a una mujer llamada Ninfa, es porque ella era la que estaba encargada de esta iglesia que se reunía en su casa.

A Yeshua le rodearon muchas mujeres en su ministerio y no me parece que fue una casualidad que fue una mujer la que primero descubrió que había resucitado. Cuando esta mujer se encuentra en el jardín con Yeshua, este le encomienda que fuera y diera las **buenas nuevas** de su **resurrección**. ¡Qué glorioso! El primer evangelista que salió a pregonar que nuestro amado salvador había resucitado fue una mujer. ¿Crees que fue una casualidad? ¿Por qué no fue Pedro, ni Juan los primeros en participar de este gran acontecimiento? Yo interpreto esta escena como algo ordenado por Di-os para que por fin la mujer viera que ella también había sido restaurada a su posición anterior.

Tampoco es pura casualidad que este encuentro se diera en un jardín. Vemos nuevamente a la "mujer" encontrándose con el postrer Adán en el jardín. Donde mismo ocurrió miles de años atrás con el primer Adán, ahora la encontramos con su redentor, figura representativa de aquel otro Adán, pero ahora redimiéndola para siempre. ¡Di-os es maravilloso! ¡Gloria a Di-os!

Transfusión

Cuando el hombre pecó su espíritu durmió, es por esto que Cristo es el "espíritu vivificante". 1 Corintios 15:22, "Así como en Adán **todos** mueren, también en Cristo **todos** serán vivificados." Ha venido a vivificar nuestro espíritu; tanto a hombres como a mujeres. Juntamente con esta vivificación nos ha devuelto nuestra posición ante Di-os, donde todos somos iguales. Solía pensar que este mundo era uno de hombres, ya que en su mayoría son ellos los que lideran en todas las cosas y especialmente en el mundo religioso. 2 Corintios 11:3, "Pero temo que, así como la serpiente con su astucia engañó a Eva, vuestros sentidos sean también de alguna manera extraviados de la sincera fidelidad a Cristo,…"

Gracias damos a Di-os que ahora, en Cristo, podemos disfrutar de esta libertad ya que Él es nuestra cabeza. Cuando me levanto y predico, es el "hombre" Yeshua quien predica a través de mí. Así que, no es el vaso, sino el que habita en el vaso, el que se levanta y predica o ministra. Espiritualmente todos somos femeninos en relación a Cristo Yeshua. El único varón es Yeshua HaMashiaj pues nosotros TODOS somos su novia. Cuando Yeshua HaMashiaj murió y resucitó compró nuestra libertad. Es por eso que Pablo le dice a los Gálatas lo siguiente en Gálatas 3:28 "Ya no hay judío ni griego; no hay esclavo ni libre; no hay **hombre ni mujer**, porque todos vosotros sois uno en Cristo Yeshua."

Queda una sola "mujer" a la que no se le es permitido participar en ninguna de las actividades del Espíritu – al alma carnal del hombre o la mujer – pues el alma es femenina. Es esa la mujer que no debe hablar en los púlpitos ni tener ningún tipo de actividad en nuestras congregaciones. Sin embargo y tristemente, vemos cómo muchas congregaciones son dirigidas por poderes del alma, o por hombres con grandes personalidades carnales que arrastran a otros a desobedecer a Di-os, a los cuales también controlan y manipulan. No, nadie le pone freno a esta "mujer".

El pensamiento semítico

Pero ahora, tengo la confianza y el denuedo que me ha dado mi divino Maestro para aprender que no hay acepción de personas en Di-os, que todos somos igualmente importantes y que El usa a todo aquel o aquella que esté dispuesto o dispuesta a hacer su voluntad. Gracias damos a nuestro Señor Yeshua por su don inefable.

El divorcio

En Mateo 5:31-32 leemos; "[31]También fue dicho: "Cualquiera que repudie a su mujer, dele carta de divorcio." [32]Pero yo os digo que el que repudia a su mujer, a no ser por causa de fornicación, hace que ella adultere, y el que se casa con la repudiada, comete adulterio."

Aunque de ninguna manera estoy promoviendo el divorcio, cabe recalcar, que este texto ha sido causa de gran confusión con relación a este tema. Las traducciones, en su mayoría, han causado este conflicto, pues cuando leemos la de Reina-Valera 1995, al parecer la única causa de divorcio es por fornicación. Veamos abajo, una traducción fiel del arameo y veremos algo muy significativo e interesante.

Mateo 5:31-32 de la traducción del Dr. Lamsa (Libro: Let There Be Light);
"[31]Se ha dicho que todo el que se divorcia de su esposa, debe darle los papeles del divorcio. [32]Pero yo os digo que cualquiera que *repudia* a su mujer, salvo por causa de fornicación, hace que ella adultere; y el que se casa con una mujer *que está separada, pero no divorciada*, comete adulterio."

En la versión de Reina-Valera el mensaje no queda muy claro, pues nos da a entender que la única razón para una persona quedar divorciada ante Di-os es por razón de fornicación, y de lo contrario

Transfusión

comete adulterio si se re-casa. Pero, esto no es el mensaje completo.

Cuando estudiamos cultura y psicología semítica descubrimos que dentro de sus costumbres, había un protocolo a seguir en situaciones de separación y divorcio. Durante estos tiempos, la mujer no tenía carta en el asunto de decidir si se casaba o se divorciaba. Era el hombre quien tenía toda la autoridad.

Ciertas leyes habían sido implementadas para hacer el divorcio un tanto difícil. Esto era debido a que el estado del matrimonio era algo sagrado para la sociedad y la familia. Por ejemplo, si un esposo decidía, por algún impulso pasajero, que no quería continuar con una de sus esposas, tenía que darle carta de divorcio. Pero, si luego descubría que había sido un error de su parte y un impulso descontrolado, como único podía recibir a su esposa de regreso al hogar, era sometiéndose al protocolo que existía o que estaba establecido. Primero, tenía que conseguirle un esposo y dejarla que viviera con él por dos o tres meses. Luego, este nuevo esposo le daría los papeles de divorcio para que ella pudiera re-casarse con su antiguo esposo. La ley era de esta forma para evitar que los hombres divorciaran a sus mujeres por actos irracionales y movido por sus emociones temporeras. El tener que dar a su esposa por mujer de otro hombre, era algo un poco humillante; de esta manera había más control y los hombres no se divorciarían por gusto.

Muchos hombres, sabiendo a lo que se atendrían si las rechazaban y les entregaban carta de divorcio, lo que hacían en lugar de esto, era abandonarlas sin proveerles los papeles de divorcio. De esta manera podían recibirlas de nuevo cuando quisieran.

Yeshua condenaba la práctica de los esposos abandonando a sus esposas. Es por esto que su consideración acerca del divorcio era

El pensamiento semítico

muy estricta. De esta manera estaba protegiendo a la mujer para que no fuera abandonada a su suerte. No hay duda que Yeshua estaba protegiendo los derechos de la mujer. El apóstol Pablo, consciente de esto, menciona en una de sus cartas que en Cristo no hay varón ni hembra. Esta discriminación tenía que terminar a través del poderoso evangelio de Yeshua HaMashiaj.

Sexta llave: simbolismo bíblico

Esta llave consta de tres categorías; parábolas, metáforas y filosofía poética. El lenguaje semita es muy florido y pintoresco. Se utiliza mucho la adulación y largas expresiones de gratitud durante una conversación. No es de maravillarse que Yeshua también hizo mucho uso de parábolas durante sus enseñanzas.

La palabra *pelatha* del arameo significa "parábola". Una parábola es una imaginería verbal que *retrata e ilustra* un evento o enseñanza. El propósito principal de una parábola es "para transmitir una impresión y no para la construcción de definiciones o establecer dogmas humanos." Los maestros semíticos contaban historias para probar a sus oidores y para estudiar sus reacciones. Cuando instruimos con parábolas, estamos causando una impresión visual de lo que tratamos de enseñar. Hay una expresión en inglés que dice, "*a picture speaks more tan a thousand words*", esto quiere decir "una foto habla más que mil palabras". ¡Cuán cierto!

A la gente le gustaba que se les impartiera una enseñanza mientras eran entretenidos a la misma vez. El uso de varias parábolas, pero con el mismo punto de enseñanza, le aseguraba al maestro que su tema estaba siendo completamente entendido y aprendido.

La llegada del reino de los cielos

Existían diversas creencias de cómo el reino de los cielos sería manifestado en este mundo y cómo sería la llegada del Mashiaj. Es

Transfusión

por esto que Yeshua compuso diversas parábolas para ilustrar la idea que el reino de Di-os vendría en forma gradual. Este dominio espiritual, su reino, vendría solamente como la palabra viva del reino enraizada en las mismas almas de la gente y sus líderes. Él sabe que una revolución interna del corazón y la mente tiene que tomar lugar para que el reino se establezca en nosotros.

La historia del Edén, Adán y Eva, que encontramos en los primeros capítulos de Génesis, es una parábola y no un mito, ni una realidad física. En esta parábola encontramos un sin número de figuras poéticas del habla, que hemos interpretado como algo literal. Es por esto que muchas de las cosas que leemos aquí no hacen sentido para un Di-os omnipotente, omnisciente y omnipresente. La consecuencia de interpretar esta parábola como un hecho histórico verídico ha causado la creación de dogmas tales como la maldición de Di-os hacia la humanidad, la visión de la mujer como malvada y causante de nuestra condición caída, etc.

Cuando miramos esta historia como una parábola, añadida para dar mayor interpretación a la creación de Di-os y el hombre, podemos entonces entender y ver cómo todo el relato de la creación toma mayor sentido. En realidad el escritor semítico nos dice cómo la primera pareja casi alcanza la perfección para toda la humanidad. La perfección estaba al alcance por medio de la obediencia y participación del Árbol de la Vida, que es la vida eterna. Sin embargo, mientras que no obtuvieron la perfección, lo que sí encontraron fue otra cosa. Obtuvieron conocimiento – por un alto precio. La desobediencia demostró su preferencia; aprender por experiencia.

Como nota aclaratoria, Di-os nunca maldijo al hombre o a la mujer, sino que fue la serpiente y la tierra las que fueron malditas. Cito nuevamente del libro "Let there be light" lo siguiente:

> *Sin embargo, según los últimos descubrimientos bíblicos y la investigación académica, los versículos 14-19 del capítulo*

tres no eran parte de la estructura original de la leyenda. En una forma más antigua de la historia, la expulsión del jardín siguió justo después que Yahvé Di-os descubrió su desobediencia y oyó su defensa. El exilio del Edén era la pena original y única penalidad impuesta en el hombre y la mujer. Las sanciones mencionadas en los versículos 14-19 no tienen relación directa con el delito que habían cometido. Lo que estos versículos describen son los hechos en el estado actual de la existencia de la serpiente, la mujer y el hombre. Y, a modo de consecuencia, el autor de la Torá o el escriba lo agrega como nuevas sanciones. En él se describe con precisión los desafíos existenciales presentes en los seres humanos que viven en esta tierra.

Aunque considero que esto que acabo de exponer tiene mucho sentido en la interpretación bíblica, quiero también recalcar el hecho de que sigue siendo una interpretación. Dejo este tema abierto para que el lector decida buscar por su cuenta sobre el mismo.

Séptima llave:
La amplificación o exageración (hipérbole)

Es un poco difícil de creer que la exageración o amplificación existe en las páginas de nuestro libro sagrado, la Biblia. En la cultura del medio oriente los semitas amplificaban los eventos y coloreaban una situación o acontecimiento. Esto lo hacían para poder glorificar una idea o algún evento.

A manera de ejemplo, es como cuando tenemos un hermoso cuadro o retrato y para realzar su belleza lo montamos en un atractivo marco. El marco definitivamente realza la hermosura del retrato. De esta misma manera, la exageración es utilizada para realzar y dar mayor hermosura a un acontecimiento. En ninguna manera esta forma de conversación era utilizada para engañar a los que escuchaban.

Un hombre que es mercader de alfombras, por ejemplo, para resaltar la hermosura y perfección de la misma, podía decir a sus clientes en potencia, que había sido hecha por la mano de Di-os mismo. No era para engañar, sino para mostrar a qué magnitud de perfección había sido hecha la alfombra.

La amplificación poética es muy hermosa y significativa. Por ejemplo, cuando la gente se encontraba de luto y sufriendo por algún ser querido, solían decir: "el sol se negó a brillar, y la luna y las estrellas dejaron de brillar y dar su resplandor." Cuando por el contrario disfrutaban de gran gozo y paz, decían "las montañas y los collados danzan de gozo y los árboles del campo dan palmadas de alegría."

Es importante que cuando leamos la Escritura de ahora en adelante, usemos estas llaves para que la veamos con una mente abierta y con el sentido y la razón correcta dentro de todo lo que estudiamos o leemos. Sin embargo, debemos también tener en mente que, no todo lo que leemos en la Escritura ha sido amplificado, como tampoco es todo metafórico o lleno de parábolas. Mi intención es simplemente el dar una idea un poco más clara de lo que significa ver la Biblia a través de los ojos de un semita o una persona del Medio Oriente.

El Futuro Glorioso

Preámbulo a la tercera parte

Expongo aquí lo que he aprendido acerca de los tiempos que vivimos y los acontecimientos que he aprendido están por suceder a los hijos de Di-os. Comprendo ahora, con mucha más precisión, la razón por la cual Di-os me permitió crecer espiritualmente durante los 25 años de mi vida ministerial.

Cada vez que miro hacia atrás, lo único que veo es la mano de mi Señor Yeshua dirigiendo cada paso de mi vida, guardándome y corrigiéndome. Puedo ver los errores cometidos y cómo su mano de gracia y poder me sacó de cada uno de ellos para llevarme a donde me ha ido dirigiendo desde el principio.

Doy gracias a Él por su hermoso amor con que me amó desde antes de la fundación del mundo, y es mi oración que en los próximos capítulos puedas ver mi corazón más allá de mis palabras.

Recalco, nuevamente, que no es mi intención hacer una *exégesis teológica*, sino compartir lo que hasta ahora he comprendido que es la verdad de su Palabra revelada a **mi vida**, la cual me ha transformado. No creo que todo se me haya revelado ya. Sé que hay mucho más por descubrir en Cristo Yeshua. Pero una cosa sí sé, y esta buscaré del Señor, que me permita serle fiel hasta que mi cuerpo no pueda contener toda su gloria y sea transformado en la semejanza de Su Hijo; Yeshua HaMashiaj.

¡A Él sea toda la gloria, la honra y el honor!

Capítulo 13

¿Qué es salvación?

Quiero comenzar este capítulo citando y compartiendo una pequeña porción del libro "Salvation; an in-depth study" (Salvación; Un Estudio en Profundidad) escrito por la Pastora Sheila R. Vitale. Pero antes de leer esta cita, quiero que leas todo este capítulo como si fuera la primera vez que escuchas el mensaje del evangelio. El vino nuevo hay que echarlo en odres nuevos. Con un odre (mente) vieja no se puede comprender el vino nuevo. Aquí expongo la cita:

*Lo que comúnmente se conoce como salvación es realmente la **redención** del espíritu humano. Nuestro espíritu es redimido cuando el Señor Jesucristo une su espíritu a nuestro espíritu. Somos completamente salvos; espíritu, alma y cuerpo, en siete pasos o procesos: [1]La promesa de salvación, [2]la redención y [3]santificación de nuestro espíritu, [4]la preservación, [5]perfección y [6]adopción de nuestra alma, y [7]la glorificación, o espiritualización de nuestro cuerpo físico.*

La promesa del Espíritu Santo es el comienzo de nuestra fe. Lo cierto es que el Espíritu Santo es el comienzo de un largo proceso que termina en nuestra glorificación, lo cual es la transformación de nuestro cuerpo físico a un cuerpo espiritual.

Transfusión

Algunos buscan dentro de ellos mismo por Salvación. (New Age) Creen que fueron llamados desde antes de la fundación del mundo y que su espíritu humano, por sí solo, sin unirse a Jesucristo glorificado, puede dar nacimiento al Cristo de su salvación. Lo llaman la habilitación (del adjetivo hábil o habilidad). Ellos creen que si pudieran encontrar la parte de sí mismos que estaba con Di-os desde el principio, Cristo aparecería dentro de ellos para salvar su alma.

*La salvación es la vida eterna, sin tristeza o dolor. Somos salvos de la muerte y el infierno, lo cual es este sistema mundial, a través de la unión con Jehová, la fuente de la vida. Jesús es el único que se acercó a Di-os y vivió, por lo que los hombres comunes pueden ahora acercarse a Jehová por medio de una relación con Jesucristo. Di-os envió a Jesús para decirle al mundo esta gloriosa verdad, que el Señor Jesucristo está en el proceso de creación de la humanidad a la imagen de Jehová y que esa es **Su** obra, lo que significa que no es necesario hacer uso de ningún <u>control mental</u> para alcanzar dicho objetivo. Sólo tenemos que comprometernos a estudiar (Su Palabra) fielmente, y sin temor de tener que enfrentar y resistir a nuestra propia naturaleza pecaminosa.*

*La salvación es un proceso que rescata el alma de la influencia de Satanás, la **parte inconsciente de la mente carnal**. Ya no escuchamos los susurros malvados de la Serpiente cuando nuestro espíritu y alma están completamente salvos, porque el proceso que salva el alma, destruye a Satanás y a Leviatán, que son la antigua serpiente, en esta edad o siglo.*

*La salvación comienza con el rescate de nuestra alma. La salvación es la palabra griega, **Soteria**. Significa rescate o la seguridad tanto de los efectos físicos y morales del pecado. La salvación significa, liberación y salud. Parte de la raíz griega, **Soza**, lo cual significa, salvar, proteger, sanar, preservar, hacer completo. La salvación no cura la condición caída del hombre natural. No hay nada bueno en el hombre natural que pueda ser curado. Nuestra única esperanza, es que la vida sea añadida a nosotros. La*

¿Qué es salvación?

humanidad perdió el Espíritu de vida, cuando Adán cayó y se convirtió en la parte negativa de una creación mortal.

(Citas a considerar: 1 Pedro 1:9; Hechos 1:8, 2:33; Juan 1:1-4; 2 Timoteo 3:5; 1 Juan 2:22; 1 Cor. 12:28; 2 Timoteo 3:5; 1 Juan 3:5; Efesios 6:11-17; Col. 1:27; Rom. 8,2)

Cuando al principio leí material escrito por esta pastora, no pude comprender mucho. Ella escribe para hijos de Di-os maduros; un **cuarto nivel de comprensión**. Mi mente aun inmadura no podía captar la profundidad de este mensaje. Le pedí al Espíritu Santo que me ayudara a comprender lo que realmente significa salvación. En su inmenso amor y paciencia, me fue enseñando la magnitud del sacrificio de Yeshua y lo que había ocurrido en el espíritu del hombre, que es el comienzo de la salvación total.

Me refiero a lo mismo que aprendemos en la Escuela dominical, pero explicado a un nivel de un hijo de Di-os maduro. Cuando me enseñaron sobre reconciliación y cómo fui justificada, regenerada y santificada, acepté estas palabras como la respuesta, pero en realidad no comprendí la magnitud y profundidad de lo que cada una de ellas implica.

Di-os se concilió con el hombre a través de su Hijo, ahora a nosotros nos toca reconciliarnos con El. Cuando esto ocurre, realmente lo que estamos haciendo es abriendo nuestro ser; espíritu, alma y cuerpo al Señor para que comience a obrar en cada una de estas áreas. Es por esto que Él está a la puerta y llama.

Decidí revisar la parábola del jardín del Edén, donde comenzó el problema del pecado, para ver quién fue o qué representó Adán y qué relación guarda con Cristo; el Mashiaj, y cómo estos siete pasos que cité arriba, se van haciendo una realidad en nuestro crecimiento en la fe y la salvación.

Transfusión

Mateo 16:13 dice, "Al llegar Yeshua a la región de Cesarea de Filipo, preguntó a sus discípulos, diciendo: — ¿Quién dicen los hombres que es el Hijo del hombre? Mateo 16:16, "Respondiendo Simón Pedro, dijo: —Tú eres el Cristo (el Mashiaj), el Hijo del Di-os viviente." Y en Mateo 26:63; "Pero Yeshua callaba. Entonces el sumo sacerdote le dijo: —Te conjuro (te demando) por el Di-os viviente que nos digas si eres tú el Cristo (el Mashiaj), el Hijo de Di-os." (RVR)

La palabra Cristo (Kristus) fue la que se usó cuando se tradujo Mashiaj al griego. Realmente lo que "Mashiaj" significa es ungido. "Kristus" (en griego) significa resplandeciente o ungido, en el sentido de ser ungido con aceite. Cuando los griegos o los romanos brillaban sus escudos, lo hacían ungiéndolos en aceite y frotaban fuertemente los escudos hasta dejarlos brillantes. De aquí es que los griegos al traducir Mashiaj, del hebreo, utilizaron la palabra Cristo, pues también hace referencia a algo o alguien que ha sido ungido, aunque no define completamente su misión y propósito como la palabra original; Mashiaj. Yeshua es el Mashiaj ungido por Di-os a quien también la escritura le llama "el Hijo de Di-os." ¿A quién más en la Escritura se le ha llamado Hijo? En el libro de Génesis vemos que a Adán se le llama el Hijo de Di-os. Los judíos también lo llaman, el Hijo del hombre. Estos nombres eran utilizados alternadamente en relación con Yeshua. Adán fue este Hijo unigénito de Di-os quien estuvo presente en la creación y caminó con Di-os; pues fue creado a su imagen y semejanza.

Muchos creyentes hoy día piensan que porque Adán pecó y fue sacado del jardín del Edén, Di-os se desligó por completo y que ya no tenía nada que ver con él. Pero, pude descubrir en la Palabra de Di-os que Adán se arrepintió de su pecado y lo vemos en los capítulos siguientes de Génesis donde nos muestra que temía y adoraba a Di-os. Existe un libro que da crédito de que Adán lo escribió y en el que muestra que él temió a Di-os hasta que murió y

¿Qué es salvación?

que así enseñó a sus descendientes. Noé fue un descendiente de Adán. ¿Cómo Noé aprendió sobre el Di-os de los cielos, creador del cielo y la tierra? ¿Por qué crees que Di-os separó a Noé del resto y vio que era hombre justo y que temía a su palabra? Noé aprendió del Di-os creador por causa de sus antepasados que fueron enseñados por Adán.

Como todo fiel estudiante de la biblia, yo tenía muchas preguntas. Por ejemplo; ¿Por qué si Adán se arrepintió de su pecado y fue perdonado, comoquiera continuó viviendo como un hombre terrenal, sujeto a enfermedades y pasiones, y luego pereció novecientos treinta años más tarde? ¿Era Adán eterno o perpetuo antes de pecar? Si lo era, ¿qué clase de pecado cometió Adán para que el daño fuera irreparable, aun después de su arrepentimiento? ¿Fue tan grande la magnitud de su ofensa, que la Palabra de Di-os (el verbo) se encarnó y tuvo que venir en forma de hombre a revertir el daño creado a la humanidad? Quería tener un entendimiento más amplio de quién es Cristo, y necesitaba contestar cada una de estas preguntas. Si perseguía un fundamento sólido basado en la Palabra, debía pedir al Espíritu de Di-os que me abriera el entendimiento para poder diferenciar entre el verdadero fundamento, basado en la verdad de Di-os, y el fundamento contaminado y plagado de dogmas de hombres y hasta de demonios como dice la Escritura que sucedería.

Algo que llamó mi atención en el libro de Apocalipsis es que dice que salgamos de Babilonia. ¿Implica esto que ya estamos en el tiempo de la apostasía y dentro de Babilonia? Entendí que necesito salir de Babilonia para poder ver con claridad la palabra de Di-os, que es la única que puede nutrirme para convertirme en un adulto espiritual. Necesitaba dejar a un lado la vida espiritual infantil y crecer a la estatura de la plenitud de Cristo y ya no ser una niña fluctuante, llevada de un lado para el otro por vientos de doctrinas de hombres carnales y sus religiones.

Transfusión

El pecado de Adán, ¿qué fue?

La Palabra de Di-os dice en Romanos 5:14, "No obstante, reinó la muerte desde Adán hasta Moisés, aun en los que no pecaron *a la manera de la transgresión de Adán*, el cual es figura del que había de venir." Existen muchos pecados descritos en las Escrituras, pero hay un sólo "pecado" a la manera de la transgresión de Adán que causó la muerte en toda la humanidad. 1 Corintios 15:22, "porque así como en el Adán **todos** mueren, también en el Mashiaj **todos** serán vivificados." (Versión Código Real)

Cuando pensaba en Adán, pensaba que era un hombre como nosotros desde el principio, desde su creación y formación, pero luego fui comprendiendo que esto no podía ser así. Adán tuvo que haber vivido en un mundo diferente, o sea nuestro planeta tuvo que haber estado en otro tipo de condición para que viviera perpetuamente en un cuerpo diferente. Rom. 8:21 dice, *"Por tanto, también la creación misma será **libertada de la esclavitud de corrupción a la libertad gloriosa de los hijos de Dios.**"* (RV, énfasis añadido) Así que por referencia bíblica pude inferir que él no conocía lo que era la enfermedad ni la muerte. Llegué a esta conclusión porque una de las consecuencias por comer del árbol de la ciencia del bien y del mal era la **muerte**. O sea que, en el estado en que se encontraba no existía la muerte. Si su cuerpo no se enfermaba, ni perecía, entonces tenía otro tipo de cuerpo. Si no fuera así, Pablo no nos exhortaría sobre la transformación de los cuerpos en 1 Corintios 15:51 en adelante. También nos dice en 1 Corintios 15:44, "Se siembra cuerpo animal, resucitará cuerpo espiritual. Hay cuerpo animal y hay cuerpo espiritual." (RV) Si Adán vivía en otra dimensión y se "vestía" de la gloria y la justicia divina, entonces ¿qué clase de pecado cometió para que su cuerpo fuera cambiado al cuerpo que poseemos nosotros en la actualidad y lo convirtiera en un hombre mortal, sujeto a bajas pasiones y malos deseos?

¿Qué es salvación?

Siguiendo la parábola, Adán sabía que Di-os le había dicho que de todo árbol en el huerto podía comer excepto del árbol de la *ciencia del bien y del mal*. Si Di-os en su omnisciencia conocía las consecuencias de comer de este "árbol", ¿Por qué lo plantó en el huerto? El bien y el mal pertenecen al mismo árbol. Es en el alma que tenemos conciencia, o sea consciente y subconsciente. Por tanto, este árbol debe representar nuestra alma, donde habita la ciencia del bien y el mal.

¿Hay diferencia entre el jardín del Edén y el Edén? Dice la Escritura que dentro de "Edén" Di-os plantó un huerto, un jardín **al este del Edén**. ¿Quién o qué es el Edén? Comprendí, por revelación, que es un nivel espiritual en donde Di-os desciende, se mueve y habita dentro de su creación. Di-os es eterno. No hay nada eterno, excepto Di-os y Él es Espíritu. Todo lo demás que ha sido creado es perpetuo. Perpetuo significa que tiene su comienzo, pero continúa sin final. Dentro de este nivel perpetuo formó un huerto al este, y en este nivel colocó al hombre. ¿Qué quiere decir esto?

Pensemos que el Edén es como la mente de Di-os y el huerto o el jardín al este del Edén es la mente del hombre, algo perpetuo creado dentro de la eternidad de Di-os, dentro de su mente. Entonces este ser creado a su imagen, comenzó a ejercer voluntad en su mente propia. Concluí esto porque dice en Génesis 1:3, "sea la luz". Esto lo dijo Di-os antes de haber creado las lumbreras en el cielo. Esta luz debe ser sinónimo de "mente" e "intelecto". Cuando dijo "sea la luz" debió haber sido porque había una mente que recibiría esta "luz" o sea el "conocimiento"; el sentido del ser. Esto es el poder de conocer y entender en el hombre. Luz es entonces sinónimo de conocer o conocimiento y tinieblas es sinónimo de ignorancia o pecado.

Los árboles del huerto representan entonces el alma y el espíritu de Adán; el árbol de la ciencia del bien y del mal representando el alma del hombre (mente) y el árbol de la vida representa el espíritu del hombre, el cual procede de Di-os. El bien y el mal debe ser una representación de la dualidad; los opuestos.

¿Fue Adán este ser de luz a quien ahora entrando en este nivel de la creación, este mundo que es físico y visible, se le entrega un alma viva en un cuerpo diferente al que tenía anteriormente en el primer nivel de donde bajó? Si no es así, entonces ¿con que propósito fue colocado en este jardín?

Recuerdo que recién convertida se me enseñó que Lucifer era un ángel encargado de la adoración en el cielo y que había pecado y Di-os lo había arrojado a la tierra, quien luego se conoce como Satanás. Pero, basado en lo que he descubierto en los textos originales, veo que Luzbel y Adán son una misma persona.

Cuando la Escritura dice que Adán, que significa "hombre," fue formado del "polvo" de la tierra, esta expresión realmente lo que significa es que él había sido formado de una "substancia" o "materia" diferente a la que tenemos hoy día físicamente. ¿Por qué digo esto? Porque si la palabra dada al hombre luego de desobedecer fue que regresaría al "polvo" de donde fue formado, el alma del hombre y su cuerpo de gloria tuvieron que haber sido formados en ese *Mundo Espiritual Visible*, cuando todavía no se había formado el *Mundo Físico Visible* que vemos hoy día. Así que a este nivel es que debe regresar el alma luego que se separa del cuerpo físico; sangre y carne.

Siempre me pregunté por qué la Escritura dice que Adán fue creado un "alma viviente." Luzbel significa portador de luz (conocimiento), o sea "conocimiento". Esto es en referencia a la creación del hombre y ahora, en su formación, se le llama "alma viviente".

¿Qué es salvación?

Si Di-os es espíritu y el hombre fue creado a su imagen, ¿Por qué vemos el énfasis en un "alma viviente" en lugar de Adán haber sido creado "espíritu viviente"? Cuando Di-os sopló aliento de vida en su nariz, le entrega el espíritu que fue creado a imagen de Di-os de acuerdo al capítulo 1:26, durante su formación.

Las instrucciones de no "comer del árbol" de la ciencia del bien y el mal tiene su interpretación simbólica. Cuando comemos algo, esto se vuelve parte de nosotros a través del proceso de la digestión. Así que lo que Di-os le estaba instruyendo al hombre acerca de no comer de este árbol, sino del árbol de la vida, era lo siguiente: "Entra en comunión conmigo en el Espíritu (Di-os es espíritu)." Era indispensable que el hombre participara de la vida de Di-os. Si vivía basado en los poderes del alma, la dualidad, quedaría preso de su propia psiquis (emociones y raciocinio) y ya no viviría por el espíritu; tercer nivel de la creación. Cuando esto sucedió el hombre quedó atrapado en este mundo del alma." En un laberinto emocional del cual no hay salida a menos que un ser espiritual, Di-os, nos de la guía y las instrucciones para salir de ahí.

En Génesis capítulo 3 se nos narra, dentro de esta analogía, cómo este ser creado tan hermoso, casi en perfección, fue tentado. ¿Cuán grande e intensa fue esta tentación para que un ser que se creó a imagen y semejanza de Di-os y que utilizaba 100% de su capacidad mental, pudiera ceder? Si Adán utilizaba toda su capacidad intelectual, entonces la tentación que enfrentó tuvo que haber sido en la misma magnitud o altura.

¿Has pensado alguna vez en esto? Hoy día podemos ver cuán avanzados estamos en la ciencia y la tecnología, la construcción arquitectónica y la aviación, para mencionar algunos de los avances del hombre. Todo esto lo ha logrado solo utilizando un 10% de su capacidad intelectual psíquica. Los poderes del espíritu han estado sellados para nosotros. Esto lo vemos representado por

Transfusión

los querubines que se colocaron "a la entrada del Edén". Di-os puso impedimento para que el hombre no utilizara los poderes espirituales, que son mayores, y para que el alma, que no estaba sometida bajo el poder del Espíritu, no se apoderara de los secretos del Espíritu; conocimiento con el cual todo ha sido creado por Di-os.

Entonces, quiere decir, que este ser (Adán) ya sabía que él había sido creado a imagen y semejanza de Di-os. No queda otra manera de interpretar su tentación sino por deducción y revelación del espíritu de Di-os. La tentación del hombre era la oportunidad de convertirse en un dios fuera de Di-os, o sea separado de Él. En otras palabras, Adán seria ahora otro dios que no necesariamente estaría sujeto o adherido al Espíritu de Di-os; o sea, ¡AUTOSUFICIENTE! *"Tú que decías en tu corazón: "Subiré al cielo. En lo alto, junto a las estrellas de Dios, levantaré mi trono y en el monte del testimonio me sentaré, en los extremos del norte..."* Isaías 14:13 (RV)

Para que esta tentación tomara lugar, tuvo que haber venido no de otra fuente sino del poder del alma. Cuando cedió a la tentación, se convirtió en un ser de maldad. La ciencia del bien y el mal ya no estaba en completo balance. La maldad tomó posesión de todo su ser. ¿Por qué? Porque no se había desarrollado primero en el poder del espíritu; el árbol de la vida.

Origen del cuerpo de Adán

La Palabra declara que Adán fue formado del "polvo" de la tierra; un alma viviente. Él no fue **creado** de esta tierra física o de este polvo físico, sino que fue **formado** del polvo. Fue creado y luego formado en el Mundo Espiritual Visible. En la dimensión en la que

¿Qué es salvación?

fue creado y se movía Adán vemos referencia en las palabras de Jesús a Nicodemo sobre los hijos de Dios, o sea hacia donde nos lleva el Señor en nuestra transformación de siervos a hijos. Juan 3:7-8 dice, *"[7]No te maravilles de que te dije: "Os es necesario nacer de nuevo." [8]El viento sopla de donde quiere, y oyes su sonido, pero no sabes de dónde viene ni a dónde va. Así es todo aquel que nace del Espíritu."*

Su alma en el principio, durante la **creación**, era un alma viva y espiritual. Su alma cubría o vestía de la gloria de Di-os a su espíritu. La Gloria de Di-os era su cuerpo espiritual. Así que su alma fue formada originalmente de este "polvo". Pero este cuerpo no era de sangre y carne, sino carne y hueso como es el cuerpo de Jesucristo después de su resurrección. No fue sino después de su caída, luego de la transgresión de desobediencia y que fue "sacado del jardín" (nivel espiritual), que entonces se le entrega este cuerpo físico que también nosotros tenemos. Su cuerpo que fue antes un cuerpo de gloria, ahora era un cuerpo carnal, de sangre y carne; se les entregaron "pieles de animales" como "vestidura". Si Di-os está obrando en la redención del hombre, esto significa que regresaremos de donde vinimos. Es por este que este cuerpo carnal, de pecado, debe regresar al estado que antes tuvo.

Pero este acto divino no fue como castigo, sino como otro *acto de misericordia*. Di-os sabiendo y conociendo el futuro, proveyó un plan perfecto para devolver al hombre a un estado de restauración. Pero, para lograr esto no podía permitir que el hombre se apoderara de los poderes del espíritu y viviera para siempre en esta condición "diabólica" de rebelión. Estaba muerto espiritualmente (separado espiritualmente de Di-os) y su "alma

Transfusión

viviente" estaba solidificándose para convertirse en un alma carnal y mortal. El hombre por primera vez experimentaría dolor, sufrimiento, enfermedad y muerte. Y eso mismo vivió, un solo día, pues Adán no llegó a cumplir mil años. Para el Señor mil años es como un día. El capítulo primero de Génesis narra la **creación** de los seres espirituales, el capítulo 2 narra la **formación** de los cuerpos mortales dentro de la burbuja del tiempo que Di-os creó cuando comenzó toda la creación.

¿Cómo conciliamos la ciencia con la fe?

Los científicos hablan de la gran explosión que originó la creación del universo y todas las pléyades que vemos en nuestro cielo en una noche oscura llena de estrellas. En una ocasión mientras meditaba en esta pregunta, le dije al Señor, ¿cómo conciliamos la ciencia con la fe? ¡Mi entendimiento fue abierto y pude comprender! ¡Todo el mundo físico que vemos y palpamos fue consecuencia de esta gran explosión que tomó lugar cuando Adán fue sacado del nivel espiritual donde habitaba y se formó la materia física; el Mundo Físico Visible! Se formaron los cielos y la tierra física. "Lo que se ve salió de lo que no se veía." No es casualidad que el libro de Génesis tiene dos capítulos para narrar la creación. El capítulo primero de Génesis nos narra la creación, mientras que el capítulo segundo nos narra la formación del mundo físico.

En Adán, Di-os había creado un nivel espiritual; un mundo espiritual visible. Luego vemos en el capítulo dos una narración un poco diferente de cómo todo esto creado en el mundo espiritual tomó forma en el mundo físico. Siempre me preguntaba, ¿por qué Di-os estaba buscando compañía para Adán entre los animales creados? ¿Qué compatibilidad había entre Adán y los animales

¿Qué es salvación?

para que Di-os buscara entre ellos? El hombre pertenecía al mismo nivel de ellos.

En el mundo espiritual visible, Adán era varón y hembra a la misma vez. (Gen. 1:26). Luego de su desobediencia, el hombre continuó siendo varón y hembra en un cuerpo sólido; un alma sólida en un cuerpo "animal." El hombre ahora había sido bajado a un nivel físico del alma. Viendo Di-os que no podía encontrar compañía para Adán, decide dividirlo en dos y extrae de él mismo su parte femenina. Recordemos que fue creado a imagen y semejanza de Di-os. En Di-os hay cualidades masculinas y también femeninas.

También es muy cierto que cuando el hombre encuentra su pareja; es completo. Ahora tiene su parte femenina nuevamente. También la mujer se completa con su pareja pues tiene nuevamente su parte masculina. Esta es la belleza del matrimonio de la manera correcta. Cualquier otra clase de relación es en contra del diseño e intención original.

Por lo tanto, a manera de resumen, el "alma viviente" que era Adán en un principio fue reducida a un alma física perecedera. Es por esto que vemos en la Escritura cuando Di-os les entrega "pieles de animales" para su "vestimenta." En este mundo físico estaban desnudos de la gloria de Di-os y ahora tenían que ser vestidos de una "vestimenta" inferior, un cuerpo de carne; "animal".

La naturaleza de Cristo y la salvación

Pude comenzar a entender la magnitud y profundidad de la transgresión de Adán. Pude comprender mucho mejor la naturaleza de Cristo. Estábamos todos muertos en delitos y pecados. Todos nosotros nacimos en este mundo físico atados a una condición de muerte. Todos somos ese Adán y por lo tanto todos tenemos que venir a este mundo físico porque hay un propósito para ello. La creación fue también sujetada a vanidad,

Transfusión

sin quererlo, hasta que los hijos de Di-os sean manifestados y entonces la creación (la naturaleza) será también libertada. Quiere esto decir que todo lo que vemos físico salió del mundo espiritual; era un mundo visible pero espiritual.

En la Palabra, ¿qué significa realmente que el cordero fue inmolado desde antes de la fundación del mundo? No creo que esté hablando de Yeshua porque Yeshua no apareció en la tierra hasta después de 2,000 años atrás. Aquí la escritura debe referirse a un gran suceso espiritual antes que el mundo presente fuera creado. Un ser espiritual, un ser de gran gloria, el ungido, o santo ser, que se paseaba entre las piedras de fuego y conocía los secretos divinos a través de la adoración, fue el que fue inmolado. Aquí el cordero inmolado tuve que ser Luzbel, el hijo de Di-os, el espíritu que se separó de Di-os y que luego vino a ser hecho un alma viviente; Adán. Si muerte significa separación, entonces el Espíritu del hijo de Di-os se separó de su creador. Primero espiritualmente (primer nivel de creación) y luego en el área del alma en el jardín del Edén.

Cuando Yeshua fue concebido en el vientre de María, por un acto divino y no por voluntad de varón, este ser era el primer hombre en la tierra (este mundo físico) que caminaría con un espíritu vivo. Es por esto que luego de su resurrección se convierte en Espíritu vivificante. Yeshua fue 100% divino (porque su espíritu vino de Di-os) y 100% hombre (porque su cuerpo fue heredado de María). Bios es el término griego que se utiliza para hablar de la vida natural (de aquí que viene la palabra "biología" que significa *estudio de la vida*) y "Zoe" es el término para expresar la vida de Di-os. El resto de la humanidad tiene un espíritu con vida "bios" y no "zoe" y un alma sólida perecedera que sólo puede comunicarse con lo que le rodea a través de un cerebro y sus cinco sentidos. Hebreos 10:5-7 dice, "Por lo cual, entrando en el mundo dice: «Sacrificio y ofrenda no quisiste, mas me diste un cuerpo.

¿Qué es salvación?

Holocaustos y expiaciones por el pecado no te agradaron. Entonces dije: "He aquí, vengo, Di-os, para hacer tu voluntad, como en el rollo del libro está escrito de mí."

"El niño crecía en gracia para con Di-os y los hombres." ¿Qué implica esto? Que el santo ser que habitaba en el cuerpo de Yeshua crecía en conocimiento doble. Estaba conociendo y experimentando los deseos y angustias del mundo físico, pero a la misma vez estaba creciendo en el conocimiento de su Padre, su verdadera identidad. La carta a los hebreos, capítulo 10, denota el momento cuando Mashiaj (Cristo) lleva a Yeshua a la cruz. Es por esto que Yeshua caminó hacia el calvario como cordero y no abrió su boca. Yeshua, el hombre, sabía que su vida era necesaria para llevar cautivo en su cuerpo la muerte. Fue a través de la vida de Di-os en el Mashiaj que se terminó con el poder de la muerte.

La sangre de Yeshua clama más que la de Abel

"La sangre de Yeshua clama más que la de Abel." ¿Por qué? Porque la sangre que nos rescata no es sólo la sangre física del hombre Yeshua, así como la sangre física del hombre Abel, sino la sangre espiritual del Hijo de Di-os. La Palabra dice que en la sangre está la vida. Entonces, si esto es así, la sangre que terminó con el problema del pecado fue la **sangre espiritual del Mashiaj**. Fue la vida "zoe" entrando en los territorios de la muerte que bajó y rescató las llaves de la muerte y del infierno del que tenía el poder sobre la muerte.

Romanos 5:14, "No obstante, **reinó la muerte** desde Adán hasta Moisés, aun en los que no **pecaron a la manera de la transgresión de Adán**, el cual es figura del que había de venir." ¿Me preguntaba por qué dice que la muerte reinó desde Adán hasta Moisés? Cuando el pueblo de Israel comenzó a recibir la ley de Di-os, la Torá, comenzaron a recibir palabra de vida que fue poco a poco debilitando el reino de la muerte. No dice que se terminó la

Transfusión

muerte, sino que se debilitó por la Palabra de Di-os dada al hombre. ***Ahora la muerte ya no reinaría más.*** Además, Moisés era tipo del Mashiaj. Cuando el Mashiaj aparece y entra en el territorio de la muerte, ahí destruyó por completo el reino de la muerte. Si la palabra muerte significa "separación," entonces, muertos en pecado significa "separados de Di-os por causa del pecado." Pecado implica – desobediencia y transgresión. Así que pude verlo bien simple: "Separados de Di-os por causa de la desobediencia." La muerte física es la separación del cuerpo y del espíritu. Yeshua HaMashiaj luego de resucitar se le llamó "espíritu vivificante." El Espíritu Santo tiene la tarea de llevarnos al nivel del Mashiaj (Cristo). Nuestro espíritu es vivificado por la obra del Señor en el calvario y su resurrección. Si somos salvos por su muerte, cuánto más lo seremos por su vida.

¿Quién nos separará del amor de Di-os? ¡NADA!

He visto un mal, o un fundamento incorrecto sobre el cual descansa la mayoría de las religiones "cristianas", en cuanto a la salvación. Me enseñaron que *la salvación se pierde si no nos comportamos apropiadamente.* Lamentablemente, sin darnos cuenta, hacemos inmunda la sangre del Mashiaj, pues no fue suficiente su sacrificio ya que **depende de mi conducta para que funcione**. Todavía la serpiente sigue susurrándonos en nuestro oído que tenemos que hacer algo más. ¡Nunca es suficiente!

Di-os ya ha hecho provisión y nos ha entregado todo lo necesario para que regresemos al Padre, pero la religión del hombre con sus dogmas (interpretación humana de una doctrina divina) nos ha querido mantener esclavizados y atados a sus enseñanzas carnales. Si por un hombre, Adán, entró el pecado y con el pecado la muerte, cuanto más seremos salvos por el sacrificio del Señor, Yeshua HaMashiaj. ¿Acaso el pecado de Adán es más grande que

¿Qué es salvación?

el sacrificio del Señor? Esto no es lo que dice la Palabra de Di-os. ¿A quién voy a creer? ¿A los hombres o a Di-os?

La escritura claramente dice que Yeshua sostiene las llaves del infierno. Sí, El vino, sufrió, murió y resucitó por ti sabiendo tu condición de antemano. Dice la Escritura que nosotros aun siendo malos, Di-os envió a su hijo. El que tiene las llaves del infierno te dice: "Yo soy el que cierro las puertas del infierno." Te aseguro que si tiene las llaves no es para abrir sino para cerrar y para que nadie más pueda abrir. NO HAY NADA QUE TE PUEDA SEPARAR DEL AMOR DE DI-OS. (Romanos 8:35-39) – "¿Quién nos separará del amor de Cristo? ¿Tribulación, angustia, persecución, hambre, desnudez, peligro o espada? Como está escrito: «Por causa de ti somos muertos todo el tiempo; somos contados como ovejas de matadero.» Antes, en todas estas cosas somos más que vencedores por medio de aquel que nos amó. Por lo cual estoy seguro de que ni la muerte ni la vida, ni ángeles ni principados ni potestades, ni lo presente ni lo por venir, ni lo alto ni lo profundo, ni *ninguna otra cosa creada nos podrá separar del amor de Di-os*, que es en Cristo Jesús, Señor nuestro."

Segundo: En la carta a los Romanos capítulo 5 y verso 14 leemos, "No obstante, reinó la muerte desde Adán hasta Moisés, aun en los que no pecaron a la manera de la transgresión de Adán, el cual es figura del que había de venir."

El único pecado que nos separaba de Di-os, nuestro Padre, es el pecado "a la manera de la transgresión de Adán." Entonces, esto quiere decir que este pecado de Adán que nos separaba de Di-os, fue quitado del medio a través del sacrificio de Yeshua HaMashiaj. Queda una pregunta; ¿Pecamos o no pecamos? El "pecado" que enfrentamos hoy día puede ser definido como "fallar o errar al blanco." El pecado espiritual, el de Adán, fue quitado. Las **obras** de la carne o del alma como mentir, adulterar, etc. son **obras** que sólo

Transfusión

nos atrasan en nuestro crecimiento y madurez espiritual. Fíjate que no dice "los **pecados** de la carne", sino que dice "las **obras** de la carne." Esta era la oración de Pablo para que creciéramos a la estatura de la plenitud de Cristo. Cuando vivimos una vida carnal y basada en nuestro razonamiento o emociones, no damos lugar a que entendamos que nuestro espíritu y alma se unen en una armonía perfecta la cual dará como resultado ese nuevo hombre.

"En tanto que el heredero es niño en nada difiere del esclavo." Es por esto que se nos ha dado al Espíritu Santo como una nana, o niñera para que nos ayude a crecer hacia esa estatura. Dejemos ya las cosas de niños y prosigamos al blanco de nuestra soberana vocación. Así que concluyo que la salvación no puede perderse pues fue otorgada por gracia de parte de Di-os. Nosotros por nosotros mismos nunca hubiéramos podido salvarnos. A través de la ley no pudimos hacerlo tampoco. Sólo Di-os destruyendo a través de su vida la propia muerte, pudo devolvernos hacia nuestra posición de identidad con nuestro Padre. Ahora en Cristo Yeshua podemos cumplir con la ley.

No quiero seguir haciendo inmunda la sangre del Señor, creyendo y enseñando dogmas de hombres, quienes en la mayoría de los casos, no pueden entender el amor y la gracia de Di-os y siguen condenando al mundo y enviándolos a un infierno eterno. Esto es pisotear su sangre y considerarla inmunda. El pecado de Adán nos es más grande que la gracia de Di-os a través de Yeshua HaMashiaj. Arrepintámonos de esta forma de pensar. Hebreos 10:29, "¿Cuánto mayor castigo pensáis que merecerá el que pisotee al Hijo de Di-os, y tenga por **inmunda la sangre del pacto en la cual fue santificado y ofenda al Espíritu de gracia**?" Fíjate que dice "cuánto mayor castigo" – aquí castigo se refiere a corrección. Aquellos que no han reconocido el valor de la sangre del Mashiaj, merecerán una gran corrección por ello.

¿Qué es salvación?

Entonces te preguntarás, ¿qué diferencia hay entre los que servimos al Señor y los que están en el mundo viviendo una vida de "pecado"? Bueno realmente en cuanto a salvación: ninguna. A todos se nos ha dado la misma oportunidad. En cuanto a posición en Di-os, hay una gran diferencia. Pero yo te pregunto; ¿fue decisión tuya servir al Señor o fue un llamado divino? La palabra dice que nadie puede venir al Padre si él no le atrae hacia sí. Nadie puede arrepentirse si él no pone el arrepentimiento. Entonces, ¿de qué nos vanagloriamos? Debemos ser más que agradecidos de que Él se haya dignado en llamarnos y lavarnos de las obras carnales del alma para que llevemos mucho fruto.

Lo que debemos sentir es compasión por aquellos que todavía andan por el mundo sin saber que ya han sido perdonados. Es por esto que a nosotros se nos ha encargado **el mensaje de la reconciliación**. No se nos entregó el mensaje de la salvación, sino el de la reconciliación. No le toca a ningún hombre decidir quién es salvo y quien no lo es. Esto fue una decisión divina y un acto divino. No tenemos nada que decir al respecto. Debemos conformarnos con llevar las BUENAS NUEVAS de reconciliación provista por Di-os para TODOS. En Di-os no hay acepción de personas.

1 Corintios 3:10; "Conforme a la gracia de Di-os que me ha sido dada, yo, como perito arquitecto, puse el fundamento, y otro edifica encima; pero cada uno mire cómo sobreedifica." Es sobre este fundamento que tenemos que edificar. La Palabra dice que cada cual mire como sobreedifica. Si alguno pone heno, madera u hojarasca; la obra de cada uno será probada, pues el fuego la probará. Si el fundamento es arena, la casa no permanecerá. Si edificamos sobre la roca, fundamento sólido, la construcción estará segura. 1 Corintios 3:12-15, "Si alguien edifica sobre este fundamento con oro, plata y piedras preciosas, o con madera, heno y hojarasca, la obra de cada uno se hará manifiesta, porque el día la pondrá al descubierto, pues por el fuego será revelada. La

obra de cada uno, sea la que sea, el fuego la probará. Si permanece la obra de alguno que sobreedificó, él recibirá recompensa. Si la obra de alguno se quema, él sufrirá pérdida, **si bien él mismo será salvo, aunque así como por fuego.**"

El reino de los cielos y los salvados por gracia

Lo que ha creado confusión en el pueblo de Di-os y sus líderes es la manera en que leemos e interpretamos las Escrituras. Hay algo que hacemos cuando leemos y es "leer con prejuicio o con ideas preconcebidas." En otras palabras, cuando leemos, vemos las cosas conforme a como hemos sido adoctrinados y no podemos ver más allá de lo escrito. La Palabra dice que la letra mata, mas el espíritu da vida.

Gálatas 5:16-21 dice, "Digo, pues: Andad en el Espíritu, y no satisfagáis los deseos de la carne, porque el deseo de la carne es contra el Espíritu y el del Espíritu es contra la carne; y estos se oponen entre sí, para que no hagáis lo que quisierais. Pero si sois guiados por el Espíritu, no estáis bajo la Ley. Manifiestas son las **obras de la carne**, que son: adulterio, fornicación, inmundicia, lujuria, idolatría, hechicerías, enemistades, pleitos, celos, iras, contiendas, divisiones, herejías, envidias, homicidios, borracheras, orgías, y cosas semejantes a éstas. En cuanto a esto, os advierto, como ya os he dicho antes, *que los que practican tales cosas no heredarán el reino de Di-os*." Es importante que notemos aquí que a esta lista anterior no se le llama "pecados" sino "obras" de la carne.

Por muchos años cuando leía esta escritura automáticamente lo que entendía era lo siguiente: "los que practican tales cosas **no serán salvos.**" Pero eso no es lo que dice la Escritura. La salvación y heredar el reino no son exactamente lo mismo. Una cosa es ser

¿Qué es salvación?

ciudadano americano y otra es ser un ciudadano senador o el Presidente del gobierno de Estados Unidos.

Las naciones son salvas por gracia y esto es un don de Di-os. No hay nada que pueda hacer para cambiar este hecho, como tampoco podría hacer nada para cambiar el hecho que Adán desobedeció y todos estábamos en la misma condición que él hasta Cristo.

Entonces, para ser parte de su reinado como dice en Isaías "y el principado sobre su hombro" hay ciertos requisitos. Los hombros y el cuello son los que sostienen la cabeza (Cristo) y les da movimiento. Hay un pueblo que por siglos Di-os ha estado separando y preparando para entregarles su reino, cuyo príncipe y rey es Yeshua HaMashiaj mismo.

"Muchos son llamados y pocos escogidos." Este texto tampoco debe aplicarse en cuanto a la salvación, sino a este grupo de santos escogidos que han sido entrenados y capacitados por medio de la obediencia a Di-os para ser participantes integrantes de su reino. Este era y es el mensaje central del evangelio que Yeshua HaMashiaj vino a establecer en la tierra. Juan 17:4, "Yo te he glorificado en la tierra; *he acabado la obra que me diste que hiciera.*" Cuando Yeshua dijo estas palabras, todavía no había ido a la cruz, no había muerto, ni había resucitado. ¿De qué obra está hablando aquí que ya había acabado o realizado? Ya había establecido su reino en sus discípulos. Les había entregado la Torá oral y por su conducta les había demostrado la calidad de vida que el Señor, Di-os de Israel, espera de sus hijos. Se había multiplicado en ellos y ya tenían una *mentalidad del reino de Di-os entre ellos*.

Cuando la Escritura dice, "He aquí estoy a la puerta y llamo, si alguno oye mi voz y abre la puerta, entraré a él y cenaré con él y él conmigo." Este texto tampoco debe ser utilizado para hablar de

Transfusión

salvación. Este texto se refiere a aquellos que han sido llamados para sentarse a la mesa con su Señor y comer del pan (maná) escondido con El. Estos son los que han experimentado intimidad espiritual con el Señor. Esto es, El cuerpo de creyentes que han obedecido a su llamado y que califican para ser parte de su gobierno; su reino.

Estos son los que han lavado sus ropas en la sangre del cordero y han respondido a su llamado. Estos componen la Nueva Jerusalén y las naciones salvas por gracia subirán a Jerusalén a adorar. ¿Quiénes serán parte de las naciones salvas por gracia? Los que están enumerados en Gálatas 5:16-21. Los que practican estas cosas serán parte de las naciones salvas por gracia porque no respondieron al llamado para subir más alto en Di-os y se quedaron como niños. No crecieron a la estatura de la plenitud de Cristo, a un varón perfecto. Es por esto que necesitarán **guía y gobierno espiritual sobre ellos**. Apocalipsis 20:12, "Y vi los muertos, **grandes y pequeños**, de pie delante del trono." La expresión "grandes y pequeños" nos habla sobre estatura espiritual, los que son maduros y los que son inmaduros.

Quisiera repetir aquí lo que Pablo les dijo a los corintios en su primera carta, capítulo 3 y versos 1-4, 10-15 lo siguiente; "^{1}Y yo, hermanos, no pude hablaros como a espirituales, sino como a carnales, como **niños** en Mashiaj.^{2}Os di a beber leche, y no alimento sólido; porque no erais capaces, ni sois capaces todavía, ^{3}porque aun sois carnales; pues habiendo entre vosotros celos y contiendas ¿no mostráis en realidad que sois carnales, y andáis como hombres? ^{4}Porque diciendo el uno: Yo ciertamente soy de Pablo; y el otro: Yo soy de Apolos, ¿no sois carnales? ^{10}Conforme a la gracia de Di-os que me ha sido dada, yo como perito arquitecto puse el fundamento, y otro edifica encima; pero cada uno mire cómo sobreedifica. ^{11}Porque **nadie puede poner otro fundamento que el que está puesto, el cual es Yeshua el Mashiaj.** ^{12}Y si sobre

¿Qué es salvación?

este fundamento alguno edificare oro, plata, piedras preciosas, madera, heno, hojarasca, ¹³la obra de cada uno se hará manifiesta; porque el día la mostrará, pues por fuego se manifiesta pues será el fuego lo que probará el tipo de obra que es cada uno. ¹⁴Si permanece la obra de alguno que sobreedificó, recibirá recompensa. ¹⁵Si la obra de alguno es destruida por el fuego, él sufrirá pérdida, si bien él mismo será salvo, **aunque así como se arrebata alguno de un incendio.**" (Versión Código Real)

Marcos 16:14-16, "Finalmente se apareció a los once mismos, estando ellos sentados a la mesa, y les *reprochó su incredulidad y dureza de corazón*, porque **no habían creído a los que lo habían visto resucitado**. (Este es el fundamento sobre lo que debemos edificar) Y les dijo: Id por todo el mundo y predicad el evangelio a toda criatura. El que crea y sea bautizado, será salvo; pero el que no crea, será condenado." Fíjate que no dice "pero el que no crea, se perderá." Aquí está hablando de juicio, o sea será culpado de incredulidad y no califica para ser parte del reino de los cielos.

Quiero terminar este capítulo resumiendo lo siguiente: La salvación es y sigue siendo un acto divino y no hay nada que pueda impedirla como tampoco hay nada humano que hubiera podido hacerla una realidad. Sólo Di-os en su soberanía nos la da gratuitamente a todos. Las obras de la carne del alma, mencionadas en Gálatas, no sólo nos separan de Di-os, sino que también nos atrasan en el desarrollo espiritual que Di-os exige para aquellos que invita a ser parte de su reino.

Quiero dejarte aquí algunos textos para meditar en lo que te compartí anteriormente: Efesios 2:20, "edificados sobre el fundamento de los apóstoles y profetas, siendo la principal piedra del ángulo Yeshua mismo.

Transfusión

1 Timoteo 6:19, "De este modo atesorarán para sí buen fundamento para el futuro, y alcanzarán la vida eterna." 2 Timoteo 2:19, "Pero el fundamento de Di-os está firme, teniendo este sello: «Conoce el Señor a los que son suyos» y «Apártese de maldad todo aquel que invoca el nombre de Cristo.» Hebreos 6:1-3, "Por tanto, dejando ya los **rudimentos (leche) de la doctrina de Cristo**, vamos adelante a la perfección, no echando otra vez el **fundamento** del [1]arrepentimiento de obras muertas, [2]de la fe en Di-os, [3]de la doctrina de bautismos, [4]de la imposición de manos, [5]de la resurrección de los muertos y [6]del juicio "eterno" (una edad de tiempo, no estaremos en juicio eternamente). Y esto haremos, si Di-os en verdad lo permite." Enumeré seis rudimentos del fundamento de la doctrina de Cristo.

Hebreos 6:4-8: "Es imposible que los que una vez fueron iluminados, gustaron del don celestial, fueron hechos partícipes del Espíritu Santo y asimismo gustaron de la buena palabra de Di-os y los poderes del mundo venidero, y recayeron, sean otra vez renovados para arrepentimiento, crucificando de nuevo para sí mismos al Hijo de Di-os y exponiéndolo a la burla. La tierra que bebe la lluvia que muchas veces cae sobre ella, y produce hierba provechosa a aquellos por los cuales es labrada, recibe bendición de Di-os; pero la que produce espinos y abrojos es reprobada, está próxima a ser maldecida y **su fin es ser quemada** (destruida en fuego)."

Sí, habrá algunos que no querrán someterse al reinado de Yeshua o a la salvación gratuitamente otorgada por Di-os. Estos serán consumidos por el fuego de Di-os. Mi opinión personal: creo que no será un gran número de ellos.

Entonces, ¿en qué consiste nuestra salvación?

Algunos puntos finales: Si cada ser que nace en este mundo, su espíritu viene de Di-os, y en Di-os estaba viviendo eternamente,

¿Qué es salvación?

¿por qué viene a nacer a este mundo? Según la religión o interpretación de los hombres, al nacer aquí tiene un 50% de probabilidad de regresar al "cielo" de regreso con Di-os. El otro 50% tiene la probabilidad de perderse en un infierno "eterno". Si se me diera a escoger, en todo caso, me quedaría en el "cielo" con Di-os y no vendría a este mundo.

¿Te hace sentido todo esto? No. A mí no me hace sentido. Pero esto es lo que la religión del hombre me enseñó. Cuando meditaba en esto, le pedí al Señor Yeshua que me enseñara su Palabra, pues quise comprender por qué había venido a este mundo. Siempre quise conocer mi propósito aquí.

Recuerda que cuando el hombre desobedeció, su alma viviente comenzó a morir, quedó atrapada en el mundo de las emociones y los sentidos. Su espíritu estaba separado de la vida de Di-os. Cuando morimos, nuestro espíritu regresa a Di-os quien lo dio. Así que venimos aquí a obtener un alma. El alma del hombre se solidificó en lo que conocemos como un cerebro humano. Este cerebro humano lo obtenemos cuando nacemos en este mundo físico. Necesitamos un cerebro humano para que en esta mente humana, podamos obtener una mente espiritual. El cerebro nos sirve de matriz para que en ella se crie y forme una mente espiritual, nuestra alma nuevamente vivificada por la Palabra, que se unirá con su espíritu que fue vivificado por el poder del espíritu vivificante, que es Cristo.

¿Por qué necesitamos un alma? Porque el alma es lo que nos da nuestra personalidad. A manera de ejemplo quiero ilustrar lo siguiente: Supongamos que un día vas a la playa y llevas contigo diez tazas, todas completamente diferentes. Llenas cada una de ellas con agua del mar. Las pones sobre una mesa y observas que, aunque todas están llenas de la misma substancia y la misma medida, por fuera todas se ven diferentes. Cada taza tiene un color

Transfusión

diferente y un diseño diferente. Supongamos que ese vasto mar representa el Espíritu de Di-os. Todos nosotros tomamos de ese mar y cada taza contiene la esencia, característica, y cualidades químicas que se encuentran en el mar (Di-os). Pero, cada taza muestra una apariencia o "personalidad" diferente. Así es el alma, te da una personalidad que te hace único. Si vacías una taza, de regreso al mar, el agua pierde la forma y personalidad que tenía en la taza y ahora regresa al "todo". La substancia que había antes tomado forma fuera del mar, ahora regresa al todo y pierde la forma o "personalidad" anterior. Es por esto que venimos aquí y obtenemos un cuerpo que posee una mente, la cual nos da una personalidad propia. La voluntad de Di-os es que esta mente sea transformada y sometida por la palabra de Di-os. Estos serán los que estarán aptos para unirse al Señor, su esposa, y ejercer el gobierno o reino de Di-os a través de sus vidas.

Cuando tu mente espiritual (alma) se somete a la palabra de Di-os y se une a tu espíritu, entonces sucede lo que dijo Pablo en 1 Corintios 15:51 – un misterio. "^{51}He aquí, os digo un misterio: Todos ciertamente resucitaremos, mas no todos seremos transformados.^{52} En un momento, en un abrir de ojo, a la **final trompeta**; porque será tocada la trompeta, y los muertos serán levantados sin corrupción; mas nosotros seremos transformados.^{53} Porque es necesario que esto corruptible sea vestido de incorrupción, y esto mortal sea vestido de inmortalidad.^{54} Y cuando esto corruptible fuere vestido de incorrupción, y esto mortal fuere vestido de inmortalidad, entonces será cumplida la palabra que está escrita: Sorbida es la muerte con victoria.^{55} ¿Dónde está, oh muerte, tu aguijón? ¿Dónde, oh Hades, tu victoria?^{56} Ya que el aguijón de la muerte es el pecado, y la potencia del pecado, la ley.^{57} Mas a Di-os gracias, **que nos dio la victoria por el Señor nuestro Yeshua, el Cristo**.^{58}Así que, hermanos míos amados, estad firmes y constantes, **creciendo** en la obra del Señor siempre, sabiendo que vuestro trabajo en el Señor no es vano. (Versión Jubilee Bible 2000)

¿Qué es salvación?

Es esta alma renovada, la que nos da la personalidad para mantener nuestra identidad, que ahora moldeada bajo el poder de la Palabra divina, nos da el poder de juzgar y gobernar juntamente con Cristo Yeshua.

¡Oh, qué gloriosa esperanza y promesa!

Capítulo 14

Los demonios, el diablo Y el infierno

Hay una historia bíblica que siempre me conmueve el corazón cuando la leo. Es la historia de José y sus once hermanos; los hijos de Israel. Sabemos cómo este joven fue vendido como esclavo injustamente, y luego traicionado por la esposa de Potifar. Pasó muchos años en Egipto, pero no como un príncipe de Di-os, sino como esclavo y preso público.

En todo esto, José nunca perdió su fe sabiendo que lo que el Eterno le había prometido, tarde o temprano se cumpliría. Es bello ver la mano de Di-os cuando lo levanta y lo lleva a la mismísima corte del Faraón para convertirse en uno de los libertadores más grande que ha tenido la historia. Digo libertador, porque libertó a la humanidad de una muerte segura.

La parte de esta historia que quiero enfatizar, aunque toda la historia tiene mucha belleza y simbolismo, es cuando sus propios hermanos vienen hasta Egipto en busca de alimento para su familia, pues la hambruna había llegado hasta ellos también.

Es sumamente increíble ver cuando sus propios hermanos *no lo reconocen*. Pienso que esto fue así, no sólo porque José ya era un

Transfusión

hombre maduro y diferente físicamente a cuando sus hermanos lo vieron por última vez. Pero hay algo muy interesante en toda esta historia. José se había adaptado a la cultura egipcia. Vestía como egipcio, llevaba su cabello a la manera de ellos, se ponía el tipo de maquillaje que llevaban los faraones en sus ojos y rostro, hablaba egipcio y se comportaba ante todos como un egipcio, excepto en cuanto a su fe en el Di-os de Abraham, de Isaac y de Jacob; su padre.

Cuando sus hermanos vinieron a Egipto en busca de comida, no lo pudieron reconocer. ¡No se parecía a ninguno de ellos! No había manera alguna que ellos pudieran pensar que esta persona que tenían de frente, no era otro que su propio hermano José.

De la misma manera, el Yeshua que mostramos al mundo es un Yeshua que hemos convertido en occidental. Lo vestimos como occidental, mostramos la cultura occidental, e interpretamos la Escritura, concerniente a Yeshua, desde una perspectiva occidental. Cuando los semitas o hebreos ven a nuestro Yeshua Mashiaj, definitivamente no lo reconocen, ni lo aceptan.

¿Por qué comencé este capítulo hablando sobre esto? Porque hemos hecho de la Biblia un libro occidental con interpretación privada. Cuando se trata de interpretación, ya había explicado en unos capítulos anteriores, es indispensable que comprendamos los tiempos, las culturas y costumbres de este pueblo semita para que tengamos un entendimiento más claro de lo que leemos. A todo esto se añade la traducción del Nuevo Testamento al griego dándole un sabor o un matiz un tanto diferente al pensamiento del pueblo que escribió la Biblia. Quiero nuevamente enfatizar el hecho que la palabra diablo o demonio no aparece en el Antiguo Testamento. Es algo digno de considerar y analizar pues el Nuevo Testamento realmente es una extensión del Viejo y todo lo que Yeshua, los discípulos y Pablo hablaban, era citando el Viejo

Los demonios, el diablo y el infierno

Testamento. Esto nos demuestra, una vez más, que si en el Viejo no aparecen estas palabras de diablo y demonio, ¿Cómo es que en el Nuevo Testamento sí aparecen y con un énfasis tan fuerte?

Los demonios

Me interesé por conocer lo que la Biblia realmente dice sobre los demonios. Sabía que este tema es uno de mucha importancia hoy día en la iglesia y yo personalmente había venido al Señor precisamente por una experiencia con una chica endemoniada. Hay ministerios completos que se han dedicado a la "liberación" de demonios y muchos otros están envueltos completamente en lo que llaman "Guerra Espiritual." Pero, ¿Qué dice realmente la Biblia sobre esto?

Mateo 7:22-23, "[22] Muchos me dirán en aquel día: Señor, Señor, ¿no profetizamos en tu nombre, y en tu nombre sacamos **demonios**[1], y en tu nombre hicimos muchas grandezas?[23] Y entonces les confesaré: Nunca os conocí; apartaos de mí, obradores de maldad.

En la concordancia Strong, aquí la palabra "demonio" significa lo siguiente;

[1]**G1140 – para "demonios"**
Δαιμόνιον / daimonion / *dahee-mon'-ee-on*
Erradicación de un derivado de G1142; un ser demoníaco; por extensión, una deidad: - diablo,dios. (En otras palabras significa ídolo o idolatría)

G1142 - δαίμων
daimōn / *dah'ee-mown*
De δαίωdaiō *(distribuir fortunas); un demonio o un espíritu sobrenatural (de una naturaleza mala): - diablo.*

Transfusión

Mateo 8:16, "Y cuando llegó la noche, trajeron a él muchos **endemoniados**[2]; y echó *de ellos* los **demonios**[3] con la palabra, y sanó a todos los **enfermos**;..."

[2]**G1139 - para "endemoniados"**

Δαιμονίζομαι/ daimonizomai / *dahee-mon-id'-zom-ahee*

Voz media de G1142; será ejercida por un demonio: - Tener un (ser abrumado por, ser poseído con) diablo (-s).

[3]**G4151 – para "demonios"**

πνεῦμα -pneuma / *pnyoo'-mah*

Del G4154; una <u>corriente de aire</u>, es decir, la respiración (explosión) o una brisa; por analogía o figurativamente un espíritu, es decir, (humanos) del alma racional, (por implicación) principio vital, la disposición mental, etc, o (sobrehumana) un ángel, demonio, o (divino) Di-os, el espíritu de Cristo, el Santo espíritu: - fantasma, la vida, el espíritu (manual, de forma manual), la mente. Comparar G5590.

G5590 - ψυχή

psuchē / *psoo-khay'*

Del G5594; respiración, es decir, (por implicación) espíritu, abstracta o concreta (sólo el principio sensible de los animales, por lo que distingue, por un lado de G4151, que es el alma racional e inmortal, y en el otro de G2222, que es mera vitalidad, incluso de las plantas: estos términos así exactamente se corresponden, respectivamente, al hebreo [H5315], [H7307] y [H2416]: - corazón, la vida, la mente, el alma, + nosotros + usted.

Descubrí que el tema de los demonios, no es uno fácil de comprender. Además, lo que podemos encontrar en las concordancias y diccionarios del Nuevo Testamento están basados

Los demonios, el diablo y el infierno

en la traducción griega, la cual está plagada de paganismo greco-romano.

Primero, aprendí que la Escritura no da explicación completa y detallada sobre ellos, sino que se asume automáticamente que el lector sabe y comprende sobre el tema. A través de mis años de búsqueda en las Escrituras, quiero compartirte lo que he *comprendido* que son los demonios. Hay versos bíblicos que dan la impresión que son *seres espirituales* que posesionan las mentes de las personas. Pero también hay evidencia Bíblica que demuestra que este término "demonio" era la manera en que los hebreos llamaban a las *personas con problemas o disturbios mentales, o a los idólatras*.

Así que he llegado a la conclusión de que son ambos. Te muestro algunos ejemplos bíblicos donde podrás ver que los demonios eran enfermedades mentales o idólatras, mientras que hay otras porciones, que claramente expresan que eran espíritus o seres que poseían las mentes del pueblo y Yeshua vino a libertarlos de ellos.

Te muestro algunas porciones que muestran lo expuesto anteriormente. Como mencioné en unos capítulos anteriores, para los hebreos era algo descabellado crear una imagen de cera o de metal y luego adorarla como si tuviera poderes.

Juan 8:52, "Entonces los judíos le dijeron: Ahora conocemos que tienes **demonio**. Abraham murió, y los profetas, ¿y tú dices: El que guardare mi palabra, no gustará muerte para siempre?"

Juan 10:20, "Y muchos de ellos decían: **Demonio** tiene, y **está fuera de sí**; ¿para qué le oís? Vemos que "estar fuera de sí", lo que implicaba era estar loco o demente."

1 Corintios 10:20, "Antes digo que lo que los gentiles sacrifican, a los **demonios** lo sacrifican, y no a Di-os; y no querría que vosotros

Transfusión

fuerais partícipes de los **demonios**. Ser partícipe de los demonios implicaba ser partícipe de la idolatría."

Apocalipsis 9:20, "Y los otros hombres que no fueron muertos con estas plagas, no se enmendaron de las obras de sus manos, para que **no adoraran a los demonios**, y a las imágenes de oro, y de plata, y de metal, y de piedra, y de madera; las cuales no pueden ver, ni oír, ni andar."

Lucas 11:14, "Y estaba él lanzando un **demonio**, el cual era **mudo**; y aconteció que salido fuera el demonio, el mudo habló y la multitud se maravilló."

Mateo 15:22, "Y he aquí una mujer cananea, que había salido de aquellos términos, clamaba, diciéndole: Señor, Hijo de David, ten misericordia de mí; mi hija está **enferma**, poseída del **demonio**." (RV)

Lucas 9:1, "Y juntando a sus doce discípulos, les dio virtud y potestad sobre todos los **demonios**, y que **sanaran enfermedades**." (RV)

En estos versos anteriores, podemos ver que los demonios aquí se refieren a enfermedades, ya sea de locura o de cualquier otra enfermedad, como el caso de la persona muda. Una vez que comenzó a hablar, y estaba sana de su enfermedad, ellos lo llamaban *estar libre del demonio*.

También cuando la Escritura menciona "doctrinas de demonios", lo que realmente quiere decir es "**doctrinas idólatras y paganas**".

1 Timoteo 4:1, ""Pero el Espíritu dice manifiestamente, que en los postreros tiempos algunos apostatarán de la fe, escuchando a **espíritus de error y a doctrinas de demonios**;..." (RV)

Los demonios, el diablo y el infierno

Pero, hay otros casos en los evangelios donde encontré claramente, que no se trata necesariamente de una enfermedad común. Aunque podemos ver que estos espíritus operando en la mente de las personas, hacía que parecieran como que tenían disturbios mentales o algún tipo de locura. Este tipo de actividad "demoniaca" no es muy común y no hay tantos casos mencionados en el Nuevo Testamento, sino que unos pocos de ellos.

Veamos los siguientes versos:
Lucas 8:33, "Y **salidos los demonios del hombre, entraron en los puercos**; y el hato de ellos se arrojó por un despeñadero en el lago, y se ahogó." (RV)

Marcos 5:15, "Y vienen a Yeshua, y ven al que había sido **atormentado del demonio**, y que había tenido la legión, sentado y vestido, y en su **juicio cabal**; y tuvieron miedo."

G1140 / δαιμόνιον / daimonion
Cortado de un derivado o de la raíz de G1142; un ser demoníaco; por extensión, una deidad: - diablo, dios.

Este personaje muestra indicios de que había sufrido de locura, pero no era debido a una condición médica. Si hubiera sido una condición médica solamente, no había razón para que los "demonios" hablaran y le pidieran a Yeshua que los dejara ir al hato de cerdos y poseerlos. También vemos un caso en que los "espíritus inmundos" que habitaban a estas personas, reconocían quien era Yeshua y hasta le hablaban.

Veamos Lucas 4:41:"Y salían también demonios de muchos, **dando voces**, y diciendo: Tú eres el Cristo, el Hijo de Di-os. Mas él riñéndoles **no les dejaba hablar**; porque sabían que él era el **Cristo**." (RV)

Transfusión

Muchos estudiosos y teólogos han dicho que estos espíritus o demonios son ángeles caídos que fueron parte de una rebelión en el cielo. Hay porciones bíblicas en donde la palabra traducida del arameo implica que es un espíritu inmundo, mientras que en otra implica que se trata de un alma o "pneuma". Da la impresión que son las almas de los que han muerto, o el espíritu de maldad de alguno que se reveló, como si hablara de un ángel caído. Personalmente, no creo que sea tan importante identificar si son enfermedades físicas o mentales, o si son espíritus de maldad. Lo que si considero importante es que ejerzamos la autoridad que nos ha sido dada. En cuanto a lo que implica a la proclamación del evangelio, es importante "que el reino de Yeshua sea establecido en cada hombre, mujer y niño, y que bajo su poder y autoridad podamos libertar a los cautivos."

El diablo, Satanás o Lucifer

En Isaías 54:15-17, leemos; "^{15} Si alguno conspira contra ti, lo hará sin mi apoyo. El que contra ti conspire, delante de ti caerá. ^{16}**Yo hice al herrero que sopla las ascuas en el fuego y saca la herramienta para su obra; y también yo he creado al destructor para que destruya.** ^{17} Ninguna arma forjada contra ti, prosperará, y tú condenarás toda lengua que se levante contra ti en el juicio. Ésta es la herencia de los siervos de Jehová: su salvación de mí vendrá, dice Jehová."

Hay un personaje en la creencia hebrea a quien llaman *HaSatán*. Esta porción bíblica en Isaías 54 da a entender que se trata de este personaje. De acuerdo a ellos, este personaje es el responsable de ejercer los juicios de Di-os en la tierra. No sólo ejerce juicios, sino que también es un destructor. Los hebreos lo describen como el ángel de destrucción. Puede que haya sido este mismo personaje el que trajo el último juicio en Egipto; la muerte de los primogénitos. Los judíos también reconocían a un ser de maldad y

Los demonios, el diablo y el infierno

lo llamaban el "príncipe de los demonios" o "Beelzebú". Te muestro los siguientes versos.

Lucas 11:15, ""Y algunos de ellos decían: En Beelzebú, príncipe de los demonios, echa fuera los demonios.") (RV)

Ante esta acusación, Yeshua les responde, veamos Lucas 11:18; "Y si también **Satanás** está dividido contra sí mismo, ¿cómo estará en pie su reino? Ya que decís que en **Beelzebú** echo yo fuera los demonios." (RV)

¿Quién era Beelzebú? Veamos lo que la concordancia nos dice con relación a este personaje.

La referencia de la concordancia es **G954**. En griego se escribe "Βεελζεβούλ" y se pronuncia "Beelzeboul." La definición es: *De origen Caldeo (por la parodia sobre [**H1176**]); estiércol de dios; Belcebú, un nombre de Satanás: - Belcebú.*

De la concordancia **H1176**, "בעלזבוב" (ba'alzebûb, bah'-al zeb-oob') *De **H1168** and **H2070**; Baal de (la) **Mosca**; Baal-zebub, una deidad especial de los ecroneo: - Baal-zebub.*

H1168 en griego es "בעל"que significa "ba'al" El mismo queH1167; ***Baal, una deidad fenicia***: -Baal, [plural] baales.

H2070 en griego es "זבוב" zebûb; *De una raíz que no se usa (que significa pasar rápidamente); una mosca (especialmente uno de carácter punzante): - volar.*

¡Qué interesante! Entonces el nombre "Beelzebú" lo que simplemente significa o representa es a un dios o ídolo de los ecroneos y los filisteos a quien también se le llamaban **Baal**. En otras palabras, a Yeshua lo estaban acusando de idólatra. Le decían que echaba demonios en nombre de Baal. Pude ver con esto

Transfusión

también, que si Beelzebú era el príncipe de los demonios, siendo él Baal, una deidad pagana, entonces los demonios de los que era príncipe, eran simplemente ídolos. Aquí pude confirmar que en muchas de las ocasiones que leemos en el Nuevo Testamento, la palabra "demonio" realmente se debió haber traducido como ídolos, o idolatría. La gente era libre de su paganismo por causa de la Palabra de Di-os. ¡Su palabra siempre nos liberta!

Observé en la conversación de Yeshua con los fariseos, en Lucas 11:18, que Yeshua intercambia el nombre de Satanás con el de Beelzebú. O sea que Beelzebú y Satanás eran reconocidos como el mismo personaje. Entonces, Satanás era también conocido como Baal, un dios pagano; el *dios de las moscas*.

Me atrevo a declarar que debido a la falta de comprensión de la Escritura, hemos creado dogmas sobre la existencia de un diablo o Satanás que es príncipe de los demonios. Pero, el reino del "diablo" no puede estar organizado. Los demonios no se someten ni a ellos mismos. Así que, cuando veamos esta Escritura, reconozcamos que no hay un ser que organiza a los demás "demonios" y que es príncipe sobre ellos. ¡Esto no es correcto!

Hay otro término usado en la Escritura, que también quise investigar; Lucifer. El nombre Lucifer viene del nombre "Luzbel" que significa "portador de luz" o "porta-antorcha". Sé que lo que voy a decir será un poco difícil de comprender o de aceptar, pero era Adán quien llevaba este título. Él era Luzbel, el portador de la luz de Di-os. Con el tiempo, y luego del pecado el nombre fue cambiado a Lucifer. Este nombre no tiene nada que ver con el nombre Satanás. Satanás es otro nombre que se le daba a Beelzebú, príncipe de los demonios y ya hemos visto que Satanás o Beelzebú era el dios pagano filisteo, también conocido como Baal.

Los demonios, el diablo y el infierno

La Serpiente

Otro término que se le ha atribuido al diablo (griego) es el de "serpiente." De aquí que se le llama la "serpiente antigua". Vemos por primera vez la mención de la serpiente en Génesis capítulo 3 donde sostiene una conversación con la mujer. Durante su conversación le hace ver a la mujer que no estaban completos y necesitaban obtener el conocimiento de la ciencia del bien y el mal para que fueran como Di-os. Como sabemos, esta escena está toda llena de simbolismos. Quiero mostrarte lo que descubrí en la concordancia Strong sobre este tema. La palabra serpiente, tiene el número H5175.

Génesis 3:4-5 Entonces la **serpiente**^{H5175} dijo^{H559} á^{H413} la **mujer**^{H802}: No^{H3808} moriréis^{H4191} ^{H4191}; Mas sabe^{H3045} Di-os^{H430} que^{H3588} el día^{H3117} que comiereis^{H398} de^{H4480} él, serán^{H6491} abiertos vuestros ojos^{H5869}, y seréis^{H1961} como dioses sabiendo^{H3045} el bien^{H2896} y el mal^{H7451}.

H5175 - naw-khawsh' - נָחָשׁ

Del **H5172**; una culebra (por su sonido ssss): - serpiente.

Si buscamos el **H5172** como referencia, tenemos lo siguiente;

H5172 - naw-khash'
Una raíz primitiva; adecuadamente, el acto de silbar, es decir, susurrar una (magia) deletrear; generalmente pronosticar: - X ciertamente, divino, encantador, (uso) X encantamiento, **aprender por experiencia**, ciertamente X, **observar diligentemente**.
Una palabra parecida a la **H5172**, pero que arroja un poco más de luz sobre el tema de la serpiente es el **H5173** de la concordancia Strong;

Transfusión

H5173 - nakh'-ash
Del**H5172**; un encantamiento o augurio: - **encantamiento**.

Por la ley de referencia e interpretación, si todo este relato es bajo la categoría de analogía y simbolismo, entonces la serpiente aquí también es algo simbólico. Por la definición de la concordancia Strong, pude ver las siguientes definiciones para serpiente que me llamaron la atención; "aprender por experiencia", "observar diligentemente" y "encantamiento".

La pregunta que me hice fue... ¿qué fue lo que la serpiente le estaba ofreciendo a la mujer? La respuesta a esta pregunta me ayudó a comprender quién o qué es la serpiente. La definición de "observar diligentemente" me da la impresión que esta serpiente tiene que ver o se identifica con algo en mi personalidad o modo de pensar. Llegué a la conclusión que este observar diligentemente se identifica con mi razonamiento. Cuando fui estudiante en la universidad, en el área de biología, aprendí que el primer paso para cualquier descubrimiento científico es la "observación". Es a través de la observación que razonamos para llegar a una hipótesis o teoría de lo que observamos.

Entonces, comprendí que el razonamiento es una de las cualidades que tenemos en nuestra conciencia. Razonamos a través del pensamiento. Entonces, esta observación llevó a la mujer a un encantamiento de hacerle pensar y creer que participando de este fruto podía ser un dios poderoso, ya conociendo todo lo que Di-os, su creador, conocía. No es casualidad que "encantamiento" es otra definición de serpiente. Un encantamiento es un tipo de engaño o control, que en su mayoría es motivado por la ambición. "Ella anhelaba ser como Di-os."

La mujer y el hombre son también tipo o símbolo de la humanidad. El hombre, masculino, es representativo del espíritu y la mujer es

Los demonios, el diablo y el infierno

tipo del alma; femenina. De esta manera, llegué a una conclusión con relación al relato de la creación; el hombre, siendo masculino y femenino, fue encantado en el área del alma por su deseo de ser como Di-os. Terminó enredado en las pasiones del alma, aprendiendo a conocer a Di-os a través de la experiencia. Y "aprender por experiencia" es una de las definiciones para serpiente.

Esto también lo vemos en Números 21:8, quiero mostrarte lo que dice aquí;

Núm. 21:8 Y Jehová^{H3068} dijo^{H559} á Moisés^{H4872}: Hazte^{H6213} una serpiente ardiente^{H8314}, y ponla^{H7760} sobre^{H5921} la bandera: y será que cualquiera^{H3605} que fuere mordido^{H5391} y mirare^{H7200} á ella, **vivirá**^{H2425}.

H2425 / חָיָה

khaw-yah'ee - vivir, tener vida, **permanecer con vida**, la vida, el vivir prósperamente, vivirá para siempre, ser vivificado, estar vivo, **ser restaurado a la vida o la salud**

La serpiente de bronce

Cuando el pueblo de Israel, durante su peregrinaje en el desierto, comenzó a murmurar, Di-os le dijo a Moisés que levantara una serpiente de bronce ante todo el pueblo. ¿Qué era lo que representaba esta serpiente ardiente hecha de bronce para el pueblo? Esta serpiente les recordaba su condición; una mente carnal arrastrada por emociones, razonamiento y lógica. Las serpientes que mordían al pueblo aquí no eran serpientes físicas, sino que representaban la *murmuración* del pueblo. Esta era la picada mortal que destruía la relación del pueblo con HaShem, Di-os de Israel. Cuando el pueblo era tentado a murmurar, si

Transfusión

levantaban su vista y veían la serpiente, recordaban su condición y se arrepentían. Esto curó al pueblo de su tendencia y debilidad ante la tentación de murmurar contra Di-os y contra su ungido; Moisés.

Una de las definiciones para la palabra "vivirá" del texto – "y será que cualquiera que fuere mordido y mirare a ella, **vivirá**" – es "**ser restaurado a la vida o a la salud.**" El pueblo estaba enfermo espiritualmente. Esta serpiente ardiente, es la serpiente antigua que ha estado mordiendo al hombre por siglos. Pronto pude ver que esta serpiente es un dragón gigante en el libro de Apocalipsis. ¿Le pregunté al Señor por qué? Pude comprender que ahora esta serpiente ha crecido en poder y en número. Si la serpiente es nuestra conciencia y razonamiento humano, entonces ahora en los tiempos finales es una conciencia colectiva que ha crecido en conocimiento y poder humanista. Voy a incluir algunas definiciones que encontré en la concordancia Strong;

Ap. 12:3 Y^{G2532}fue vista^{G3700} otra^{G243} señal^{G4592} en^{G1722} el^{G3588} cielo^{G3772}: y he aquí^{G2400} un grande^{G3173} **dragón**^{G1404} bermejo^{G4450}, que tenía^{G2192}**siete**^{G2033}**cabezas**^{G2776} y^{G2532}**diez**^{G1176}**cuernos**^{G2768}, y^{G2532} en^{G1909} sus^{G846} cabezas^{G2776}**siete**^{G2033}**diademas**^{G1238}.

Ap. 12:9 Y^{G2532}fue lanzado^{G906} fuera aquel^{G3588} gran^{G3173} dragón^{G1404}, la^{G3588}**serpiente**^{G3789}**antigua**^{G744}, que^{G3588} se llama^{G2564}**Diablo**^{G1228} y^{G2532}**Satanás**^{G4567}, el^{G3588} cual **engaña**^{G4105} á todo^{G3650} el^{G3588} mundo^{G3625}.

Ap. 20:2 Y^{G2532} prendió^{G2902} al^{G3588} dragón^{G1404}, aquella^{G3588} serpiente^{G3789} antigua^{G744}, que^{G3739} es^{G2076} el Diablo^{G1228} y^{G2532} Satanás^{G4567}, y^{G2532}**le ató**^{G1210} por **mil**^{G5507}**años**^{G2094};

No tengo suficiente espacio para incluir todas las definiciones de la concordancia, pero he incluido los textos con sus referencias para

Los demonios, el diablo y el infierno

que puedas encontrar las definiciones por ti mismo. Resumiendo lo que he descubierto y llegando a un poco más de entendimiento sobre este tema de la serpiente, quiero compartir contigo lo que considero es lo correcto.

Esta serpiente (nuestro razonamiento – conciencia) ha controlado nuestra mente por siglos desde el primer día cuando lo hizo con Adán. Es por esto que Pablo le llama, el enemigo de nuestra mente. En estos tiempos finales ya ha crecido tanto en *forma corporal en la mente de la humanidad* que se ha perfeccionado en el arte de engañar y mantener a la humanidad encadenada a la mentira y la falsedad y ahora en el Apocalipsis la vemos como un *dragón de siete cabezas*, con cuernos (símbolo de poder) y diademas (representativo del grado de encantamiento que domina su mente).

Pero vemos en el capítulo 20:2 (ver arriba), que fue atado por mil años. Es el mismo tiempo que la Biblia nos dice que Yeshua HaMashiaj reinará; por mil años. Un espíritu no puede ser atado con nada físico, por tanto, lo que esto quiere decir es que nuestra mente será libertada de la opresión y el encantamiento de nuestro razonamiento. Recuerda que el razonamiento se opone a la fe, por tanto se opone al espíritu de Di-os. Pedro, el apóstol, comenzó a hundirse en el agua cuando comenzó a razonar que era **imposible caminar sobre el agua.** La fe no responde al razonamiento. Seremos libertados de este laberinto emocional y de razonamiento en que nos entró Adán, y finalmente gozaremos del reino de Yeshua en amor y fe por mil años.

Toda la humanidad será enseñada por Di-os. Isaías 54:13 dice, "Y todos tus hijos serán enseñados del SEÑOR; y multiplicará la paz de tus hijos." Luego de mil años, esta serpiente será libertada nuevamente, la humanidad volverá a experimentar la duda, el miedo, y todas las demás emociones y sentimientos que están atados al alma y al razonamiento. Esta será la prueba final que la humanidad tendrá que experimentar para que puedan vencer su mente. Esto será para los que resucitarán en la **segunda resurrección**, porque los que participaron de la primera resurrección no tendrán que pasar por este tiempo de prueba. (Para más detalles en cuanto a este tema te invito a que leas el capítulo sobre el Milenio)

El infierno

Si hay un tema que crea mucho miedo en la humanidad, es el tema del infierno. He aprendido que el "infierno" es una dimensión espiritual y no física. Las personas que van a este lugar, han dejado su cuerpo atrás; seis u ocho pies bajo tierra.

He podido ver por la escritura que, aunque es una dimensión real, no se parece en nada a lo que la gente habla o cuenta, especialmente aquellos que lo han visitado y luego han vuelto a la vida y han escrito libros para contarlo. Quisiera primero describir lo que la gente ha dicho sobre este lugar y luego compartiré lo que he descubierto por la palabra de Di-os. Si vamos a creer el testimonio de alguien, me parece que el que debemos creer es el testimonio de la Palabra de Di-os y el testimonio del Espíritu Santo; nuestro ayudador y revelador de los misterios de Di-os.

Se ha enseñado que cuando una persona va a este lugar de tormento, estará en él por toda la eternidad. La gente será quemada en el fuego y seres monstruosos estarán constantemente torturándolos sin descanso. Describen la carne saliendo de sus huesos y sintiendo toda clase de dolores como si todavía tuvieran **un cuerpo de carne**. Muchos que han tenido este tipo de visión o experiencia espiritual, han contado que Yeshua los ha acompañado y que llora junto con ellos al ver la condición de estas personas no arrepentidas, en el infierno, **sin poder hacer nada por ellas**. No sé

Los demonios, el diablo y el infierno

tú, pero a mí me hace sentir como que el evangelio de Yeshua es uno de derrota, pues no puede salvar a aquellos por los que ya murió.

Basado en lo anterior te comparto lo que para mí tiene más sentido y está respaldado por Su Palabra y por las enseñanzas de Yeshua sobre su Padre. Un Di-os de amor y compasivo. Estas personas que entran en esta dimensión no poseen un cuerpo de carne, sino que son seres espirituales. La Biblia dice en Eclesiastés 12:7, "antes que el polvo vuelva a la tierra, como era, y el *espíritu vuelva a Di-os que lo dio*." Entonces si el alma, que es una mente, es la que va a esta dimensión, ¿cómo puede ser torturada con fuego físico, como el que tenemos aquí en la tierra? Di-os es fuego consumidor. Entonces, es el **fuego de Di-os** el que estará **consumiendo** en ellos todo aquello que no procede de una **naturaleza divina** en ellos. El fuego de Di-os no quema, solamente consume. Cuando Moisés observó la zarza ardiente, dijo que el fuego no la consumía, pues la zarza es física y material, no es algo espiritual. En Di-os, el pecado y todo lo que no es de él, será consumido por su fuego.

Juan, el bautista, cuando habló de Yeshua dijo que Él nos bautizaría con Espíritu Santo y **fuego**. Este fuego viene a consumir en nosotros una identidad errónea que tenemos de nosotros mismos. Somos seres espirituales y no carnales. Es su fuego quien nos transforma y cambia en su imagen. Su fuego nos transforma aquí en esta vida presente en forma voluntaria, permitiéndole al Señor que nos cambie, o de lo contrario cuando nos vayamos de este cuerpo, su fuego nos alcanzará y consumirá todo aquello que no glorifica a Di-os. ¡Gloria a Di-os!

El dios Moloc y el tema del infierno

Había un Dios pagano, a quien Di-os **abominaba** y también **condenaba** todo tipo de adoración idolatra que los hijos de Israel rindieran ante él. Era un ídolo de metal con fuego ardiendo en su vientre. Tenía una boca alargada en forma de tobogán, ("slide") por donde sus adoradores arrojaban a sus hijos vivos, para ser consumidos por el fuego que había en el vientre de este ídolo pagano, a quien llamaban Moloc. Quiero mostrarte algunos textos bíblicos.

1 Reyes 11:7, "Entonces edificó Salomón un lugar alto a *Quemos*, ídolo **abominable** de Moab, en el monte que está enfrente de Jerusalén, y a *Moloc*, ídolo abominable de los hijos de Amón."

1 Reyes 11:33, "…por cuanto me ha dejado y ha adorado a Astoret, diosa de los sidonios, a Quemos, dios de Moab, y a Moloc, dios de los hijos de Amón, y no ha andado en mis caminos para hacer lo recto delante de mis ojos, ni mis estatutos ni mis decretos, como hizo David, su padre."

2 Reyes 23:10, "Asimismo profanó el Tofet, que está en el valle del hijo de Hinom, para que ninguno pasara **su hijo o su hija por fuego ante Moloc**."

Jeremías 32:35, "Y edificaron lugares altos a Baal, los cuales están en el valle del hijo de Hinom, **para hacer pasar por el fuego a sus hijos y sus hijas, en honor de Moloc, lo cual no les mandé. ¡Nunca pensé que cometieran tal abominación para hacer pecar a Judá!**

¿Cómo es posible que la misma cosa que Di-os abomina profundamente, sea lo que le han atribuido a Él por tantos años? Puedo ver el **pensamiento greco-romano** por todo el Nuevo Testamento en cuanto a esta creencia. El dios de los infiernos está arraigado profundamente en el corazón de la humanidad. Hemos enseñado que Di-os, un Di-os santo, puro y amoroso, está de continuo persiguiendo a sus hijos para terminar echándolos en el

Los demonios, el diablo y el infierno

fuego y quemar sus "carnes" por toda una eternidad sin compasión alguna.

Yeshua dijo en una ocasión que si nosotros siendo malos sabemos dar buenas cosas a nuestros hijos, ¡Cuánto más nuestro Padre celestial! Nosotros los que somos padres, experimentamos que no importa cuán mal se hayan portado nuestros hijos, luego de castigarlos para corrección, les levantamos el castigo. Esto es porque nuestro amor por ellos no nos permite permanecer eternamente enojados ante su conducta. Entonces, ¿cómo es que no podemos ver el amor de Di-os, que como un Padre nos ha amado tanto que dio lo único y más querido, su propio hijo, para que viniera a mostrarnos su amor y a sacarnos de la ignorancia en la que hemos vivido?

Sí, puedes leer que Yeshua dijo en una ocasión que ya había acabado su obra. Esa obra, a la que se refería, era que se había multiplicado en sus discípulos y había establecido **su reino de justicia, paz y gozo en ellos**. Él sabía que por hacerlo, esto le costaría la vida. Pero vino como quiera y se entregó teniendo conocimiento de ellos.

Las cuatro definiciones para Infierno

En español tenemos una sola palabra para el lugar de procesamiento y corrección divina; el infierno. Pero en los originales vemos una palabra del hebreo y tres del griego que se utilizan intercaladamente en las Escrituras, pero todas ellas han sido traducidas "infierno". Cada una de ellas representa algo en particular que las Escrituras nos están queriendo decir, pero al traducirlas perdemos de vista el mensaje completo. Por ejemplo, lo mismo sucede con la palabra *amor*. Existen cuatro palabras en griego para describir los diferentes tipos de amor. *Eros, fileo, storgé, y agape*.

Transfusión

Eros es el amor pasional, mayormente el que experimenta una pareja. En la mitología griega, Eros era el dios del amor. El amor eros es una forma idealizada de amor. Es el sentimiento apasionado de éxtasis experimentado en el comienzo de una nueva relación, donde la pasión y la atracción física son las fuerzas motoras. El amor eros tiende a no durar por largo plazo. Es el tipo de amor condicionado y dependiente de circunstancias y situaciones favorables y agradables.

Fileo es el amor filial, el que experimentamos con nuestros hijos, hermanos, primos, etc. El amor fileo es el que uno siente por la humanidad y el género humano en general. Es un amor atento que une a las personas como parte de una comunidad. El amor fileo crea un sentido de lealtad hacia los amigos, la familia y la comunidad. Fileo aborda la personalidad, el intelecto y las emociones de las personas. Nos guía a que compartamos mutuamente unos con otros.

Storgé es el amor que se centra alrededor de los que conocemos. Se toma tiempo para conocer y luego amar a alguien en base a lo que se conoce de él o ella. Este tipo de amor se puede utilizar para describir el que los miembros de la familia espiritual sienten unos a otros. Storgé es un amor que implica compromiso. Se puede describir también como el amor entre amigos íntimos que han adquirido gradualmente cariño y entendimiento, uno hacia el otro, con el paso del tiempo.

El amor *ágape* es el amor divino. El amor más grande, puro y santo. Ágape es un amor que nutre. Es un amor incondicional hacia los demás que puede ser comparado con la regla de oro, en la cual tratamos a las personas de la forma que nos gustaría ser tratados. El amor ágape es compasivo, atento, cuidadoso y amable. Es un amor desinteresado y altruista. No busca placer para sí mismo, sino que encuentra placer y deleite en dar, o darse a otros.

Los demonios, el diablo y el infierno

¿Por qué esto es importante conocerlo y qué tiene que ver con el tema del infierno? En realidad no tiene mucho que ver con el tema del infierno, pero sí nos sirve de referencia para entender lo que se pierde cuando las Escrituras son traducidas del idioma griego o hebreo al nuestro.

Todos conocemos la historia cuando Yeshua le pregunta a Pedro si lo amaba y luego le dice que cuidara de sus ovejas y su rebaño. Bueno, la respuesta está en que Yeshua le preguntaba a Pedro si él lo "agape" más que a los demás. A lo que Pedro contestaba, "Sí, Señor tu sabes que yo te fileo". Yeshua quería escuchar que Pedro lo amaba, no con el amor, storgé, ni fileo, sino con el amor ágape. Le pregunta tres veces y no fue hasta la tercera vez, cuando Pedro realmente comprende que para poder ayudar a sus ovejas, tenía que aprender a amar con el amor agape.

Cuando Yeshua o Pablo hablan sobre el infierno, utilizan diferentes palabras dependiendo del mensaje que querían transmitir. Cada una de estas palabras del original, denotan un nivel de **entrega y corrección, tanto aquí y ahora, como también para luego de esta vida**. Para los que le han dado su vida al Señor Yeshua, es de esperarse que estos cuatro niveles se experimenten aquí en vida. Pero el fuego divino, sea en este mundo o en el venidero, lo que Di-os se ha propuesto hacer en tu vida, créeme que lo llevará a cabo. Si no experimentamos su fuego aquí en vida, lo experimentarás luego de partir de aquí. Pero todos entraremos y experimentaremos estos niveles de corrección. Veamos la primera palabra del hebreo y las otras tres que son del griego para la palabra "infierno".

Número 1. La palabra **hebrea** para infierno es "**Seol;**" el nivel de los muertos. Podemos interpretar aquí la gente en las congregaciones cristianas sin la experiencia de nacer de nuevo y también los que están fuera de las congregaciones, en el mundo,

Transfusión

que están en Seol ahora mismo. Viven en un nivel de muerte porque no han conocido, experimentalmente, el espíritu vivificante. La escritura dice que el infierno o "Seol" se ha ensanchado o agrandado. ¿Por qué? Porque la gente está en un nivel de muerte, no teniendo conocimiento de la vida abundante en Yeshua. Conocen a un Yeshua histórico, pero no un Yeshua resucitado. No han experimentado el nuevo nacimiento y por tanto no conocen el mundo y vida espiritual a la que tenemos acceso por el poder de su Espíritu. El nivel del Seol es el nivel de una vida que conoce sólo religión, o el sistema del hombre mundano.

Número 2. La primera palabra **griega** que veremos para infierno, es la palabra "**Gehena**." Gehena era el vertedero de basura de la ciudad, y estaba por el valle de Hinnon. Este vertedero era donde ellos quemaban la basura de la ciudad. Yeshua usó la palabra Gehena para describir castigo; porque no eran los incrédulos, o los gentiles, los que estaban yendo a Gehena, era la gente de la ciudad que venía a quemar su basura allí. Cuando Yeshua habló del gusano que nunca muere, solamente estaba haciendo referencia de este vertedero.

El fuego quemaba en la parte de arriba, pero en el fondo, en las partes más profundas, no llegaba la llama. En esa podredumbre, se encontraban los gusanos que producía la basura. El Gehena es el nivel donde las personas han tenido una experiencia espiritual con Cristo, pero no le han dado **toda la libertad al Señor para cambiarlos completamente, ni para que entre en las partes más profundas de su vida.** Yeshua dijo: "Y yo los bautizaré con Espíritu Santo y fuego." El fuego del Gehena es lo que quema la madera, el heno y la hojarasca en nosotros. Es un fuego purificador. La gente de Di-os, el pueblo de Israel, llevaba su basura allí. Pero el Gehena NO es un fin en sí mismo como la iglesia ha enseñado. Es un medio para el fin. Para los que hemos experimentado el perdón de nuestros pecados, el Gehena es un símbolo de nuestra vida y de las

Los demonios, el diablo y el infierno

cosas ocultas bien adentro de nosotros, que sólo el Señor conoce. Con su fuego purificador, puede llegar hasta el fondo y quemar todo lo que nos mantiene separados de Él, a medida que se lo permitamos. Se necesita humildad y obediencia para reconocer nuestra condición y obediencia, para someternos a Él, para que complete su obra en nosotros.

Número 3. También hay otra palabra **griega** para infierno. En 2 Pedro capítulo 2, una vez más vemos este nivel mencionado. Este nivel del infierno es "**Tártaros**." El verso 4 dice: "Di-os no perdonó a los ángeles que pecaron, sino que los arrojó al infierno (tártaros) y los entregó a prisiones (cadenas) de oscuridad, donde están reservados para el juicio."

La palabra "ángeles" es la pase traduce como, o es sinónimo de la palabra "mensajeros." Aquí está hablando de los ángeles que cayeron y dejaron su primer estado, como dice en Judas. El pensamiento completo aquí, que se encuentra en el verso 4, es un cuadro de restricción, cautiverio y confinamiento. Tártaros no es el juicio, sino que es una "penitenciaría de espera." Note nuevamente que dice, "sino que los arrojó al infierno (tártaros) y los entregó a prisiones (cadenas) de… ¿qué?, de oscuridad, donde están reservados PARA el juicio."

Tártaros no es sólo donde uno espera por un juicio, pero es un estado o condición que existe en algunas personas. Este nivel es difícil de entender algunas veces. Representa cuando la verdad de Di-os nunca penetra completamente. Van a ciegas llevando las "buenas nuevas" con unas verdades a medias. Están en prisiones de oscuridad (ignorancia) porque no han cedido o rendido sus vidas por completo a Señor. El ministerio que han levantado es con sutileza y poderes humanos, o por esfuerzo humano. Es por esto que pueden ir de un estado a otro proclamando el mensaje: "Di-os va a bendecirte y yo voy a vaciarte los bolsillos." ¿Te preguntas

Transfusión

cómo pueden hacer esto? Bueno, pienso que ellos no tienen otra alternativa. No conocen el poder real de Di-os que puede tocar los corazones, sin artimañas ni sutilezas humanas y que también puede suplir a sus necesidades. Están atados en Tártaros, reservados para el día del juicio, cuando los Hijos **maduros** de Di-os se manifiesten en gloria y juicio completo.

La Biblia dice en 1 Timoteo 5:24, "Los pecados de algunos hombres, antes que vengan ellos a juicio, son manifiestos; mas a otros les vienen después." (RVA) Hay personas que ya están en un lugar de cautiverio, atados por su propia maldad. Y en esta hora Di-os está literalmente entregándole a la gente las cosas que ellos aman, hasta que se sientan tan enfermos y cansados de ellas, hasta que comprendan que tienen un pozo sin fondo en ellos que no puede llenarse o satisfacerse por completo... eso es el infierno— eso es Tártaros.

Número 4. Otra palabra **griega** para infierno es "**Hades**" y significa literalmente "no percibido", o "invisible." Hades significa *no percibido, lo que no puedo ver*. Es el nivel de lo invisible. No sólo de lo que no puedes ver espiritualmente, pero también es como estar muerto y enterrado seis pies bajo tierra.

Mencioné antes que realmente no tenemos un entendimiento de la muerte, sólo pensamos de la muerte como uno que muere en su cuerpo. Pero a menos que entendamos lo que Di-os constituye como muerte, no comprenderemos completamente la vida, en todo el sentido de la palabra.

La Biblia dice que habrá una resurrección de los justos y de los injustos. Así que obviamente habrá una resurrección general de aquellos en el nivel invisible llamado Hades, de aquellos quienes han muerto físicamente, y de aquellos que están muertos aunque estén viviendo sobre la tierra. La muerte es muerte, y no importa si

Los demonios, el diablo y el infierno

estás muerto a seis pies bajo tierra; o si lo estás en tu mente carnal humana, lo cual es también un tipo de muerte. Como también, muerto en delitos y pecados, nunca habiendo conocido a Yeshua como Salvador. Si estás muerto, físico o espiritual, estás muerto, o sea **separado** de Di-os.

Fue impactante para mí comprender que todos pasamos por el "infierno," ya sea aquí en vida, o luego de la muerte. Pero todos experimentamos el fuego de Di-os; fuego que consume y cambia nuestra naturaleza caída. No nos sorprendamos por el fuego de la prueba que viene a nuestras vidas, sino que demos gracias al Señor que nos ha llamado, lavado y purificado hasta que tengamos la imagen de su Hijo. ¡Gloria a su Nombre!

Capítulo 15

Los Tiempos del hombre
Las siete iglesias de Apocalipsis

La iglesia de Yeshua HaMashiaj es un "misterio." Recuerdo que en una ocasión, cuando estaba recién casada, Di-os visitó mi vida de una manera impresionante. Estábamos viviendo en la ciudad de Chicago y teníamos a nuestra hija Mariely de unos 2 añitos y nuestro hijo Wihl tenía menos de un año.

Para ese tiempo, cerca del 1984, había estado haciendo 21 días de ayuno parcial junto con otras hermanas de la iglesia. Durante esos días de ayuno, oración y búsqueda de la presencia de Di-os, había estado teniendo experiencias sobrenaturales, como visiones espirituales y conversaciones con Di-os como cuando recién había dado mi vida al Señor. Él me hablaba como si estuviera sosteniendo una conversación telefónica con una amiga. Un domingo en la mañana, antes de que comenzara el servicio, la pastora nos pidió que pasáramos al frente todas las que habíamos llegado temprano.

Cuando nos paramos frente al pulpito para orar, nos acomodamos en forma circular, pero nos quedamos con las manos extendidas hacia el frente, como en acción de recibir algo. Fue cuando con mis ojos cerrados, comencé a ver palomas blancas y resplandecientes, pero pequeñas como el tamaño de golondrinas. Vi cómo esas

Transfusión

palomas blancas se posaban sobre las manos de las hermanas que estaban orando en este círculo. Abrí mis ojos, y para mi sorpresa, todavía continuaba viéndolas. No recuerdo cuánto tiempo duró la visión, pero fue algo muy glorioso.

Recuerdo también que una noche, para ese mismo tiempo de ayuno y oración, mi esposo y yo fuimos al servicio de la iglesia un día de semana por la noche. El servicio de adoración estaba muy poderoso y la presencia del Señor se movía en libertad en la congregación. Mientras estaba adorando al Señor, recuerdo cuando escuché su tierna voz que me pidió que me arrodillara frente a mi silla, en posición de oración, pues quería mostrarme algo. Inmediatamente me postré y le dije, "Señor, aquí estoy, ¿qué quieres mostrarme? De repente sentí cómo mi mente se abrió y comencé a ver, escuchar y percibir con la mente misma de Di-os. Era como si estuviera en todas partes a la misma vez. Podía ver cientos de escenas a la misma vez. Fue una experiencia tan sobrenatural, que recuerdo cómo mi corazón palpitaba aceleradamente.

Mientras estuve viendo, escuchando y percibiendo todo, como si tuviera la mente de Di-os, le grité al Señor, ¡por favor, quita de mí esto, no puedo soportar lo que veo y escucho en mi espíritu! Fue entonces cuando con una voz muy dulce me dijo, "¿puedes percibir todo lo que yo estoy viendo a través de todo el mundo, mientras mi iglesia me adora en este preciso momento?" Sus palabras no eran un reproche, sino una manera de mostrarme, que aunque nosotros sus hijos estemos sirviéndole y queramos agradarle, Él no está ajeno a todo lo que está ocurriendo fuera de las paredes del templo.

No tengo palabras para describir todo lo que vi y escuché, pero con las palabras tan limitadas que tenemos para expresarnos, trataré de hacerlo. Mientras estaba en este tipo de "éxtasis espiritual"

Los tiempos del hombre

pude ver personas siendo abusadas a golpes, mujeres y niños siendo abusados sexualmente, hombres golpeando a sus esposas y niños, personas siendo asesinadas, y toda clase de perversiones como éstas. También recuerdo que vi personas que llevaban mucho tiempo encerradas en unos cuartos escondidos fuera de las ciudades, y nadie sabía que estaban allí. Parecía que estuvieron mucho tiempo encerrados y siendo maltratados. Pude ver cuando le daban de comer por debajo de unas puertas grandes de hierro. Pero tenían falta de higiene y con rostros muy tristes y deprimidos. Vi mujeres abortando sus hijos, y otras abusando de sus hijos a golpes; niños indefensos y sin nadie que los protegiera de estas personas tan crueles. Pude sentir sus emociones de impotencia y frustración, ya que no había otro tipo de vida para ellos.

No sé cuántos segundos o minutos duró esta experiencia, pero sí recuerdo que grité y lloré mucho, pues pude sentir su sufrimiento y lo que el Señor también sufría con ellos. Nadie pudo escucharme porque la adoración y la alabanza estaban bien altas en el servicio y no importaba cuánto gritaba, nadie se enteró. Comencé a pedirle a gritos al Señor que por favor quitara de mí esta experiencia. Sentí que mi corazón no resistiría tanto dolor. Poco a poco fui perdiendo esa *capacidad* de "ver con los ojos de Di-os" y nuevamente fui yo misma otra vez. Todavía llorando, me senté en mi silla, indagando en mi mente qué clase de experiencia había sido ésta. Lloré un rato sin que nadie a mi alrededor pudiera ni siquiera imaginarse, la clase de experiencia que acababa de tener.

Recuerdo también un domingo durante el servicio, en la misma iglesia en Chicago, algo hermoso que me compartió el Señor acerca de la importancia de la iglesia. Mientras estaba cantando al frente durante la adoración, me preguntó cómo hubiese sido mi vida si no existiera la iglesia. Me mostró por la Palabra la hermosura de la iglesia y cuán importante era para nuestro crecimiento espiritual. La iglesia ejerce una función parecida a una madre que nutre y

Transfusión

cuida de sus hijos hasta que lleguen al crecimiento y madurez de un hijo de Di-os.

Si Yeshua no hubiera dejado instituida la iglesia, nuestra vida y crecimiento en la fe hubiera sido casi imposible. Tendríamos que estudiar a solas, y aprender de Di-os a solas. Pude ver con gran claridad la sabiduría de Di-os al crear su cuerpo espiritual que nos proporciona ese alimento de su Palabra revelada para cada generación que ha existido sobre la tierra. La unción corporal, esa fuerza sobrenatural que nos ayuda y protege en momentos de debilidad y pruebas, no estaría ahí para protegernos y cubrirnos. ¡Gracias Señor por tu iglesia; tu cuerpo!

Es por esto que dedico todo este capítulo a compartir contigo lo que aprendí en mi caminar con el Señor referente a su iglesia y parte de este material llegó a mis manos de un escritor anónimo. Expongo aquí los diferentes tiempos o etapas que ha atravesado la iglesia de Yeshua, a lo largo de la historia humana. Cada iglesia ha experimentado un toque de trompeta, un abrir de sellos y el derramamiento de las copas. Es por esto que son siete iglesias. Con cada sello que se abre, ha venido una revelación mayor de su gloria y la luz de su revelación ha brillado en cada etapa de ella. Lo hermoso de esto es que aquí vemos lo que conocemos como la ley de doble referencia. Estas edades han sido una realidad para la iglesia como cuerpo, pero también he aprendido que estos sellos, estas trompetas y copas también han trabajado en nuestra vida personal para traernos a la revelación del Hijo de Di-os.

Es importante que mencione que luego de la iglesia primitiva en Jerusalén, y la persecución que sufrió, se comenzaron a levantar dos grupos. Un grupo apóstata dirigido por mentes malintencionadas que vieron la gran oportunidad para tener el control de las masas utilizando la religión como medio, y la iglesia decadente luego que mueren los apóstoles y se desintegra en

Los tiempos del hombre

máno de este otro grupo que cada día se fortalecía y la perseguía, con el propósito de callarla y destruirla.

En Apocalipsis 1:19-20 dice, "[19] Escribe lo que has visto: lo que ahora hay y lo que va a haber después. [20] Éste es **el secreto** de las siete estrellas que has visto en mi mano derecha, y de los siete candelabros de oro: las *siete estrellas representan a los ángeles de las siete iglesias*, y los siete candelabros representan *a las siete iglesias.*"(Algunas porciones bíblicas de las siete iglesias han sido tomadas del Código Real – una versión traducida del original hebreo y otras de la versión Reina Valera)

La Iglesia de Éfeso
Apocalipsis 2:1-7 (Del Código Real)
[1]*Escribe al emisario de la comunidad judía en Éfeso: Esto dice el que sujeta las siete luminarias en su diestra, el que anda en medio de los menorot(plural de "menorah" la lámpara sagrada que ardía en el Templo) de oro.* [2]*Tengo conocimiento absoluto de tu andar, y que no puedes soportar a los violadores de la Torah, y pusiste a prueba a los que se llaman apóstoles y no lo son, y descubriste sus mentiras;* [3] *y perseveras en mi Torah, y padeciste persecución por causa de mi nombre, y no has desmayado.* [4]*Pero tengo contra tí que dejaste tu primer amor.* [5]*recuerda por tanto de dónde has caído, y has teshuváh(arrepentimiento) volviéndote al fundamento de la halajáh, pues si no, vendré a tí, y quitaré tu menorah de su lugar, a menos que hagas teshuváh.* [6]*Pero tienes esto: que detestas las enseñanzas y forma de vida de los nicolaítas, las cuales yo también aborrezco.* [7] *El que tiene oído, oiga qué dice la Shejinah a las comunidades judías en el exilio. Al que venciere, le daré a comer del etzhayim, que está en el gadEdem de Di-os.*

La primera iglesia del libro de "la Revelación de Yeshua, el Mashiaj" al mundo. La palabra *Efesios* del idioma griego significa "PERDIENDO", y eso mismo fue lo que sucedió. Hombres con agendas escondidas se fueron infiltrando dentro de la iglesia primitiva. Los líderes religiosos, los de la iglesia carnal, usaron su posición de autoridad e influencia ante el mundo, para tratar de

Transfusión

eliminar el camino nuevo y vivo que Yeshua abrió para el hombre. Por el orgullo y el temor a perder el control sobre el pueblo y su posición tan alta y bien remunerada comenzaron a imponer cargas al pueblo. Fueron tan lejos en su empeño, hasta el punto de envolver a Roma buscando ayuda para obtener la erradicación de las enseñanzas de Yeshua. Prohibieron a todos el hablar en su nombre y fue borrado de todos los libros. Aquellos que no cumplían con dichas reglas morían como mártires. Es aquí donde nuestras raíces judías fueron erradicadas de la iglesia, que ahora era gentil y pagana.

Tan pronto nació la Iglesia, fuerzas religiosas carnales de aquel tiempo comenzaron a infiltrarse tratando de mezclar la ley de Di-os (Su gracia), con el paganismo de Roma. Por causa de la inmadurez, pronto ganó la posición establecida de autoridad; Roma. Su poder e influencias diluyeron grandemente las enseñanzas de Yeshua, que por esto lo vemos diciéndole a esta iglesia, *"... has olvidado tu primer amor"*. Esa iglesia pagana, separada cada día más de su fuerte liderato de los doce discípulos y del derramamiento del Espíritu, logró mucho, pero sólo hasta el punto de lo que Di-os ya había prevenido en el comienzo. Rápidamente creció con sus rituales y formalismos y con las influencias engañosas de sus enseñanzas. Di-os tuvo que llamar sus vencedores y mantenerlos escondidos, para preservarles la vida.

La recompensa de los vencedores fue, *"comer del árbol de la vida"*, el cual es la comunión con Di-os el Padre. El acto de comer es el ingerir algo dentro de tí y viene a ser ahora la fuerza de vida misma que te sostiene. La esfera de influencia de la primera edad de la iglesia comprende desde Pentecostés hasta 200 AD.

La Iglesia de Esmirna
Apocalipsis 2:8-11(Del código Real)
[8]*Y escribe al emisario de la comunidad judía en Esmirna: Esto dice el Mashiaj Primero y el Mashiaj Postrero, el que estuvo muerto, y vivió:*

Los tiempos del hombre

⁹Tengo conocimiento absoluto de tu tribulación y tu pobreza, pero eres rico, y sé de la blasfemia de los que se dicen ser verdaderos yehudim, y no lo son, sino sinagoga de Ha-satán. ¹⁰No temas lo que vas a sufrir. He aquí el acusador está listo para echar en la cárcel a algunos de vosotros para que nuestra obediencia a la Torah sea probada, y tendréis tribulación por diez días. Sé fiel hasta la muerte, y te daré la corona de la vida. ¹¹El que tiene oído, oiga lo que dice la Shejináh (presencia divina o Espíritu Santo) *a las comunidades judías en el exilio. Al que venciere, de ninguna manera sufrirá daño de la muerte, la segunda.*

El significado de Esmirna en griego es "AMARGA". Así como la palabra implica, esta edad de la iglesia fue la más perseguida por Roma que los predecesores. Es por esto que Yeshua les dice, "... vas a sufrir". Durante esta época las enseñanzas del Meshiaj se vivían casi en secreto, ya que eran perseguidos, aunque para el estado romano la creciente cantidad de personas que aceptaban las enseñanzas de Yeshua les producía miedo, pues podían perder el control total de sus súbditos. Por ellos el estado romano, con el emperador Constantino a la vanguardia, reunían a grupos de cristianos y los exhibía públicamente mientras eran devorados vivos por leones hambrientos. Esto lo hacía para entretener a su público y provocar terror entre los presentes con el objetivo que el mensaje del Mashiaj se dispersara o desapareciera.

Las atrocidades que sucedieron durante este periodo de tiempo han sido en ocasiones comparadas o puestas en paralelo con el Holocausto que hubo durante el tiempo de Hitler. Durante el último periodo de la dinastía Romana, la verdadera iglesia tuvo que irse bajo tierra, o sea en cuevas, cavernas o lo que llaman catacumbas. Todos los problemas de Roma eran culpados sobre la iglesia y toda clase de guerra fue hecha en contra de los que esperaban por el regreso del Mashiaj.

Los vencedores recibirán "*la corona de la vida*", lo que significa que ellos **no** serán tocados por la segunda muerte. Cuando muchos estaban muriendo por causa de su fe, Yeshua les hizo esta promesa. ¿Piensas que la muerte es terrible porque te separa de tus seres queridos y de todo lo que esta existencia física puede ofrecerte? Aquí Yeshua te libra de la muerte espiritual que te separa de Di-os y de todo lo que es vital para nuestra misma existencia. La primera es temporera porque hay una resurrección, pero la segunda es eterna. Esta edad de la iglesia fue prominente por cerca de 200 AD hasta el 400 AD.

La Iglesia de Pérgamo
Apocalipsis 2:12-17 (Del Código Real)

^{12}Y escribe al emisario de la comunidad judía en Pérgamo. Esto dice el que tiene la espada aguda de dos filos: ^{13}Tengo conocimiento absoluto del lugar donde te encuentras, donde está el trono de Ha-satán *(destructor)*. Pero retienes mi nombre, y no negaste mi emunah *(fe obediente)*, aun en los días de Antipas, mi testigo fiel, el cual fue muerto entre vosotros, donde mora Ha-satán. ^{14}Pero tengo unas pocas cosas contra ti: has mantenido dentro de la comunidad a los que retienen la doctrina de Balaam, quien instruía a Balac cómo poner tropiezo ante los hijos de Israel, a comer lo sacrificado a los ídolos, y a cometer inmoralidad sexual. ^{15}Ademas, también has mantenido dentro de la comunidad a los que sostienen las enseñanzas y forma de vida de los nicolaítas. ^{16}Por tanto, has teshuváh; pues de lo contrario, te visitaré por cierto, y pelearé con la espada de mi boca, contra los que insisten en retenerlos allí. ^{17}El que tiene oído, oiga lo que dice la rúaj *(espíritu)* a las kehilot *(iglesias)*. Al que venciere, le daré del maná escondido y una piedrecilla blanca, y escrito en la piedrecilla un nuevo nombre que nadie conoce, sino el que lo recibe.

El nombre de esta edad de la iglesia significa "TORRE ALTA". Este periodo fue llamado "La Edad Oscura" y la verdadera iglesia fue prácticamente desaparecida de la vista. Yeshua dijo a esta iglesia, "... habitas en medio de donde Ha-Satán tiene su trono".

Esta iglesia se sentó sobre el mismo trono de la cultura Romana en la tierra ocupada por la Roma del Medio Oriente. Cuando la

Los tiempos del hombre

dinastía romana comenzó a deshacerse desde adentro, su concilio comenzó a buscar por otros medios para mantener el **control de la gente**. La manera en que la fe inmovible de los creyentes los había mantenido en contra de tanta persecución, esperando por el regreso del Mashiaj, le dio la clave que buscaban. Por todos esos años Roma había aprendido, o había observado, la fuerza de estos creyentes y eso era lo que ellos necesitaban. Al no poder mantener el poder por fuerza física, siendo que se debilitaban desde adentro, abrazaron la creencia Mesiánica. Esto les dio una base de operación, pero tenían que parecerles atractivo también a las demás culturas que todavía estaban bajo su autoridad debilitante. Para lograr esto añadieron creencias y prácticas de religiones paganas, para apaciguar dichas culturas y ser aceptados por ellas.

Yeshua sostuvo lo siguiente para esta iglesia, si vences y no te contaminas, *"Te daré el maná escondido y un nuevo nombre"*. El maná escondido es la revelación de Di-os mismo, nuestra fuente de vida, la cual viene por la comunión íntima con Di-os. El nuevo nombre es una nueva naturaleza. Ya no seremos conocidos como humanos, sino como seres espirituales. (2 Cor. 5:17)Esta edad de la iglesia duró desde el año 400 AD hasta el 700 AD.

La Religión de Roma
Apocalipsis 13:3 & 17:9

En el siglo cuarto se comenzó a ver un nuevo orden religioso levantándose de las cenizas de la vieja Roma; la iglesia visible Católica. Los César de Roma eran ahora los Papas y el concilio eran los cardenales, creando un reino más poderoso de lo que ellos hubieran imaginado. El catolicismo floreció y engolfó casi todo el mundo que se conocía. Lo que el imperio romano no pudo hacer por causa de su debilidad, la Iglesia Católica Romana lo hizo en una escala increíble. El imperio Romano revivido estaba en plena fuerza. Disfrutaron de dominación completa del escenario religioso hasta el año 1530 AD.

Transfusión

Por causa de estas enseñanzas tan carnales, mucha gente no tiene ni una idea de la diferencia entre reinos terrenales y reinos espirituales, y entre las cosas terrenales y las celestiales. El hombre está constantemente bajando las cosas celestiales hacia un nivel de mentalidad carnal; esto es lo opuesto o al revés. Se supone que estemos permitiéndole al Espíritu de Di-os levantarnos hacia el nivel de lo espiritual. Lo carnal o natural es tangible y son cosas que pueden ser reconocidas por los cinco sentidos; viendo, palpando, saboreando, oliendo o escuchando. (1 Cor. 2:6-10) Las cosas espirituales son intangibles y son conocidas sólo por el espíritu que habita dentro de nosotros.

Yeshua trató de decirle esto a Nicodemo cuando le dijo, "Tienes que nacer del agua (natural) y del espíritu, (espiritual) para entrar en el reino de Di-os, "...lo de la carne es carnal, pero el espíritu produce para el espíritu". Por ejemplo, si cuando leemos, "En la casa de mi Padre muchas moradas hay, voy pues a preparar lugar para vosotros..." Si lo que viene a la mente es una casa muy grande y lujosa, con por lo menos cincuenta cuartos, y un patio con una piscina olímpica, entonces tú eres una persona con mentalidad carnal. Si por el contrario, lo que puedes ver es un lugar en la presencia de Di-os donde vas a habitar y tener comunión, entonces estás en camino hacia un entendimiento espiritual.

Dios estaba en un nuevo mover otra vez y era tiempo para una nueva edad de la iglesia. Cuando este nuevo mover surgiera, desde ese tiempo en adelante, el Vaticano tendría que compartir su dominación religiosa mundial con sus dos hijas, Fundamentalismo y Pentecostalismo que estarían ya próximas a surgir. Algunos usan las palabras, "Católico y Protestante", poniendo todas las demás religiones bajo estas dos categorías. Hay muchas religiones y cultos, pero sólo tres de ellos *proclaman ser* portadores de las enseñanzas de Yeshua el Mashiaj; Catolicismo, Fundamentalismo y Pentecostalismo.

Los tiempos del hombre

La Iglesia de Tiatira
Rev. 2:18-29 (Reina Valera)
Escribe al ángel de la iglesia en Tiatira: "El Hijo de Di-os, el que tiene ojos como llama de fuego y pies semejantes al bronce pulido, dice esto: [19] »"'Yo conozco tus obras, tu amor, tu fe, tu servicio, tu perseverancia y que tus obras postreras son superiores a las primeras. [20] Pero tengo contra ti que toleras que esa mujer Jezabel, que se dice profetisa, enseñe y seduzca a mis siervos para fornicar y para comer cosas sacrificadas a los ídolos. [21] Yo le he dado tiempo para que se arrepienta, pero no quiere arrepentirse de su fornicación. [22] Por tanto, yo la arrojo en cama; y en gran tribulación a los que adulteran con ella, si no se arrepienten de las obras de ella. [23] A sus hijos heriré de muerte y todas las iglesias sabrán que yo soy el que escudriña la mente y el corazón. Os daré a cada uno según vuestras obras. [24] Pero a los demás que están en Tiatira, a cuantos no tienen esa doctrina y no han conocido lo que ellos llaman 'las profundidades de Satanás', yo os digo: No os impongo otra carga; [25] pero lo que tenéis, retenedlo hasta que yo venga. [26] Al vencedor que guarde mis obras hasta el fin, yo le daré autoridad sobre las naciones; [27] las regirá con vara de hierro y serán quebradas como un vaso de alfarero; como yo también la he recibido de mi Padre. [28] Y le daré la estrella de la mañana. [29] El que tiene oído, oiga lo que el Espíritu dice a las iglesias.'"

El significado en el lenguaje griego es, "SACRIFICIO DESPRENDIDO" o "SACRIFICIO INCANSABLE". No siendo vista para los demás, sólo ante Di-os y los verdaderos creyentes, esta iglesia fue escondida bajo la sombra de la Iglesia Católica. Luchando para sobrevivir y mantener su compromiso con Di-os, fue desnudada de su poder, y hasta de su fe. El esfuerzo por continuar era un verdadero sacrificio. Aunque Roma había cambiado su cara, el temor a la persecución todavía permanecía sobre los creyentes. Ninguno podía mantener algún tipo de creencia o enseñanza que no viniera del clero romano, sin incurrir en la ira del Papa, por lo tanto muy pocos lo hicieron.

Transfusión

Los verdaderos creyentes se mantuvieron agarrados a lo que habían oído de las enseñanzas de Yeshua Mashiaj y El los observó y les dijo, *"... tu toleras a esa mujer Jezabel"*. En el Antiguo Testamento Jezabel llevó al pueblo de Israel hacia la idolatría e inmoralidad sexual. Ponían lugares altos y sacrificaban ante sus ídolos.

A los vencedores de esta edad de la Iglesia se les otorgó el *"reino de las naciones"*. Aquellos quienes no tenían autoridad en el reino de los hombres, se les dio el poder para conmover los cielos y la tierra como un rey en su trono. La luz estaba a punto de extinguirse en la iglesia verdadera, pues era la "Edad Oscura". Esta iglesia luchó desde los 700 AD hasta el 1530 AD.

La Iglesia de Sardis
Rev 3:1-6 (Reina Valera)
Escribe al ángel de la iglesia en Sardis: "El que tiene los siete espíritus de Di-os y las siete estrellas dice esto:» "Yo conozco tus obras, que tienes nombre de que vives y estás muerto. ^{2} Sé vigilante y confirma las otras cosas que están para morir, porque no he hallado tus obras bien acabadas delante de Di-os. ^{3} Acuérdate, pues, de lo que has recibido y oído; guárdalo y arrepiéntete, pues si no velas vendré sobre ti como ladrón y no sabrás a qué hora vendré sobre ti. ^{4} Pero tienes unas pocas personas en Sardis que no han manchado sus vestiduras y andarán conmigo en vestiduras blancas, porque son dignas. ^{5} El vencedor será vestido de vestiduras blancas, y no borraré su nombre del libro de la vida, y confesaré su nombre delante de mi Padre y delante de sus ángeles. ^{6} El que tiene oído, oiga lo que el Espíritu dice a las iglesias.'"

Sardis significa, "AVIVAMIENTO". A esta iglesia también se le puede llamar "La iglesia de la Reformación" (Fundamentalismo). En el 1519, Martin Lutero, un joven cardenal, hizo que la verdadera iglesia emergiera de la oscuridad, a ser vista nuevamente cuando clavó sus tesis sobre la puerta de la Iglesia Católica. Fue visitado por Di-os y a través de la revelación, vio que la gracia viene por fe.

Los tiempos del hombre

Muchas de las enseñanzas antiguas de Yeshua fueron revividas. De un día para otro, un nuevo movimiento emergió. El avivamiento había llegado a corazones hambrientos. Di-os comenzó a restaurar lo que se perdió durante la Edad Oscura. Las Biblias se hicieron disponibles a todos los que deseaban tener una y ya no eran una propiedad exclusiva de la jerarquía de la Iglesia Católica. La salvación por gracia trajo esperanza al rescoldo muriente de la iglesia. (Rom. 11:5-6)

Aunque Yeshua le otorgó a los vencedores el privilegio de ser *"...presentados ante el Padre"*, la iglesia de Sardis recibió este mensaje; "Has completado tu obra". Tenía que venir otro movimiento. Esta edad de la iglesia comenzó en el 1530 AD y continuó hasta el 1948 AD.

La Iglesia de Filadelfia
Rev 3:7-13 (Reina Valera)

Escribe al ángel de la iglesia en Filadelfia: "Esto dice el Santo, el Verdadero, el que tiene la llave de David, el que abre y ninguno cierra, y cierra y ninguno abre: [8]Yo conozco tus obras. Por eso, he puesto delante de ti una puerta abierta, la cual nadie puede cerrar, pues aunque tienes poca fuerza, has guardado mi palabra y no has negado mi nombre. [9] De la sinagoga de Satanás, de los que dicen ser judíos y no lo son, sino que mienten, te daré algunos. Yo haré que vengan y se postren a tus pies reconociendo que yo te he amado. [10] Por cuanto has guardado la palabra de mi paciencia, yo también te guardaré de la hora de la prueba que ha de venir sobre el mundo entero para probar a los que habitan sobre la tierra. [11] Vengo pronto; retén lo que tienes, para que ninguno tome tu corona. [12] Al vencedor yo lo haré columna en el templo de mi Di-os y nunca más saldrá de allí. Escribiré sobre él el nombre de mi Di-os y el nombre de la ciudad de mi Di-os, la nueva Jerusalén, la cual desciende del cielo, con mi Di-os, y mi nombre nuevo. [13] El que tiene oído, oiga lo que el Espíritu dice a las iglesias.'"

Esta es la iglesia del "AMOR FRATERNAL". El movimiento Pentecostés vino así, como en el principio, con un pequeño grupo

Transfusión

de creyentes en la primavera del 1906. La señal de esta edad de la iglesia era hablar en lenguas y los dones del espíritu. Rechazados por los Fundamentalistas como radicales y no ortodoxos, el espíritu y poder de Di-os se dispersó como pólvora y fuego. Aún y con este nuevo derramamiento del espíritu, esta iglesia fue sólo una mera sombra de la primera y Yeshua le dijo, "tienes poco poder". Los celos se levantaron cuando los hombres comenzaron a debatir sobre creencias teológicas, hasta que comenzaron las divisiones a separarlos unos de otros. El amor fraternal se fue por la ventana y junto con el también Di-os. Él no tendría parte en eso. Era tiempo de continuar hacia adelante en el plan de Di-os. Pero muchos estaban contentos con lo que tenían y creyeron que no había ningún otro lugar para continuar avanzando. ¡Lo tenían todo!

A aquellos que fuera vencedores, Él les prometió hacerlos *"un pilar o columna del Templo de Di-os"*. Si alguno hubiera escuchado a Di-os y no se hubiera enredado en estas cosas religiosas hubieran sido edificados sobre sus palabras y estarían fuertes en la fe para sostenerse unos a otros en contra del desastre de la próxima edad de la iglesia. El dominio de la edad de la Iglesia de Filadelfia fue desde el 1906 AD hasta el 1948 AD.

Diferentes grupos, concilios y denominaciones

Los fundamentalistas, sintiendo la amenaza de este nuevo movimiento (Pentecostales), se agruparon juntos bajo banderas denominacionales y fueron a Washington. Washington vio el potencial político de una religión organizada y les ofreció excepción de impuestos por una separación de la iglesia y el estado. Ellos vieron su poder dañino en potencia y no quisieron tener nada que ver con eso. Entonces las iglesias tuvieron la bendición del gobierno y se sintieron seguras. Los pentecostales, viendo el peligro y los beneficios, hicieron lo mismo. Las denominaciones se esparcieron en gran manera y la jerarquía Católica levantó una proclamación de separación de estos llamados "cultos".

Todos aquellos que se declaraban a sí mismos como independientes de las otras denominaciones, se llamaron a sí mismos no-denominacionales. Son actualmente considerados como los que rompieron o se separaron de la organización Pentecostés. Washington los tuvo que archivar bajo algún tipo de categoría, así que, concerniente a la categoría del gobierno, ellos vinieron a ser una denominación no-denominacional, sin una cabeza formal organizada. Está establecido de esta manera en sus libros. En Washington DC, hay alrededor de diez denominaciones reconocidas por las cuales la exención de impuestos puede ser adquirida.

La Iglesia de Laodicea
Rev 3:14-22; 17 (Reina Valera)

Escribe al ángel de la iglesia en Laodicea: "El Amén, el testigo fiel y verdadero, el Principio de la creación de Di-os, dice esto: ^{15}Yo conozco tus obras, que ni eres frío ni caliente. ¡Ojalá fueras frío o caliente! ^{16} Pero por cuanto eres tibio y no frío ni caliente, te vomitaré de mi boca. ^{17} Tú dices: Yo soy rico, me he enriquecido y de nada tengo necesidad. Pero no sabes que eres desventurado, miserable, pobre, ciego y estás desnudo. ^{18} Por tanto, yo te aconsejo que compres de mí oro refinado en el fuego para que seas rico, y vestiduras blancas para vestirte, para que no se descubra la vergüenza de tu desnudez. Y unge tus ojos con colirio para que veas. ^{19}Yo reprendo y castigo a todos los que amo; sé, pues, celoso y arrepiéntete. ^{20} Yo estoy a la puerta y llamo; si alguno oye mi voz y abre la puerta, entraré a él y cenaré con él y él conmigo. ^{21} Al vencedor le concederé que se siente conmigo en mi trono, así como yo he vencido y me he sentado con mi Padre en su trono. ^{22} El que tiene oído, oiga lo que el Espíritu dice a las iglesias."

El significado de esta iglesia es la "OPINION DE LA GENTE". Esta es la última edad de la iglesia. Es la séptima y la más corrupta de

Transfusión

todas. Esta iglesia abraza el Catolicismo, el Fundamentalismo y el Pentecostalismo. Fundamentalistas y Pentecostales fueron antes un verdadero movimiento de Di-os, pero ahora han venido a ser organizaciones, gobernadas por hombres poderosos con su centro de operaciones conocido como los Cuarteles Generales. Bajo ellos, están los Cuarteles de Distrito y bajo ellos, las iglesias. Sabemos que cuando el hombre toma el reinado de cualquier cosa, pronto se vuelve corrupta y se convierte más en una "forma" perdiendo su "esencia" de lo que Di-os intentó hacer originalmente. Ellos han sacado a Di-os fuera del panorama. Han venido a ser nada más y nada menos que un club social glorificado, y gobernados por la opinión de un Colegio de Cardenales o un Concilio General de hombres poderosos.

En el libro de apocalipsis ellos son referidos como montañas. Esto es lo mismo que lugares altos, y en el Antiguo Testamento vemos los lugares altos como altares de ídolos y de inmoralidad. No estamos hablando de ídolos físicos o inmoralidad física solamente, sino que estamos hablando espiritualmente. La gente por miles corren de aquí para allá para escuchar al hermano tal y cual y tener relación íntima con un ministerio, al punto de rendirse totalmente a sus influencias. Sus ideas y enseñanzas vienen a ser el evangelio, sea que Di-os este ahí o no. (Mt. 24:23-25) Esto cambia la atención del hombre hacia un ministerio en lugar de Di-os. Por esto ella es llamada La Gran Ramera. Ella seduce al pueblo de Di-os a una relación con ella, en lugar de con Dios, que es con quien debería tenerla.

Esto molesta a Di-os y Yeshua le dice, *"Te vomitaré de mi boca"*. No son ni fríos ni calientes, así que esto los hace tibios. Cuando uno está tibiecito, uno se siente cómodo y complacido y no quiere ser interrumpido o molestado. Los cristianos modernos de hoy día piensan que servir al Señor es asistir fielmente a los servicios de los domingos y dar sus ofrendas y diezmos. Muchos no tienen ningún

Los tiempos del hombre

tipo de intimidad con Di-os durante la semana, ni sacan tiempo para leer y estudiar su Palabra. Van los domingos para que otros los enseñen. No hay motivación para evangelizar ni hablar a otros, pues piensan que con invitarlos al servicio de la iglesia ya cumplieron. No se preocupan por crecer y madurar para discipular a otros. Dejan el trabajo para los líderes de las iglesias, pensando que ellos son los responsables de darle seguimiento a las visitas que ellos traen a los servicios. Piensan que servir al Señor es venir fielmente a los servicios de la iglesia.

Como no hay participación, sino un sistema donde muy pocos participan, la gente sólo se sienta a escuchar y nada más. En este sistema se ha creado un tipo de iglesia que sólo viene a recibir y no a aportar. Los creyentes, en su mayoría, no tienen tiempo de intimidad con el Señor y mucho menos de estudiar las Escrituras en profundidad. Se han conformado con permitirle a otro que les enseñe las Escrituras y ellos no quieren hacer ningún tipo de esfuerzo. Reciben todo lo que escuchan sin cuestionar nada y así lo enseñan a otros, dependiendo de la revelación o interpretación de un hombre o mujer que enseña en cada servicio. Los creyentes cantan al ritmo de los que adoran, y no hay tiempo para que nadie exprese un cántico inspirado de adoración al Señor. Las enseñanzas tienen que ser sin interrupción y sin nadie preguntar o participar de lo que están aprendiendo. ¡Qué triste!

El Sabbat, en las sinagogas hebreas, era un lugar donde todos venían a aprender unos de otros y a discutir asuntos importantes, para todos juntos llegar a un mutuo acuerdo. Cada persona podía expresar su forma de pensar y cómo entendían las Escrituras. Existían varias escuelas de pensamiento y cuando se reunían, compartían y aprendían unos de otros. La libre expresión no era solamente aceptada, sino que era bien recibida. Esto no existe en la iglesia de hoy día. No hay participación y mucho menos discusión de puntos e ideas.

Transfusión

Aquí en los últimos tratos con el hombre, Su iglesia, Di-os ha encontrado algunos vencedores y Yeshua les dice, "A aquel que venciere, le daré el sentarse conmigo en mi trono, así como yo he vencido y me he sentado con mi Padre en su trono". (Rev. 3:21) Si somos mentalmente carnales, veremos esto como un trono literal. Un trono es representativo de la más alta autoridad, final y segura. ¿Dónde está el trono de Di-os? ¿Dónde se sentará?

Mi corazón es el "trono de Di-os". Esta Escritura nos dice que a los que venzan esta última etapa de crecimiento, tendrán la madurez y capacidad de gobernarse a ellos mismos a través de la mente de Cristo quien ha transformado la de ellos, pues él comparte "su trono" con nosotros, en nosotros. Es por esto que somos co-herederos. Compartir "el trono" con Yeshua significa precisamente esto. Sus leyes se han hecho una con nosotros, y ahora podemos reinar con El, no sólo en el mundo de afuera, sino también en el mundo de adentro, el interno.

En Efesios 1:20 vemos que estaremos sentados en lugares celestiales (nivel del poder de Di-os y autoridad) con Yeshua el Mashiaj. ¿Crees que este es nuestro destino? Pienso que no te gustaría morir como el Israel antiguo; en el desierto de la religión moderna.

Capítulo 16

El sonido de trompeta

Si hay algo que llama mucho la atención, es un sonido claro de trompeta; especialmente si es un solo. El sonido de una trompeta ha sido utilizado en actividades importantes, como lo es antes de ir a una batalla, para anunciar la presencia de una figura importante, como lo es el rey o reina de una nación, ante la sepultura de un soldado que murió durante la guerra, entre otros.

No es de extrañarse que también la Palabra de Di-os haga uso de este instrumento para proclamar algo de suma importancia. Como había dicho anteriormente, la Biblia es un libro espiritual, escrita para mentes espirituales. Su contenido, aunque incluye historias de la vida diaria, fueron documentadas en su mayoría para impartir una enseñanza espiritual, pues ésta siempre ha sido la voluntad máxima de Di-os. El libro de **Apocalipsis** es un libro lleno de **símbolos**. Todo lo que el apóstol Juan escribió aquí, fueron sus visiones durante su exilio en la isla de Patmos. Es ahí donde se documenta su visión completa sobre las cosas que han sido, las que son y las que serán después de éstas. Cuando leemos este libro debemos SIEMPRE hacerlo conscientes de esta realidad. No sería correcto interpretar algunas porciones del mismo como cosas reales, mientras que a otras las vemos como simbólicas; esto va en contra de la ley de interpretación. ¡TODA LA VISION FUE DADA EN SIMBOLOS!

Transfusión

Cuando la Biblia habla de trompetas (shofar), no debemos pensar que se trata de algo físico, especialmente en recuentos proféticos como lo es el libro de Apocalipsis. Este sonar de trompeta simplemente nos declara que hay un mensaje que saldrá resonando, con un sonido **claro y específico**.

Un ejemplo de esto es la profecía que se encuentra en Joel 2:15, "¡Tocad trompeta (el shofar) en Sión...!" Los montes representan en la escritura gobiernos o reinos. El monte de Sión es representativo de la iglesia. Si interpretamos esta escritura, se refiere a un acontecimiento que ya tomó lugar. "Anuncia clara y fuertemente el mensaje de la iglesia..." Esto ocurrió cuando Pedro lleno del Espíritu Santo proclamó fuerte y claramente el mensaje del Evangelio de Yeshua HaMashiaj y miles fueron reconciliados con Di-os ese mismo día. Este mensaje fue proclamado por la iglesia recién nacida, durante la celebración de pentecostés.

Isaías 58:1 dice, "¡Clama a voz en cuello, no te detengas, alza **tu voz como una trompeta**! ¡Anuncia a mi pueblo su rebelión y a la casa de Jacob su pecado!" Aquí vemos claramente cómo el sonido de trompeta es sinónimo de una proclamación de un mensaje divino. Si miramos la Escritura a la luz del pensamiento del medio oriente, comprenderemos que uno de los errores mayores que nosotros, los occidentales, hemos cometido, es tratar de entender la Escritura con nuestra mentalidad occidental. Pero, como expliqué en un capítulo anterior, esto no debe ser así. Tenemos que entender la Escritura a la luz del pueblo que fue inspirado para escribirla. Es como tratar de comprender la cultura italiana a la luz del pensamiento africano.

El sonido de trompeta

Quiero mostrarte otros textos bíblicos que nos muestran lo que realmente el sonido de trompeta significa:

Mateo 6:2: *"Cuando, pues, des limosna, no hagas **tocar trompeta** delante de ti, como hacen los hipócritas en las sinagogas y en las calles, para ser alabados por los hombres; de cierto os digo que ya tienen su recompensa."* Aquí, tocar trompeta significa, no proclamar ante todos tu acto de bondad, sino que lo hagas de forma callada y privada.

Entonces, si podemos ver claramente que el sonido de trompeta es una expresión cultural para denotar "la proclamación de un mensaje claro y preciso" entonces debemos comprender que el sonido de trompeta que habla Mateo 24:31, también es un mensaje que será proclamado antes del gran acontecimiento profetizado sobre los santos de Di-os. *"Enviará sus ángeles **con gran voz de trompeta** y juntarán a sus escogidos de los cuatro vientos, desde un extremo del cielo hasta el otro."*

1 Corintios 15:52, "en un momento, en un abrir y cerrar de ojos, **a la final trompeta**, porque se tocará la trompeta, y los muertos serán resucitados incorruptibles y nosotros seremos transformados,..." *"A la final trompeta"* puede interpretarse como que habrá un **mensaje final** para la gente que viva en esos días, que precederá a la manifestación gloriosa de la transformación de los hijos de Di-os y la resurrección de los que han muerto. 1 Tesalonicenses 4:16 dice, "El Señor mismo, con voz de mando, con voz de arcángel y **con trompeta de Di-os, descenderá del cielo**. Entonces, los muertos en Cristo resucitarán primero."

Veamos también Apocalipsis 1:10, "Estando yo **en el Espíritu** en el día del Señor oí detrás de mí una gran voz, **como de trompeta**,..."

Transfusión

Apocalipsis 4:1, "Después de esto miré, y vi que había una puerta abierta en el cielo. La primera voz que oí **era como de una trompeta** que, **hablando conmigo**, dijo: ¡Sube acá y yo te mostraré las cosas que sucederán después de éstas!" "Sube acá" es también simbólico. Es el acto de entrar en la dimensión espiritual para poder ver en el Espíritu lo que Di-os desea mostrarnos.

En la numerología hebrea, los números también encierran símbolos. Por ejemplo el número uno significa, "unidad – Di-os es uno", el número 2 significa "testimonio o testigo", el 3 significa "completo o completado", el 4 significa "lo terrenal, o de la tierra". El número 5 significa "la gracia divina", el 6 significa "el hombre, Adán", el número 7 significa "perfecto o perfección", el número 8 significa "un nuevo comienzo, o algo nuevo". El número 9 significa "frutos espirituales, una vida que agrada a Di-os", el número 10 significa "juicio divino", el 11 significa "inestabilidad, o algo inestable", el 12 significa "gobierno divino", y así sucesivamente.

En Apocalipsis 8:2 leemos lo siguiente, "Luego vi los siete ángeles que estaban de pie ante Di-os, y se les dieron siete trompetas." La palabra "ángel" también significa "mensajero, ministro, embajador", entre otras. Si substituimos esta definición en el texto, podemos ver el mensaje mucho más claro. "Luego vi los siete mensajeros que estaban de pie ante Di-os, y se les dieron siete mensajes claros y precisos." Al comienzo del libro de Apocalipsis, se nos habla de siete iglesias y a los pastores se les llama ángeles o sea mensajeros. No es casualidad que aquí en esta escritura vemos siete ángeles ante el trono de Di-os. El mensaje encerrado es que a través de todos los tiempos, estas siete iglesias, que han emergido a través de los 2,000 años de la vida de la iglesia, han proclamado un mensaje al mundo. La última iglesia, proclamará el mensaje final y luego vendrá el comienzo del reinado de Yeshua HaMashiaj junto con sus santos.

El sonido de trompeta

Apocalipsis 10:7, *"sino que **en los días de la voz del séptimo ángel,** cuando él comience a tocar la trompeta, **el misterio de Di-os se consumará,** como él lo anunció a sus siervos los profetas."* Con toda humildad te pregunto, ¿Estás escuchando un mensaje final y viendo cómo el misterio de Di-os está siendo consumado? Espero que este libro sea como voz de trompeta para tu vida.

Apocalipsis 11:15, *"El **séptimo ángel tocó la trompeta,** y hubo grandes voces en el cielo, que decían: «Los reinos del mundo han venido a ser de **nuestro Señor** y **de su Cristo**; y él reinará por los siglos (edades) de los siglos (edades)."* (Podría referirse aquí a mil años, que son diez edades) Amén, que así sea.

El Regreso de Yeshua y el Rapto

¡Yeshua prometió que regresaría! Esto es una verdad bíblica, o sea una *doctrina*. Lo que se ha convertido en un *dogma* es la **manera** en que vendrá y qué sucederá con su iglesia en su venida.

Si la Palabra de Di-os es TODA inspirada, no puede haber discrepancia entre los profetas del Antiguo Testamento y los profetas del Nuevo. En el pasado, eran los impíos o los injustos los que eran destruidos o quitados del medio y los buenos u obedientes a Di-os eran dejados. Lo vemos en el arca de Noé. Los malos fueron destruidos y los obedientes a Di-os fueron preservados.

Quiero compartirte algunas porciones del Salmo 37 con relación a esto:
Salmo 37:8-11, 20, 22, 27-29, 35-36
"[8]Deja la ira y desecha el enojo; no te excites en manera alguna a hacer lo malo, [9] porque los **malignos serán destruido**s, pero los que esperan en Jehová **heredarán la tierra,** [10] pues dentro de poco **no existirá el malo**; observarás su lugar, y **ya no estará allí**.[11] Pero **los**

Transfusión

mansos heredarán la tierra y se recrearán con abundancia de paz.²⁰ Mas los **impíos perecerán**, los enemigos de Jehová **serán consumidos**; como la grasa de los carneros, **se disiparán como el humo.** ²²**Los benditos de él heredarán la tierra** y los malditos de él serán destruidos. ²⁷ Apártate del mal, haz el bien y vivirás para siempre,²⁸ porque Jehová ama la rectitud y no desampara a sus santos. **Para siempre serán guardados**, mas la descendencia de los impíos **será destruida.**²⁹ Los justos **heredarán la tierra y vivirán para siempre en ella.**³⁵ Vi yo al impío sumamente enaltecido y que se extendía como laurel verde.³⁶ Pero él pasó, y **he aquí ya no estaba**; lo busqué, y **no lo hallé.**"

Como había expresado antes, tenemos un gran dilema con las traducciones del Nuevo Testamento basado en el original que encontramos del griego y es a lo que tenemos acceso para usarlo como referencia. Pero, toda la escritura tiene que mantener un balance y por el Espíritu Santo podemos descifrar este mensaje que proclamará la iglesia final. Veamos algunas escrituras sobre el tema de la segunda venida, a la luz de la revelación del Espíritu de Di-os, pues son las mismas que se han utilizado para enfatizar la enseñanza del "rapto."

1Cor. 15:23 "Mas cada uno en su orden: Cristo las primicias; luego los que son de Cristo, en su venida." "Las primicias" era lo primero que se cosechaba en el campo antes de la gran cosecha. Normalmente, esta primicia o primeros frutos era algo consagrado al Señor. He aprendido que la palabra "Cristo" significa "ungido" o "el ungido". Así que, Cristo Yeshua, fue la primicia de esta transformación de un cuerpo corruptible a uno incorruptible en su resurrección.

Pero he aprendido, también en la Escritura, que el nombre "Cristo" también se refiere al 'cuerpo de Cristo', la iglesia; Yeshua HaMashiaj siendo la cabeza del cuerpo. Por tanto, va a ocurrir un

El sonido de trompeta

gran acontecimiento... Cristo será resucitado en forma corporal o de muchos miembros ante el mundo. Estos son los hijos de Di-os que conquistaremos este mundo para nuestro Señor y Salvador Yeshua HaMashiaj. Cuando Yeshua oró ante sus discípulos, El pidió al Padre que su reino viniera a la tierra; "Padre nuestro, que estás en los cielos, santificado sea tu nombre... **venga tu reino, como en el cielo, así también en la tierra.**" Esta fue la oración que Yeshua les enseñó a los discípulos. Esto no es un bello poema, **esto es una oración que Yeshua consideró importante para que sus hijos oraran al Padre esperando por esta respuesta, para que su reino en la tierra se haga una realidad.** Su reino, el milenio, tiene que venir a la tierra para enseñar a todas las naciones el temor del Señor. La tierra será llena del conocimiento del Señor como las aguas cubren el mar.

Así que las "primicias" serán transformadas primero y luego éstos mismos son los que vendrán en gran poder y gloria a establecer el reino de Di-os y ejercerlo en la tierra. Recuerda que estos santos transformados, al igual que los resucitados, entran ya en la eternidad. Esta es la primera resurrección. Ya no más estarán sujetos al tiempo humano. Estando en esta condición "transformados" experimentarán las "bodas del cordero" y "la gran cena o banquete" que Yeshua habló. "Las bodas" es una manera simbólica para representar cómo nos haremos "uno" con Cristo. Ya no más dos, sino uno. Así como en una boda terrenal, donde dos se hacen uno por el poder del matrimonio. Todo esto ocurrirá en nuestra mente y cuerpo. Estos hijos transformándose manifestarán ante el mundo, como una gran nube, para establecer Su reino divino.

Luego, el resto de la humanidad será despertada, los que han dormido. Comenzará el reinado de Yeshua HaMashiaj en la humanidad resucitada. Luego de esto vendrá la prueba final de la humanidad para probar sus mentes y corazones; y luego el tiempo

Transfusión

será consumado. Los que venzan, también entrarán en la eternidad de Di-os. Es por esto que en Apocalipsis 20:14 dice, "La muerte y el Hades fueron lanzados al lago de fuego. Ésta es la muerte segunda." Vemos que **la muerte** y **el hades** son echados en el lago de fuego, la muerte segunda, o la destrucción final. La muerte será destruida, y ya no tendrá poder sobre la humanidad. El hades, o lo que también llamamos infierno, será también destruido en el lago de fuego, que es la muerte segunda. El hades desaparecerá pues el fuego mismo de Di-os lo consumirá. No podemos pensar que esto es un fuego terrenal ni humano, pues el hades es un lugar espiritual donde van las almas. Esto es un fuego divino, el cual es el único que tiene el poder para terminar con el pecado. ¡Aleluya! (Explico con más detalle este tema en el capítulo 17 - El milenio)

1Ts. 4:15-17 "^{15}Por lo cual os decimos esto en **palabra del Señor**: que nosotros que vivimos, que habremos quedado hasta la venida del Señor, **no precederemos a los que durmieron**. ^{16} El Señor mismo, con voz de mando, con voz de arcángel y con **trompeta de Di-os, descenderá del cielo**. Entonces, **los muertos en Cristo resucitarán primero**. ^{17} Luego nosotros, los que vivimos, los que hayamos quedado, **seremos arrebatados juntamente con ellos en las nubes para recibir al Señor en el aire**, y así estaremos siempre con el Señor. ^{18} Por tanto, alentaos los unos a los otros con estas palabras."

Aquí está hablando de las primicias. La primera resurrección y la manifestación de los Hijos de Di-os. La expresión "en el aire" es la misma expresión que vemos en génesis cuando Di-os sopla **aliento de vida**, "aire", en Adán. Di-os sopló sobre Adán y le impartió vida, esto mismo sucederá con nosotros durante la transformación de nuestros cuerpos. Su aliento de vida nos transformará y seremos transformados de muerte a vida. 1 Cor. 15:51-55 dice, *"Os digo un misterio: No todos moriremos; pero **todos seremos transformados**, ^{52} en un momento, en un abrir y cerrar de ojos, **a la final trompeta**,*

El sonido de trompeta

porque se tocará la trompeta, y los muertos serán resucitados incorruptibles y nosotros seremos transformados, **⁵³pues es necesario que esto corruptible se vista de incorrupción y que esto mortal se vista de inmortalidad.** *⁵⁴ Cuando esto corruptible se haya vestido de incorrupción y esto mortal se haya vestido de inmortalidad, entonces se cumplirá la palabra que está escrita: «Sorbida es la muerte en victoria.» ⁵⁵ ¿Dónde está, muerte, tu aguijón? ¿Dónde, sepulcro, tu victoria?"*

Cuando la Escritura dice "así estaremos siempre con el Señor", no puede estar hablando del **aire físico**, pues no podríamos quedarnos para siempre suspendidos en el aire. Esto es un mensaje espiritual y no físico.

1Ts. 2:19 "Porque ¿cuál es nuestra esperanza, o gozo, o corona de que me gloríe? ¿No sois vosotros, **delante de nuestro Señor Jesucristo en su venida?**"

1Ts. 3:13 "Para que sean confirmados vuestros corazones en santidad, irreprensibles delante de Di-os y nuestro Padre, para la venida de nuestro Señor Jesucristo **con todos sus santos**."

Los santos resucitados junto con los santos transformados serán los que aparecerán ante la humanidad juntamente con El, o sea, esto es a lo que se refiere que El viene "en las nubes" o "con las nubes." Aquí, esta expresión no se refiere realmente a las nubes físicas que vemos en nuestros cielos. Aquí las nubes son multitudes de santos redimidos. En el Antiguo Testamento representaba la gloria de HaShem y se escuchaban voces que salían de la nube. ¡Aleluya!

Éxodo 24:15-18, "Entonces Moisés subió al monte. Una nube cubrió el monte, ¹⁶ y la gloria de Jehová reposó sobre el monte Sinaí. **La nube lo cubrió por seis días**, y al séptimo día llamó a

Transfusión

Moisés de en medio de la nube. ¹⁷**La apariencia de la gloria de Jehová era, a los ojos de los hijos de Israel, como un fuego abrasador en la cumbre del monte.** ¹⁸ Moisés entró en medio de la nube y subió al monte. Y estuvo Moisés en el monte cuarenta días y cuarenta noches."

Éxodo 16:10, "Mientras Aarón hablaba a toda la congregación de los hijos de Israel, ellos miraron hacia el desierto, y vieron que la gloria de Jehová aparecía en la **nube**."

Éxodo 19:9, "y Jehová le dijo: —Yo vendré a ti en una **nube espesa**, para que el pueblo oiga mientras yo hablo contigo, y así te crean para siempre. Moisés refirió las palabras del pueblo a Jehová..."

Había una nube que constantemente dirigía y protegía el pueblo de Israel. De esta nube se oían voces, truenos y relámpagos, y hasta una luz que los dirigía por la noche. No creo que una nube común y corriente como las que tenemos en el cielo, tenga la capacidad de hacer todas estas cosas. Así que, las nubes a las que se refiere el apóstol en sus cartas, debe ser este mismo tipo de nube de gloria; una gran multitud. Dentro de esta nube de gloria se encuentran los hijos de Di-os, tanto el pueblo del Antiguo Testamento como el Nuevo.

Hebreos 12:1, "Por tanto, nosotros también, teniendo en derredor nuestro tan grande **nube de testigos**, despojémonos de todo peso y del pecado que nos asedia, y corramos con paciencia la carrera que tenemos por delante,..."

Aquí la palabra "testigos" es traducida de la palabra del griego μάρτυς que significa "testigo, (ya sea judicialmente o figurativamente), o mártir". Esta nube de testigos es la nube de los mártires que dieron su vida por testificar de las cosas divinas. Un

El sonido de trompeta

testigo es uno que ha visto y oído. Ellos vieron y gustaron de la gloria de Di-os. Ellos componen esta gran nube.

Cuando hay un gran fuego, vemos como el cielo se llena de nubes de polvo y parecen nubes, pero no lo son. Yeshua llamó a esto nubes sin agua. Así mismo, hay ministerios humanos que no conocen, ni son testigos del poder de Di-os, son nubes sin agua. Aparentan algo que no son y no pueden testificar de las verdades de Di-os, pues lo único que conocen son tradiciones de los hombres. ¡Señor, ayúdanos a ser nubes que testifiquen de ti! Cuando el Señor aparezca en nuestras "nubes" será para mostrar al mundo su gloria.

2Ts. 2:1 "EMPERO os rogamos, hermanos, cuanto a la venida de nuestro Señor Jesucristo, y nuestro **recogimiento a él**..." (JBS)

Versión Di-os habla hoy dice: "Ahora, hermanos, en cuanto al regreso de nuestro Señor Jesucristo y a **nuestra reunión** con él" Habrá una reunión con él ese día glorioso en que seremos tal y cual él es.

2Ts. 2:8 "*Y entonces será manifestado **aquel inicuo**, al cual el Señor **matará con el espíritu de su boca, y destruirá con el resplandor de su venida**...*"(RVR) En otras palabras, cuando nuestra redención completa tome lugar, nuestro cuerpo siendo transformado, todo lo que queda del hombre viejo, de la carne, **el inicuo**, el primer Adán en nosotros, será destruido por el resplandor de su gloriosa venida.

2Ti. 4:8 "Por lo demás, me está guardada la corona de justicia, la cual me dará el Señor, juez justo, en aquel día; y no sólo a mí, sino también a todos los que **aman su venida**." (JBS) Su venida es algo que debemos amar y no temer como se le ha enseñado a mucha gente.

Transfusión

Santiago 5:7 "Pues, hermanos, tened paciencia hasta la venida del Señor. Mirad cómo el labrador espera el precioso fruto de la tierra, aguardando con paciencia, hasta que reciba la lluvia temprana y tardía." (RVR)

Santiago 5:8 "Tened también vosotros paciencia; confirmad vuestros corazones: porque la venida del Señor se acerca." (RVA)

2Pedro 1:16 "Porque no os hemos dado a conocer la potencia y la venida de nuestro Señor Jesucristo, siguiendo **fábulas por arte compuestas**; sino como habiendo con nuestros propios ojos visto su majestad." (RVA)

1Juan2:28 "Y ahora, hijitos, perseverad en él; para que cuando apareciere, tengamos confianza, y no seamos **confundidos de él en su venida**." (JBS)

Apocalipsis 14:15 "Y otro ángel salió del templo, clamando en alta voz al que estaba sentado sobre la nube: Mete tu hoz, y siega; porque la hora de segar te es venida, **porque la mies de la tierra está madura**." (RVA)

Mateo 24:40 "Entonces estarán **dos en el campo**; el uno será tomado, y el otro será dejado:..." (RVA)

Lucas 17:34 "Os digo que en aquella noche estarán **dos en una cama**; el uno será tomado, y el otro será dejado." (RVA)

Lucas 17:36 "**Dos estarán en el campo**; el uno será tomado, y el otro dejado." (RVA)

Por muchos años me pregunté, ¿si mi esposo y yo somos cristianos y ambos amamos y servimos a Yeshua, uno de nosotros será tomado y el otro dejado? Gracias doy a Di-os porque me enseñó,

El sonido de trompeta

por su palabra, que aquí está hablando de una persona a la vez. Santiago 1:5-8 dice que "⁵Si alguno de vosotros tiene falta de sabiduría, pídala a Di-os, el cual da a todos abundantemente y sin reproche, y le será dada. ⁶ Pero pida con fe, no dudando nada, porque el que duda es semejante a la onda del mar, que es arrastrada por el viento y echada de una parte a otra. ⁷ No piense, pues, quien tal haga, que recibirá cosa alguna del Señor, ⁸**ya que es persona de doble ánimo e inconstante en todos sus caminos.**" (RVR)

Animo viene de la palabra ánima, lo cual es otra palabra para "alma". No es que tengamos dos almas, sino que hemos desarrollado dos mentes; la mente natural y la mente espiritual que nace de la Palabra de Di-os. Unos días estamos llenos de fe y otros días dudamos. Unos días estamos llenos de gozo y otros días nos sentimos tristes y confundidos. Esto es como si fuéramos seres dobles. Cuando caminamos en el Espíritu, somos espirituales y tenemos fe, esperanza, amor y todos los frutos del Espíritu. Pero cuando caminamos en la carne, todo lo que viene a la mente es contrario a la voluntad y las promesas de Di-os para nuestra vida.

Estos es lo que significa los "dos" en el campo y los "dos" en la cama. Cuando se manifieste el Señor en su venida y seamos cambiados a su completa imagen, (y se iluminen nuestros cielos) la verdadera imagen del Señor permanecerá en nosotros y la imagen incorrecta será destruida. El destruirá al inicuo con el resplandor de su venida. ¡Gloria a Di-os!

Ahora vemos por espejo, oscuramente, pero llegará el día cuando nuestros cielos serán completamente abiertos e iluminados y comprenderemos **quiénes somos** realmente. Esto es lo que la Palabra llama "su venida". Seremos más que vencedores porque venceremos a la carne y a la mente humana y podremos entender

Transfusión

lo que dijo el apóstol Pablo, y cito: "entonces conoceré como fui conocido" en 1ra Corintios 13:12.

Puede que no compartas mi manera de ver las escrituras desde esta perspectiva. Esto es normal. Di-os nos ha dado a todos la libertad de entenderlo y conocerlo a Él. Unos irán más adelante que otros, pero eso no significa que los que han recibido de Di-os de una manera, tengan el derecho de criticar o rechazar a aquellos que ven las cosas diferentes. Si así lo hiciera, estaría haciendo lo mismo que he señalado aquí como incorrecto. Sólo presento las Escrituras para tu consideración, pero si no puedes verlas o entenderlas como yo, te sigo amando y sigues siendo importante para mí y para nuestro Señor Yeshua HaMashiaj. Después de todo, hay temas en la escritura que son esenciales para nuestra salvación, mientras que otros no lo son.

Lo importante de todo esto es que crezcamos en Cristo y ya no seamos movidos por vientos de doctrinas, o fábulas de hombres, quienes han tratado de interpretar los acontecimientos del futuro de forma parcial. Lo esencial es que creamos que Yeshua HaMashiaj viene por segunda vez; cómo, cuándo y dónde es de interpretación privada. De lo que sí debemos preocuparnos es de amarnos unos a otros. El amor cubre multitud de faltas.

Capítulo 17

El Milenio
Establecimiento de su reino

Muchas veces me he preguntado cómo será el milenio, o sea el ***establecimiento del reino de Yeshua HaMashiaj, total y visible en la tierra***. Creo que nadie sabe con certeza cómo será. Hasta ahora lo único que hemos experimentado es a Cristo reinando en los creyentes en forma espiritual. Él ha estado dándonos forma y moldeándonos conforme a su imagen. La santa ciudad en la que ha estado trabajando por 2,000 años.

A esta hermosa ciudad la ha adornado con puertas de perla y una hermosa calle de oro. Esta calle representa el camino recto y divino que sus hijos deben caminar y las puertas de perla (12) representan la proclamación del evangelio que es la perla de gran precio. Esto ha sido el comienzo del establecimiento del reino o gobierno de Di-os, o sea lo que representa el número 12. Pero, ver a Yeshua cara a cara viniendo con gran poder y autoridad sobre la tierra, para destruir los reinos de los hombres e implantar el gobierno o reino del cielo, nadie puede imaginarse cómo será esto. Así como los primeros apóstoles y discípulos no comprendieron

Transfusión

completamente el comienzo de la iglesia; la asamblea de los santos.

A través de toda la historia humana, tal y como la conocemos, hemos visto ambas caras de la moneda. Hemos visto gobernantes justos, honestos y misericordiosos, como también hemos visto gobernantes déspotas, tiranos, opresores y abusivos. En este tiempo, luego de la entrada de este nuevo milenio (año 2000), ha habido toda clase de corrupción, no sólo en el gobierno, sino también en el sistema judicial, en el de salud, y en el educativo; por mencionar algunos.

El amor al dinero ha causado mucho dolor y estragos. Los hombres se asesinan unos a otros por dinero. También por defender algún ideal político, mueren jovencitos en la guerra constantemente. La moralidad en nuestra sociedad se ha degradado tanto, que ya hasta los niños son afectados diariamente por las cosas que se ven en la televisión.

La violencia ha abarcado el mundo infantil y lo vemos en el tipo de caricaturas y películas que, supuestamente, están diseñadas para niños. La violencia ha llegado hasta ellos, no sólo en películas e historietas cortas, pero también en los juegos electrónicos a los que cada día nuestros niños están más y más expuestos. El mundo de la magia y la hechicería también está disfrazado detrás de las películas para niños. Nuestros hijos van creciendo en un mundo de magia y fantasía, completamente irreal y separado del mundo en que viven.

En esta era donde la tecnología está tan avanzada, se supone que la mujer tuviera más tiempo para dedicarlo a su familia, pero lamentablemente ha ocurrido lo opuesto. Todos en la casa están acostumbrados a pasar horas viendo sus propios programas televisivos, o en sus computadoras, teléfonos celulares, iPods, o

El milenio

iPads, de manera individualista, no comunitaria o colectiva. La comunicación entre los miembros de las familias cada día escasea mucho más. La gente se ha acostumbrado a conversar utilizando un pedazo de metal en sus manos en vez del dialogo cara a cara o personal.

Desde que venimos a este mundo, se nos ha adoctrinado con violencia y escenas sexuales al punto que ya estamos **inmune ante la depravación social** a la que hemos llegado. Las palabras del apóstol Pablo cada día se hacen más latentes.

2 Timoteo 3:1-5, "También debes saber que en los últimos días vendrán **tiempos peligrosos**. ^{2} Habrá hombres amadores de sí mismos, avaros, vanidosos, soberbios, blasfemos, desobedientes a los padres, ingratos, impíos, ^{3} sin afecto natural, implacables, calumniadores, sin templanza, crueles, enemigos de lo bueno, ^{4} traidores, impetuosos, engreídos, amadores de los deleites más que de Di-os, ^{5} que tendrán apariencia de piedad, pero negarán la eficacia de ella. A esos, evítalos."

Este sistema de vida a la que esta generación se ha amoldado y acostumbrado, los ha llevado a concluir que esto es toda la razón de su existencia y que no hay necesidad de una vida diferente. Es por esto que no podemos siquiera imaginarnos cómo será la vida cuando Yeshua sea nuestro Rey y gobierne en autoridad, justicia, paz y gozo. Pero, gracias damos a Di-os, que la Escritura nos da un poco de luz sobre su reinado.

Cuando Yeshua caminó en esta tierra 2,000 años atrás, dijo que el reino de los cielos se había "acercado". Dijo esto porque el reino estaba en él mismo. Vemos que vivía su vida sirviendo a otros, sanando y libertando a los cautivos como lo profetizó el profeta Isaías 61:1-3.

Transfusión

"El Espíritu de Jehová, el Señor, está sobre mí, porque me ha ungido Jehová. Me ha enviado a **predicar buenas noticias a los pobres**, a **vendar a los quebrantados de corazón**, a **publicar libertad a los cautivos** y a los prisioneros apertura de la cárcel; [2]a **proclamar el año de la buena voluntad de** Jehová **y el día de la venganza del Di-os nuestro**; a **consolar a todos los que están de luto**; [3] a ordenar que a los **afligidos de Sión se les dé esplendor en lugar de ceniza**, aceite de **gozo en lugar de luto**, manto de **alegría en lugar del espíritu angustiado**. Serán llamados "Árboles de justicia", "Plantío de Jehová", para gloria suya." (RVR)

Todo esto que menciona el profeta, lo vimos cumplido en la vida de Yeshua y confirmado por sus palabras cuando dijo que el reino de los cielos se había *acercado*. ¿Puedes imaginarte? Si esto es el reino de los cielos acercándose, ¿Cómo será cuando esté en plena autoridad? Estoy convencida que esto es precisamente lo que será el milenio.

Isaías 54:7-17 (RVR) nos muestra las intenciones que tiene el Señor con relación a la justicia de su reino. "Por un breve momento te abandoné, pero te recogeré con grandes misericordias.[8] Con un poco de ira escondí mi rostro de ti por un momento; pero con misericordia eterna tendré compasión de ti", dice Jehová, tu Redentor.[9] «Porque esto me será como en los días de Noé, cuando juré **que nunca más las aguas de Noé pasarían sobre la tierra**. Asimismo he jurado que no me enojaré contra ti ni te reñiré.[10] Porque los montes se moverán y los collados temblarán, **pero no se apartará de ti mi misericordia ni el pacto de mi paz se romperá**", dice Jehová, el que tiene misericordia de ti.

[11]« *¡Pobrecita, fatigada con tempestad, sin consuelo!* He aquí que yo cimentaré tus piedras sobre carbunclo y sobre zafiros te fundaré.[12] Tus ventanas haré de piedras preciosas; tus puertas, de piedras de carbunclo, y toda tu muralla, de piedras

El milenio

preciosas. **¹³Todos tus hijos serán enseñados por** Jehová, **y se multiplicará la paz de tus hijos.**¹⁴ Con justicia serás adornada; estarás lejos de la opresión, porque no temerás, y lejos del temor, porque no se acercará a ti."

Cuan glorioso será ese día, cuando el Señor aparezca en los Hijos de Di-os y comience a reinar visiblemente sobre todas las naciones. Los hombres, no Di-os, se han limitado ellos mismos, durante la edad de la iglesia, de su oportunidad de obtener el conocimiento necesario para entrar en la vida abundante de su reino. Di-os nos informa que la **edad de la iglesia** es con el objeto de **escoger su novia**, el Sacerdocio Real, por medio del cual, en la edad subsiguiente, el milenio, todos los demás serán traídos a un perfecto conocimiento de la Verdad, concediéndoseles una oportunidad completa de procurarse la vida eterna bajo el Nuevo Pacto. Yeshua dijo; "Yo estoy a la puerta y llamo; si alguno oye mi voz y abre la puerta, entraré a él y cenaré con él y él conmigo." Apocalipsis 3:20 (RVR)

Muchos han creído que esto es un llamado a salvación, pero esto es un llamado a los que han escuchado el mensaje de salvación y ahora Yeshua los llama a una vida de mayor intimidad y dedicación. Compartir su mesa, es un acto de acercamiento y compromiso; símbolo de pacto.

Durante el milenio, son estos hijos de Di-os maduros, los que "abrieron la puerta", los que van a reinar con el Señor Yeshua. Es su amada esposa junto con El que reinará y regirá las naciones. Todos serán enseñados por Di-os mismo; su cuerpo. Esto es lo que significa la unión de Cristo y su iglesia, los cuales son los hijos de

Transfusión

Di-os transformados por el poder de Di-os. Por esto la Palabra dice que son bienaventurados los que participan de la *primera* resurrección. Estos son los que califican para reinar con Yeshua HaMashiaj. ¡Han entrado a participar de las bodas!

Sí, las buenas nuevas del evangelio son nuevas para salvación, pero también para promoción. Por esto el apóstol nos dice que aprovechemos bien el tiempo, porque los días son malos. Es triste ver cómo hay tantos hijos de Di-os sentados en las bancas de la iglesia, escuchando ideas de hombres que todavía no han visto el reino de los cielos, no lo han comprendido, ni tampoco lo viven.

Este es el tiempo para continuar preparándonos en el conocimiento de aquel que nos llamó de las tinieblas a su luz admirable. *Tinieblas* significa ignorancia y pecado y *luz* significa conocimiento revelado sobre la persona de Di-os y de su hijo Yeshua. Esta última iglesia que proclamará el mensaje final con voz de trompeta, declarará los **misterios de Di-os.**

Ahora bien, el milenio no es la etapa final. El milenio es la antesala del paraíso. Durante el milenio la eternidad será experimentada solamente por la novia de Cristo. Pero, la eternidad todavía no será vista en las naciones salvas por gracia. ¿Por qué? Porque la Escritura dice que luego de mil años el "diablo", el enemigo de nuestra mente, será soltado. Habrá una última etapa de prueba para la humanidad, pero ya no más para los hijos de Di-os. Los que estamos casados con el cordero y hemos sido hechos conforme a su imagen, ya no veremos muerte porque hemos entrado en la eternidad. Cuando Yeshua aparezca, en su venida, nosotros apareceremos con Él en su gloria, con un cuerpo glorificado; uno que ya no puede morir. Nosotros seremos los que reinaremos con Él durante este tiempo.

El milenio

En la eternidad no hay cambios. Di-os es eterno. Es por esto que Di-os no cambia y no hay sombra de variación en Él. El milenio no puede ser eterno durante los tratos de Di-os **con la humanidad**, pues esto es todavía tiempo de cambios para ellos. Si Cristo va a reinar y a gobernar, esto significa que viene a hacer ajustes. Ya vimos que todos serán enseñados por Di-os. La naturaleza también experimentará un gran cambio y será libertada de la esclavitud a la cual fue sometida. Los hijos de Di-os serán los que libertarán la tierra finalmente.

Romanos 8:14-25 dice, "[14] Todos los que son guiados por el Espíritu de Di-os, **son hijos de Di-os**, [15] pues no habéis recibido el espíritu de esclavitud para estar otra vez en temor, sino que habéis recibido el Espíritu de adopción, por el cual clamamos: « ¡Abba, Padre!» [16] El Espíritu mismo da testimonio a nuestro espíritu, de que somos hijos de Di-os. [17] Y si hijos, también herederos; herederos de Di-os y coherederos con Cristo, **si es que padecemos juntamente con él**, para que **juntamente con él seamos glorificados**. (RVR)

[18] Tengo por cierto que las aflicciones del tiempo presente **no son comparables con la gloria venidera que en nosotros ha de manifestarse**, [19] porque el anhelo ardiente de la creación es el aguardar la manifestación de los hijos de Di-os. [20] La creación fue sujetada a vanidad, no por su propia voluntad, sino por causa del que la sujetó en esperanza. [21] Por tanto, también **la creación misma será libertada de la esclavitud de corrupción a la libertad gloriosa de los hijos de Di-os**. [22] Sabemos que toda la creación gime a una, y a una está con dolores de parto hasta ahora. [23] Y no sólo ella, sino que también nosotros mismos, **que tenemos las**

Transfusión

primicias del **Espíritu**, nosotros también gemimos dentro de nosotros mismos, esperando la adopción, **la redención de nuestro cuerpo,** [24] porque **en esperanza fuimos salvos**; pero la esperanza que se ve, no es esperanza; ya que lo que alguno ve, ¿para qué esperarlo? [25] Pero si esperamos lo que no vemos, **con paciencia lo aguardamos.**" (RVR)

Los juicios de Di-os

Sí, el milenio es la etapa final del plan de redención completo que Di-os ha provisto para sus criaturas. En esta última etapa se abrirán los libros y las naciones serán juzgadas.

Los juicios de Di-os son en esencia "correctivos" y no "destructivos". Todas sus acciones están motivadas por su naturaleza de amor, aún y cuando sus acciones son dirigidas hacia la corrección y la restauración de la justicia.

El tiempo ha llegado en que nuestro entendimiento ha sido iluminado y tenemos una mejor comprensión de sus juicios. Ya no tenemos miedo a sus juicios, sino que le damos la bienvenida sabiendo que sus juicios son una bendición para la humanidad en este tiempo y también en el venidero; el milenio.

Sus juicios son como "el control de calidad" en una compañía donde continuamente se escudriña el producto o el fruto de los labradores para hacer ajustes o correcciones. Todo para lograr un mejor producto terminado y de alta calidad.

2 Corintios 5:11-14 nos habla sobre "Temer a Di-os". La definición de temor o de temer es la siguiente: *es una emoción dolorosa marcada por un sentido de alarma o perturbación.* Pero el temor es

El milenio

más que una simple emoción, es también una *actitud de la mente espiritual*.

El Temor Divino es una actitud de asombro y reverencia nacida del amor y respeto profundo. No como de temblar y estremecerse, sino aquel que produce un caminar serio y recatado delante del Señor. Le serviremos y rendiremos nuestro todo a Él, porque lo amamos, y ciertamente lo amamos porque Él nos amó primero. 1 Juan 4:19

No habrá necesidad de una ley escrita diciendo "no hagas esto o aquello" cuando el corazón esté lleno de puro amor por El. Como dice el apóstol Pablo en su carta primera a los corintios en el capítulo 13 versos del 5 al 6: "el amor no hace nada indebido, no busca lo suyo, no se irrita, no guarda rencor; no se goza de la injusticia, sino que se goza de la verdad." (RVR)

Mientras más nos llenamos de este temor reverente hacia Di-os, más nos llenamos de su Espíritu, y mientras más su Espíritu habita en nosotros, más grande será nuestra reverencia a Él. La vida no cambia o no puede cambiar cuando estamos escasos en el temor del Señor.

Pablo dijo que todas las cosas me son lícitas, pero no todas convienen. **Así que aunque hemos conocido un Di-os de amor, esto no nos da licencia para vivir una vida impura y llena de maldad.** Nos sometemos a su voluntad en temor reverente porque reconocemos que sus juicios aquí y ahora son para bendición de nuestra vida y no para maldición. Igual lo serán en la vida futura; el milenio.

Ciertamente una parte definitiva de la obra y el propósito de sus juicios en nosotros es para remover todas las formas de piedad falsa; la divinidad simulada y profesión no sincera. Para que

Transfusión

podamos llegar a su realidad. Día tras día Él está quitando las máscaras, y la religiosidad irreal. Nos ha dejado desnudos y descalzos ante Él para que podamos ser vestidos de su justicia, y para que seamos justos y devotos (reverentes). ¡Él ha estado preparando a su novia!

Los juicios de Di-os son correctivos pues corrigen al necio de sus malos caminos. Son justos pues separan lo divino de lo mundano, y preservan así al hombre. El pueblo que es justo y recto se goza en los juicios de Di-os. Sus justos juicios detienen el mal en el pueblo, mientras que el no obrar en justicia y rectitud, hace que se activen los juicios correctivos de Dios.

Apocalipsis 11:18 dice, "Las naciones se airaron y tu ira ha venido: *el tiempo de juzgar a los muertos, de dar el galardón a tus siervos los profetas, a los santos y a los que temen tu nombre*, a los **pequeños y a los grandes**, y de destruir a los que destruyen la tierra." (RVR) Este tiempo será visto durante el milenio. Los **muertos grandes y pequeños**, no tiene nada que ver con la edad cronológica. Aquí lo que el apóstol está describiendo es la edad de madurez espiritual y de conocimiento del reino de Di-os. El tiempo de aprender y crecer en Cristo es AHORA.

Los Libros y el Libro de la Vida

Apocalipsis 20:12, "Y vi los **muertos, grandes y pequeños**, de pie ante Di-os. Los **libros fueron abiertos, y otro libro fue abierto, el cual es el libro de la vida**. Y fueron juzgados los muertos por las cosas que estaban escritas en los libros, según sus obras." (RVR)

El libro de tu vida será abierto y el libro de la vida, del cordero, también. El libro de la vida es el libro de la vida de Cristo. Cada vez que le permites a Yeshua vivir a través de ti, ya sea amando, sirviendo y bendiciendo a otro, esas acciones son escritas en este

El milenio

libro. ¿Por qué? Porque es el libro de la vida de Cristo vivida a través de ti. Su naturaleza reflejada en ti aquí en la tierra. **Esto hace que tu nombre sea visto en las páginas de este libro**. Recuerda que este libro es simbólico.

Es durante este tiempo del milenio donde las ovejas serán separadas de las cabritas. Lo que las hace diferentes es el amor que mostraron o dejaron de mostrar por su prójimo. Las que no se hallaron dignas serán enviadas a un tiempo de corrección o castigo. Mientras que las que se hallaron dignas entrarán en el gozo del Señor. "***tiempo de dar el galardón a tus siervos los profetas, a los santos y a los que temen tu nombre***, a los **pequeños y a los grandes**..." Apocalipsis 11:18 (RVR)

Es durante este tiempo que la "Nueva Jerusalén" descenderá del cielo, pues esto significa que esta ciudad santa será la capital central de las naciones. Esta ciudad es simbólica. Nosotros somos esa ciudad. Descender del cielo significa que seremos expuestos al mundo. Las bodas del cordero se celebrarán. Esto significa que seremos uno con Yeshua y le seguiremos por doquiera que él vaya. Sus deseos serán nuestros deseos, su corazón será nuestro corazón; su palpitar nuestro palpitar.

Eons, Eons, Eons

Todavía no hay eternidad mientras haya corrección. Durante el milenio habrá juicios, corrección y galardones. Por lo tanto, la eternidad todavía no será aquí. La Palabra claramente establece que todos los reinos han venido a ser del Señor y de su Cristo. Apocalipsis 11:15 dice, "El séptimo ángel tocó la trompeta, y hubo grandes voces en el cielo, que decían: «Los reinos del mundo han venido a ser **de nuestro Señor** y **de su Cristo**; y él reinará por los siglos de los siglos.» (RVR)

Transfusión

En otras palabras, los reinos han venido a ser del Señor, Yeshua HaMashiaj, quien es la cabeza y de "su Cristo" quien es la iglesia, el cuerpo de Cristo. ¿Por qué sé que **no** está hablando aquí de Di-os, el Padre? Porque también dice que luego que el Señor haya puesto a todos sus enemigos bajo sus pies, él mismo se someterá **al Padre**. Y el Padre será **todo en todos**.

La Escritura dice que el Señor Yeshua reinará "por los siglos de los siglos". Esta expresión no significa eterno puesto que su reinado terminará cuando él mismo se someta al Padre. Un siglo son **cien años** y **mil años** son **diez siglos**. Otra manera de decirlo es *por los siglos de los siglos*.

Expongo aquí una explicación sobre lo que son los "Eons" de acuerdo a la Escritura, tomada del libro <u>Reconciliación Universal</u> de la Dra. Kay Fairchild:

La palabra "eterno" no es la palabra "eterno" en el texto original, sino que es la palabra "edades". El propósito de las EDADES. La traducción literal de Young lee así: "De acuerdo al propósito de las EDADES, el cual Él hizo en Cristo Yeshua nuestro Señor." (Citado de la Palabra) La palabra traducida "eterno" es "AIONIOS" en el griego, lo cual significa "edades del tiempo." Di-os tenía un plan para las edades de los tiempos.

En Hebreos capítulo 11 verso 3 dice, "Por la fe comprendemos que los mundos o el universo fue hecho por la palabra de Dios, de modo que lo que se ve, fue hecho de lo que no se veía." En el griego, la palabra "mundos" o "universos" es nuevamente la palabra "AIONIOS" significando edades. Otra traducción del mismo verso dice, "que los siglos (edades) han sido ensamblados, junto con la declaración de Dios." En otras palabras, cuando Di-os habló, planificó las edades; formó edades del tiempo o periodos de

El milenio

tiempo. Él también nombró exactamente lo quería lograr en cada edad.

Así como mencionáramos anteriormente, no hemos sido llamados para construir un arca como Noé, pero hemos sido llamados para cumplir otro propósito. Noé no fue llamado para construir la iglesia, él fue llamado a construir un arca literal. Di-os señaló lo que debería hacerse a través de las edades, o en cada una de ellas. Cada uno de nosotros hemos nacido en una generación específica con una misión y propósito específico.

Cuando Di-os le declara a Salomón que su reino sería eterno, o que no tendría fin, no se estaba refiriendo a que realmente sería eterno, sino que durante el tiempo de los hombres sobre la tierra, su reino sería recordado. La palabra original es "Eon" y los traductores usaron "eterno" en esta ocasión en lugar de usar "por los siglos de los siglos", lo cual determina un periodo de tiempo humano específico. Esto se puede comprender así porque Salomón murió y su reinado físico, también cesó con él. Su reinado es solamente recordado ahora.

Di-os no miente, así que no le estaba mintiendo. Como ya expliqué, aquí la palabra original "eon" se refiere a un tiempo establecido por Di-os de larga duración, pero que algún día terminaría. Cuando entremos en la eternidad de Dios, ya no habrá más memoria de los trabajos o labores en la tierra, sino que estaremos rodeados de su gloria y gozando de su vida eterna.

Las Mansiones Celestiales

Quiero que veas conmigo primero lo que dice *Apocalipsis capítulo 21*. He incluido este capítulo completo, pues de esta manera obtenemos el mensaje total y no una fracción del mismo, que es lo que causa en su mayoría, los dogmas de hombre e interpretaciones incompletas.

Cielo Nuevo y Tierra Nueva

"¹Entonces vi un cielo nuevo y una tierra nueva, porque el primer cielo y la primera tierra habían pasado y el mar ya no existía más. ² Y yo, Juan, vi **la santa ciudad**, la nueva Jerusalén, **descender del cielo**, <u>de parte de Dios</u>, ataviada como una **esposa hermoseada para su esposo**. ³ Y oí una gran voz del cielo, que decía: «**El tabernáculo de Di-os** está ahora con los hombres. Él morará con ellos, ellos serán su pueblo y Di-os mismo estará con ellos como su Di-os. ⁴ Enjugará Di-os toda lágrima de los ojos de ellos; **y ya no habrá más muerte**, ni habrá más llanto ni clamor ni dolor, porque **las primeras cosas ya pasaron**." Fíjate que esta promesa es para los que pertenecen a la Nueva Jerusalén. (RVR)

Este cielo nuevo y tierra nueva será visto en la mente y el cuerpo de los que son parte de la esposa de Cristo. El concepto de la nueva Jerusalén es representativo de una esposa corporal, o sea compuesta por muchos miembros. Así como una ciudad aquí en la tierra es representativa de un grupo de personas que viven bajo sus propias leyes, así mismo esta ciudad es un gobierno divino donde todos los que son parte de ella han adquirido una naturaleza divina y todos están tan unidos que componen esta ciudad cuadrada y perfecta. En otras palabras, lo que significa es que todas estas personas que son parte de esta "ciudad" realmente son personas perfeccionadas y hechas a la imagen de Yeshua HaMashiaj - *"uno <u>semejante</u> al hijo del hombre"*. Apocalipsis 1:12-13, *"¹²Me volví para ver la voz que hablaba conmigo. Y vuelto, vi siete candelabros de oro, ¹³ y en medio de los siete candelabros a <u>uno semejante al Hijo del hombre</u>, vestido de una ropa que llegaba hasta los pies, y tenía el pecho ceñido con un cinto de oro."*(RVR)Este grupo de personas, que han vencido a la

El milenio

muerte, son los que se mencionan en 1 Corintios 15:51 en adelante.

Apocalipsis 21:5-9 (RVR); ⁵El que estaba sentado en el trono dijo: «Yo hago nuevas todas las cosas.» Me dijo: «Escribe, porque estas palabras son fieles y verdaderas.» ⁶ Y me dijo: «Hecho está. Yo soy el Alfa y la Omega, el principio y el fin. Al que tiene sed, le daré gratuitamente de la fuente del agua de vida. ⁷**El vencedor heredará <u>todas las cosas</u>, y yo seré su Di-os y él <u>será mi hijo</u>**. ⁸ Pero los cobardes e incrédulos, los abominables y homicidas, los fornicarios y hechiceros, los idólatras y todos los mentirosos tendrán su parte <u>en el lago que arde con fuego y azufre, que es</u> **la muerte segunda**.»

La Nueva Jerusalén

⁹ Entonces vino a mí uno de los siete ángeles que tenían las **siete copas llenas de las siete plagas postreras** y habló conmigo, diciendo: «Ven acá, <u>te mostraré la desposada, la</u> **esposa del Cordero**.»

La Victoria Sobre el Diablo

En Apocalipsis 20 vemos lo siguiente: "Vi un ángel que bajaba del cielo con la llave del abismo y una gran cadena en la mano. ² Este ángel sujetó al **dragón**, aquella serpiente antigua que es el Diablo y Satanás, y lo encadenó por mil años. ³ Lo arrojó al abismo, donde lo encerró, y puso **un sello sobre la puerta** para que no engañara a las naciones (los gentiles*) hasta que pasaran los mil años, al cabo de los cuales habrá de ser soltado por un poco de tiempo."(RVR) "Un sello sobre la puerta" es una expresión que he comprendido tiene que ver con la misma expresión que hay en Génesis 3:24, "Echó, pues, fuera al hombre, y puso al oriente del huerto de Edén querubines, y una espada encendida que se revolvía en derredor

Transfusión

para **guardar el camino** del árbol de la vida." Esto nos dice que así como al hombre se le restringió su entendimiento, su mente iba a estar limitada en cuanto al conocimiento espiritual o divino, así mismo ahora durante el milenio, los seres humanos disfrutarían de una mente limpia sin las acusaciones ni instigaciones del "enemigo de nuestra mente;" la serpiente antigua. Será sellada la puerta de entrada de la serpiente a la mente humana.

(*Gentil significa "fuera de pacto.")

"⁴ Vi tronos, y en ellos estaban sentados los que habían recibido **autoridad para juzgar.** Vi también las almas de aquellos a quienes les cortaron la cabeza *por haber sido fieles al testimonio de Yeshua y al mensaje de Di-os.* Ellos no habían adorado al monstruo ni a su imagen, ni se habían dejado poner su marca en la frente o en la mano. Y vi que volvieron a vivir y que **reinaron con Cristo mil años.**" (RVR)

Estos que han perdido su cabeza, son los hijos de Di-os que ya no tienen su propia cabeza porque su cabeza ahora es Cristo; la cabeza de la iglesia. ⁵ Pero los otros muertos no volvieron a vivir **hasta después** de los mil años. Ésta es la primera resurrección. ⁶ ¡Dichosos los que tienen parte en la primera resurrección, pues pertenecen al pueblo santo! La segunda muerte no tiene ningún poder sobre ellos, sino que serán sacerdotes de Di-os y de Cristo, y reinarán con él los mil años." (Jubilee Bible 2000 – versión español)

Ap. 20:5   Mas^{G1161} los^{G3588} otros^{G3062} muertos^{G3498} no^{G3756} tornaron a vivir^{G326} hasta^{G2193} **que sean cumplidos** mil^{G5507} años^{G2094}. Esta^{G3778} es la^{G3588} primera^{G4413} resurrección^{G386}. (Reina Valera)

El milenio

En la versión primera, Jubilee Bible 2000 (versión español), vemos la frase o expresión "hasta que", pero en la versión Reina Valera, aparece la frase "que sean cumplidos." Cuando buscamos en la concordancia Strong del idioma griego, vemos que la frase *"que sean cumplidos"* no tiene referencia alguna como tampoco en la versión Jubilee. Esto significa que esta frase no se encuentra en el idioma original, es por esto que no vemos referencia alguna. Los traductores, al no comprender el pensamiento completo del mensaje, añaden esta frase supuestamente para dar mejor comprensión, pero realmente se la quita.

Leamos el texto sin esta frase:
Ap. 20:5 Mas^{G1161} los^{G3588} otros^{G3062} muertos^{G3498} no^{G3756} tornaron a vivir^{G326} hasta^{G2193} (los) mil^{G5507} años^{G2094}.

Le añadí el artículo "los" para que veamos que estos muertos **son** despertados **durante los mil años**. Si así no fuera, entonces el verso siete no tendría sentido. Los hijos de Di-os que gustaron de la primera resurrección están reinando con Cristo para ya nunca más volver a morir.

<u>Si leemos esta porción, sin los versos enumerados, lo podemos ver más claramente:</u>

Mas los otros muertos no tornaron a vivir hasta (que sean cumplidos) *los* mil años. *Esta es la primera resurrección, bienaventurado y santo el que tiene parte en la primera resurrección; la segunda muerte no tiene potestad en éstos; antes serán sacerdotes de Dios y de Cristo, y reinarán con él mil años. Y cuando los mil años fueren cumplidos, Satanás será suelto de su prisión, y saldrá para engañar las naciones que están sobre los cuatro ángulos de la tierra, a Gog y a Magog, a fin de congregarlos para la batalla; el número de los cuales es como la arena del mar.*

Transfusión

Entonces, este verso siete no se aplica a los que participan de la primera resurrección. Quiero mostrártelo...

"⁷ Cuando **hayan pasado los mil años, Satanás será soltado de su prisión,** ⁸ **y saldrá a engañar a las naciones** (gentiles) de los cuatro extremos de la tierra, a Gog y a Magog, cuyos ejércitos, numerosos como la arena del mar, reunirá para la batalla."

Recuerda que este verso está hablando durante el milenio o al final del milenio. Entonces los que serán probados por Satanás (por su paganismo e idolatría) serán las naciones que fueron resucitadas durante el milenio, o sea en la segunda resurrección y no en la primera.

⁵ᵇ Esta^{G3778} es la^{G3588} primera^{G4413} resurrección^{G386}. (Verso 20:5, que debe ser parte del verso 6 y no del 5)

Así que, el final del verso 5b, no puede referirse a las naciones (gentiles), pues vemos en el verso siete que las naciones serán probadas nuevamente. Pero el comienzo del verso seis dice, "⁶Bienaventurado y santo el que tiene parte *en la primera resurrección*; la segunda muerte no tiene potestad en éstos; antes serán sacerdotes de Di-os y del Cristo, y reinarán con él mil años."

Entonces, la expresión "bienaventurados los que participan de la primera resurrección" no tendría sentido para ellos (los gentiles), puesto que pasarán por un periodo de prueba final. Al parecer el final del verso 5 pertenece al comienzo del verso 6. Recuerda que cuando la Biblia se escribió no existían los capítulos y los versos enumerados como los tenemos ahora. Fueron añadidos para fácil referencia. Así que el final del verso 5 es parte del pensamiento del verso 6.

El milenio

"⁹ Y subieron por lo ancho de la tierra, y rodearon el campamento del pueblo santo, y la ciudad que él ama. Pero cayó fuego del cielo y los quemó por completo. ¹⁰ Y el diablo, que los había engañado, fue arrojado al lago de fuego y azufre, donde también habían sido arrojados el monstruo (la bestia) y el falso profeta. Allí serán atormentados día y noche **por todos los siglos.**" (RVR)

O sea, "por todos los eons", los tiempos y edades de los tratos de Di-os con la humanidad. Luego vemos que dice en Apocalipsis 20:11-15 que serán destruidos en el lago de fuego, la muerte segunda. El tiempo mismo dejará de ser cuando todos entremos en la eternidad.

El Juicio

Apocalipsis 20: "¹¹Vi un gran trono blanco, y al que estaba sentado en él. Delante de su presencia desaparecieron completamente la tierra y el cielo, y no se los volvió a ver por ninguna parte. ¹² Y vi los muertos, grandes y pequeños, de pie delante del trono; y fueron abiertos los libros, y también otro libro, que es el libro de la vida. Los muertos fueron juzgados *de acuerdo con sus hechos*** y con *lo que estaba escrito en aquellos libros*. ¹³ El mar entregó sus muertos, y el reino de la muerte entregó los muertos que había en él; y **todos** fueron juzgados, cada uno **conforme a lo que había hecho****." (RVR)

Podemos ver aquí que estas personas deben ser todos los seres humanos que han nacido aquí en la tierra, incluyendo a los que vivieron antes de la venida del Mashiaj. No tuvieron la oportunidad de reconciliarse con Di-os a través de Yeshua HaMashiaj, pero la muerte y resurrección de Yeshua también los cubre a ellos. Serán juzgados para mostrarles su condición y la manera que vivieron en la tierra. Tendrán la oportunidad de escuchar el evangelio y los que rechacen reconciliarse, serán destruidos en el lago de fuego que es

Transfusión

la muerte segunda. Ya no existirán más. "[14]Luego el reino de la muerte fue arrojado al lago de fuego. Este lago de fuego es la muerte segunda, [15] y allí fueron arrojados los que no tenían su nombre escrito en el libro de la vida."*(Versión Di-os habla hoy)*

**G2041es el número asignado en la concordancia de Strong para la palabra "de acuerdo con sus hechos".

ἔργον /ergon / *er'-gon*

De ἔργω ergō (*una palabra primaria pero obsoleta; trabajar*); *laborar (como esfuerzo u ocupación); implícitamente un acto: - escritura, haciendo, trabajo, trabajar.*

Es muy interesante ver aquí que "obras" no necesariamente tiene una connotación negativa. Esta palabra es neutral. Se puede interpretar positiva o negativa. Lo único que dice es que se verifica el tipo de vida o calidad de vida que cada uno vivió.

"[10] Me llevó en el Espíritu a un monte grande y alto y me mostró la gran ciudad, la santa Jerusalén, que descendía del cielo de parte de Di-os. [11] Tenía la gloria de Di-os y su fulgor era semejante al de una piedra preciosísima, como piedra de jaspe, diáfana como el cristal. [12] Tenía un muro grande y alto, con **doce puertas**, y en las puertas **doce ángeles**, y nombres inscritos, que son los de las **doce tribus** de los hijos de Israel. [13] Tres puertas al oriente, tres puertas al norte, tres puertas al sur, tres puertas al occidente. [14] El muro de la ciudad tenía **doce cimientos** y sobre ellos los **doce nombres** de los **doce apóstoles del Cordero.**"[15] El que hablaba conmigo tenía una caña de medir, de oro, para medir la ciudad, sus puertas y su muro. [16] La ciudad se halla establecida como un **cuadrado**: su longitud es igual a su anchura. Con la caña midió la ciudad: **doce mil estadios**. La longitud, la altura y la anchura de ella son iguales. [17] Y midió su muro: **ciento cuarenta y cuatro** codos, según medida de hombre,

El milenio

la cual era la del ángel. [18] El material de su muro era de jaspe, pero **la ciudad era de oro puro**, semejante al vidrio limpio. [19] Los **cimientos del muro** de la ciudad estaban adornados con toda clase de piedras preciosas. El primer cimiento era de *jaspe*, el segundo de *zafiro*, el tercero de *ágata*, el cuarto de *esmeralda*, [20] el quinto de *ónice*, el sexto de *cornalina*, el séptimo de *crisólito*, el octavo de *berilo*, el noveno de *topacio*, el décimo de *crisopraso*, el undécimo de *Jacinto* y el duodécimo de *amatista*. [21] Las **doce puertas** eran **doce perlas**; cada una de las puertas era una perla. Y la calle de la ciudad era de **oro puro**, como vidrio transparente.) (RVR)

Esta ciudad es completamente simbólica. Todos los elementos aquí descritos tienen un significado espiritual. Las medidas de 144 codos es una multiplicación de 12x12. Vemos que el gobierno de Di-os, representado por el número 12, está multiplicado 12 veces, o sea un gobierno perfeccionado. También la ciudad es cuadrada, el cuatro es símbolo de lo terrenal, o sea que lo terrenal será absorbido por el gobierno espiritual divino. La calle de oro, es un caminar divino y recto. Es por esto que es sólo una calle y no muchas calles. Las puertas de perlas representan el evangelio puro y limpio que Yeshua HaMashiaj vino a proclamar; la perla de gran precio. Eran doce puertas porque estas puertas representan su reino, su gobierno. Las puertas son los hijos de Di-os que cuando abren su boca para pregonar el evangelio, abren una puerta a la humanidad para dar a conocer los misterios de Di-os. En otras palabras; el evangelio, la perla de gran precio, es pregonado por los hijos de Di-os (las puertas) y su mensaje central es el establecimiento del reino de Di-os en el hombre.

Los cimientos del muro estaban adornados con las piedras preciosas que también se encontraban en el pectoral del Sumo Sacerdote. Quiero mostrarte lo que estas piedras simbolizan. La ***primera*** piedra es el *Jaspe*. El Jaspe puede encontrarse en muchos colores, y uno de ellos puede ser verde con manchas rojas y es

Transfusión

conocida como "bloodstone" "la piedra de sangre". La del pectoral pudo haber sido transparente. Esta piedra representa la tribu de Neftalí. Neftalí significa "lucha." Es la lucha entre el alma y el espíritu.

La **segunda** piedra es el *Zafiro*, en hebreo se dice "Sappeer" derivado del verbo "raspar" o "pulir" "cortar o dividir." Es la segunda piedra más dura del mundo. Esta piedra representaba la tribu de Simeón y su color es azul. Simeón significa "escuchando." Es escuchando la Palabra revelada, lo que tiene el poder para ganar la lucha o batalla entre el alma y el espíritu. Lo que nos convierte en nuevas criaturas, ya no viviendo o dependiendo de las obras carnales, pero del espíritu.

La **tercera** piedra es *Ágata*, es una piedra semitranslucente de mineral compuesto, que cuando se corta y se pule produce bellas y variadas piedras. Antes de ser cortada, es una piedra fea y no atractiva. Es la unción de Di-os a través del Espíritu y los dones que brillamos y nos hacemos hermosos a los ojos de los demás, cuyo propósito principal es madurarnos y hacernos crecer.

La **cuarta** es la *Esmeralda*, es de color verde mar, y representa la tribu de Rubén. Siendo Rubén un hombre tan inestable como el agua, su nombre grabado en esta piedra del pectoral representa el mar incontrolable. Rubén significa, "he aquí un hijo." Es aquí donde somos transformados en hijos de Di-os por su gracia, ya no más niños fluctuantes.

La **quinta** piedra en los cimientos de la ciudad es el *Ónice*, significa "shoh-ham", derivado de una raíz que significa "brillar con el lustre del fuego y un destellar de esplendor". Esta piedra en el pectoral representa a la tribu de Aser. Su nombre significa "feliz", "bendecido", y "alegría". El gozo del espíritu es nuestra fuerza. Ahora podemos brillar con el brillo de Cristo en nosotros. Somos

El milenio

esa Santa Ciudad en la que Yeshua ha estado trabajando y puliendo para que sea resplandeciente.

La **sexta** piedra es la *Cornalina o Sardis*, es una piedra semi-preciosa y es de color rojo como la sangre. Su raíz viene de la palabra "Odem" en hebreo, y significa "rojo" como el color de la sangre expiatoria de Yeshua HaMashiaj. Durante nuestro crecimiento en hijos de Di-os no debemos olvidar sino mantener siempre presente que fue por su sangre que hemos sido transformados y renovados y no por nuestros propios méritos humanos.

La **séptima** piedra, es el *Crisólito*. No se encontraba en el pectoral del Sumo Sacerdote. Esta piedra es una piedra magmática; o sea que no es sedimentaria. Hay piedras que son sedimentarias, que se forman en la superficie de la tierra, ya sea porque son arrastradas por corrientes de los ríos. Pero hay otras piedras que son ígneas, o sea que se forman en el magma, debajo de la tierra a gran calor y a gran presión. El crisólito tiene esa característica. No se forma ni siquiera cerca de la superficie, sino que se forma allá en lo más profundo del calor y en lo más profundo de la presión. Esto también la hace translúcida y es también una piedra brillante, y preciosa, porque ha soportado precisamente mucho calor y mucha presión. Este proceso se ve en todo hijo que ha sido llamado a reinar con Cristo. En medio del fuego somos cambiados y el oro de su divinidad es purificado en nosotros, morimos al orgullo del ego.

La **octava** piedra es el *Berilo*, es una piedra muy dura y significa "romper o someter." Representaba la tribu de Dan, lo cual significa "juez", "Dios me ha juzgado" o "ha procurado justicia para mí."

La **novena** piedra era el *Topacio*, la cual representa "buscar" y era de color amarillo. Representaba la tribu de Isacar, y su nombre significa "recompensa."

Transfusión

La **décima** piedra es el *Crisopaso*, y no se encontraba en el pectoral tampoco. El crispraso es una clase de calcedonia, es semitransparente y tiene un color verde manzana suave parecido al jade. En algunas regiones del oriente, las mujeres consideraban esta piedra muy valiosa, pues representaba la pureza y la castidad de ellas. Entonces, la clase de corazón espiritual que representa el crisopraso es la templanza o dominio propio. En Dios, la abundancia es buena en todo, pero para tenerlo todo en armonía y en una forma ordenada, tenemos que tener dominio propio.

La piedra **undécima** es el *Jacinto*, y sí se encontraba en el pectoral. El Jacinto es una piedra parecida al ágata amarilla. Representaba la tribu de Efraín. Efraín significa "doblemente fructífero" y también "porque Di-os me ha causado ser fructífero en la tierra de mi aflicción."

La última piedra, la **duodécima**, es la *Amatista*. Es una piedra de cristal color púrpura, (zafiro púrpura). Es un color parecido al color del vino y sirve como un antioxidante. Esta piedra representaba la tribu de Benjamín, que significa "hijo de mi mano derecha." Esto muestra nuestra posición final en Cristo. Seremos su mano derecha y su brazo fuerte en su reino.

"[22] En ella no vi templo, porque el Señor Di-os Todopoderoso es su templo, y el Cordero. [23] La ciudad no tiene necesidad de sol ni de luna que brillen en ella, porque **la gloria de Di-os la ilumina y el Cordero es su lumbrera.** [24]Las naciones que hayan sido salvas andarán a la luz de ella y los reyes de la tierra traerán su gloria y su honor a ella. [25] Sus puertas nunca serán cerradas de día, pues allí no habrá noche. [26] **Llevarán a ella la gloria y el honor de las naciones.** [27] No entrará en ella ninguna cosa impura o que haga abominación y mentira, sino solamente los que están **inscritos en el libro de la vida del Cordero.**" (RVR) Esta ciudad representa el

El milenio

gobierno de Cristo y su esposa, ante los cuales las naciones salvas por gracia andarán a su luz.

Juan 14:1-3
"No se turbe vuestro corazón; creéis en Dios, creed también en mí. ² En la casa de mi Padre muchas moradas hay; si así no fuera, yo os lo hubiera dicho; voy, pues, a preparar lugar para vosotros. ³ Y si me voy y os preparo lugar, vendré otra vez y os tomaré a mí mismo, para que donde yo esté, vosotros también estéis." (RVR)

Este texto es la razón por la que muchas personas piensan que Yeshua está en los "cielos" preparándonos unas mansiones. Lo comparan con la Nueva Jerusalén y añaden que estas mansiones tienen calles de oro. En Juan 14:1-3, Yeshua está hablando del templo en Jerusalén y lo utiliza como ejemplo para mostrar la obra que estará haciendo en nosotros. En el templo había mansiones. Estaban divididas en tres pisos y eran mucho más grandes en el tercer piso, un poco más pequeñas en el segundo piso, y las más pequeñas se encontraban en el primer piso. Estas mansiones estaban a los lados del templo. Aquí era donde los sacerdotes moraban, especialmente durante el tiempo que les tocaba auspiciar las ceremonias. Tanto la Santa Ciudad como el Templo en Jerusalén son representativos de la novia del cordero en la cual ha estado trabajando por 2,000 años. Cada uno de nosotros sus hijos.

Cuando los discípulos vieron que Yeshua les hablaba de una partida, se entristecieron. Por esto les dice que no se turbara su corazón, porque así como en la casa de su Padre había moradas, así mismo el Señor vendría a hacer morada en ellos y ya nunca más se sentirían solos. Por esto también les re-afirmó "no os dejaré huérfanos, vendré a vosotros."

La expresión, "voy pues a preparar lugar para vosotros", se refería a que estaba listo para lo que acontecería en la cruz. A través de la

Transfusión

cruz, Yeshua abrió un camino de regreso al Padre, conforme a hebreos 10:20, "[20]por el camino que él nos consagró nuevo, y vivo, por el velo, es a saber, por su carne". (RVR) Es así como él estaría preparando lugar para nosotros. Ahora cuando el Espíritu de Cristo viniera al hombre, estaría haciendo morada en él.

Te re-afirmo; somos piedras vivas de este templo espiritual que Yeshua ha estado construyendo. Cuando les dice, "vendré otra vez, y os tomaré a mí mismo, para que donde yo esté, vosotros también estéis" confirma que seremos transformados a su imagen al punto que, cuando él nos tome, es como si se tomara a sí mismo. ¡Una misma naturaleza! A través de la cruz Yeshua nos abrió el camino de regreso al Padre y de esta manera nos preparó lugar. Siempre se estuvo refiriendo a "lugares o posiciones espirituales". ¡Sea su nombre glorificado para siempre!

Quisiera cerrar este capítulo y el libro enfatizando nuevamente la importancia de que cambiemos nuestra mentalidad concerniente a la interpretación de la Biblia. La Biblia es un libro espiritual para mentes espirituales, con su propia interpretación espiritual debida. Sus historias, parábolas y profecías, deben ser interpretadas espiritualmente, pues la enseñanza principal es la transformación de nuestra alma (mente); de carnal a espiritual.

Es mi oración que este libro haya sido una confirmación de lo que tu alma ha anhelado encontrar. ¡Que sea un bálsamo al fatigado, una fuente al sediento y el maná escondido para el hambriento!

Bibliografía

Andavert, J. (2002). Biblia de Estudio. In *Dios Habla Hoy*. Miami, Florida 33152-2241: Zondervan Corporation.

Andavert, J. (2002). Biblia Parafraseada. In *Nueva Versión Internacional*. Miami, Florida 33152-2241: Zondervan Corporation.

Errico, R. (2001). Let There Be Light (5th ed., Vol. 1, pp. 143-164). Santa Fe, New Mexico: Noohra Foundation.

Fairchild, D. (1993). Four Definitions for Hell. In Universal Reconciliation (1st ed., Vol. 1, pp. 217-220). Orlando, Florida: Florida Theological Seminary Press.

Hayyim, D. (2005). Introducción. In El Código Real (1st ed., Vol. 1, pp. 18-23). Sunrise, Florida: Editorial Ami.

Meyers, R. (2014). Devil, Demons, Hell and Angels. In E-Sword (1st ed., Vol. 1, pp. 205-211).

Mitología Griega. (n.d.). Retrieved July 16, 2014.

Reina Valera 1995. (1995). American Bible Society.

Stendal, R. (2014). Biblia Jubilee (Spanish ed., Vol. 1). Abbotsford, WI: Aneko Press.

Vitale, S. (2014). What is Salvation? In Salvation; An In-Depth Study (2nd ed., Vol. 1). Long Island, NY: Living Epistles Ministries.

Wikipedia, the free encyclopedia; http://en.wikipedia.org/wiki/Peshat

www.ingramcontent.com/pod-product-compliance
Lightning Source LLC
Chambersburg PA
CBHW031941070426
42450CB00005BA/158